CW01668118

ICONS

Photo Icons
1928–1991

Hans-Michael Koetzle

Photo Icons

Petite histoire de la photo
1928–1991

TASCHEN

KÖLN LONDON MADRID NEW YORK PARIS TOKYO

Couverture :
Bert Stern : *Marilyn Monroe, Crucifix, Last Sitting 1962*
© Bert Stern/courtesy Staley-Wise Gallery, New York

Hohenzollernring 53, D–50672 Köln
www.taschen.com

Coordination de projet : Ute Kieseyer, Cologne
Coordination éditoriale : Daniela Kumor, Cologne

Traduction : Catherine Henry, Nancy
Lectorat : Thérèse Chatelain-Südkamp, Cologne

Design : Claudia Frey, Cologne
Production : Thomas Grell, Cologne

Printed in Italy
ISBN 3–8228–1830–5

Sommaire

Lire les images
Hans-Michael Koetzle

C'est avec une image obtenue à l'aide d'une chambre noire au terme de plusieurs heures de pose et fixée sur une simple plaque enduite de bitume de Judée que débute, en 1827, l'âge de la photographie. Depuis, ce sont plus de cinq milliards de photos qui, d'après des statistiques officielles, sont développées chaque année rien que dans les grands laboratoires allemands. Nous vivons, c'est évident, à l'ère des technologies de l'image. Photographie, cinéma et télévision, vidéo et technologies numériques, toutes ces images cherchent à accaparer l'attention en essayant de nous séduire, de nous manipuler, de nous érotiser et parfois aussi, de nous informer. A tel point qu'on peut parler d'un véritable déluge d'images, ce qui peut paraître menaçant mais plus fondamentalement, renvoie à un problème d'ordre phénoménologique : Quel est notre comportement face à toutes ces images ? Comment se fait notre sélection ? Qu'est-ce que nous percevons encore au juste ? Et qu'est-ce qui a des chances d'accéder à la mémoire iconographique collective ?
En réalité, nous vivons actuellement une situation paradoxale. Tandis que la photographie analogique « classique », avec les territoires qui lui sont communément attachés comme par exemple le photojournalisme, est en perte de vitesse, la photographie traditionnelle, elle, fait de plus en plus l'objet d'un discours officiel. La présence d'images photographiques dans des galeries d'art et des musées, dans des salons ou à des ventes est devenue quelque chose de naturel. Comme si elle s'était résorbée d'elle-même, la question de savoir si des photographies sont des œuvres d'art ne se pose plus. Payer de grosses sommes en dollars pour des images-clés de l'histoire de la photographie, mais aussi pour des travaux d'artistes photographes contemporains, n'est plus chose rare depuis longtemps. Une jeune génération a découvert dans la photographie ce qui auparavant était considéré par les investisseurs comme des antiquités. La photographie a avancé en âge et en même temps, elle est devenue plus actuelle que jamais. En sa qualité de médium de type plutôt contemplatif, elle a trouvé un nouvel emploi porteur d'avenir.

C'est en ce sens que le médiologue Norbert Bolz parle d'une « grande image silencieuse » qui, à l'heure du déferlement de données électroniques, permet en quelque sorte de faire halte. Là où la télévision, la vidéo ou internet génèrent un bruissement visuel, seule l'image photographique traditionnelle a, en tant que « triomphe de l'abstraction », la force de s'incruster dans notre mémoire, de susciter en quelque sorte le souvenir. Avec son exposition « Bilder im Kopf » (images mentales), Michael Schirner en a donné, au milieu des années 80, la preuve par l'exemple. N'y figuraient que des carrés noirs dans lesquels étaient impressionnées, en négatif, quelques lignes de texte. « Willy Brandt agenouillé devant le monument des héros du ghetto de Varsovie », pouvait-on ainsi lire. Ou encore « L'empreinte du pied du premier homme ayant marché sur la lune ». La photographie, comme l'a résumé le photographe originaire de Düsseldorf Horst Wackerbarth, serait « le seul genre capable de dépasser le niveau, populaire, de la surface visible et celui, élitiste, de la vision première, pour agir, de façon subtile, plus en profondeur ».

Ce sont 20 images classées par ordre chronologique que présente chacun des deux volumes *Photo Icons I* et *Photo Icons II*, soit en tout 170 ans de photographie. Il s'agit à chaque fois d'images-clés qui, que ce soit sur le plan technique, esthétique ou celui de l'usage social qui en en a été fait, ont fait « avancer » la photographie. Soumettre ainsi des « icônes » à l'examen individuel a en fait des antécédents, dont le plus connu est *Looking at Photographs* (1973), première publication de John Szarkowski, devenue entre-temps un classique. Au-delà des associations culturelles qui caractérisent l'approche de Szarkowski, c'est à une analyse approfondie de son contenu que donne lieu chaque image de ce livre. En abordant l'histoire de leur réception, nous touchons à la question de savoir quand et par quelles voies le motif qui est le leur est devenu ce qu'il est, à savoir un substitut visuel de certaines catégories centrales de l'existence humaine. Sont pratiquement pris en compte ici tous les procédés techniques, ainsi que les principaux domaines d'application, ce qui fait de cet ouvrage une « Petite histoire de la photographie ». Ce livre incite à faire une lecture critique des images, à les considérer avec une attention accrue qui en rendra la perception plus consciente. Dès les années 1920, Moholy-Nagy avait attiré l'attention sur les dangers d'un analphabétisme visuel. Ce qui valait pour l'âge argentique de la photographie est tout à fait de mise à notre époque.

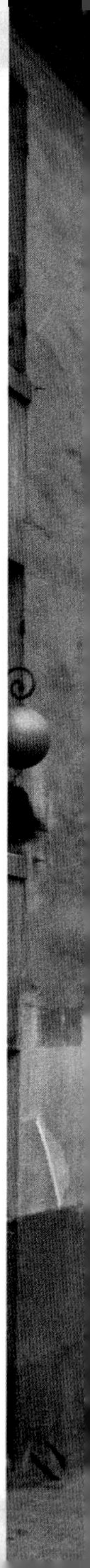

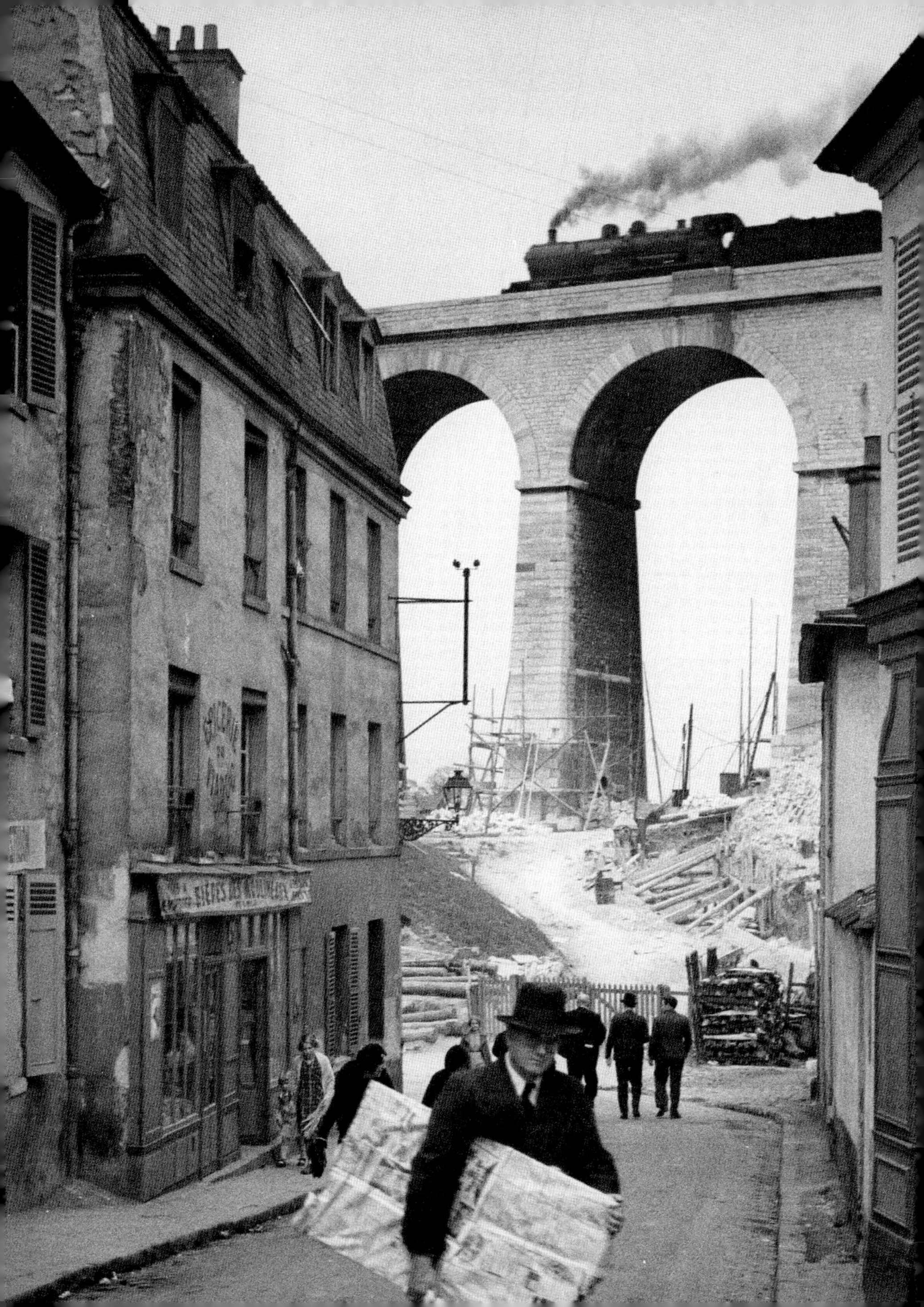

1928 André Kertész Meudon

La poésie de la rue

Lui-même s'est toujours considéré comme un réaliste et un documentariste. Mais qu'André Kertész, parvenu à Paris à la pleine maturité artistique, ait en réalité ressenti l'influence de courants contemporains tels que le cubisme ou le surréalisme, c'est ce qui ressort très nettement de sa photographie *Meudon*, prise en 1928.

Si le grand poète des artistes photographes du 20e siècle se montrait prosaïque, c'était du moins dans les légendes de ses images. *Chez Mondrian, Danseuse satirique* ou *La Fourchette*, tels sont les titres de ses travaux sans doute les plus connus – titres qui du reste ne retiennent que ce qu'on voit sur la photo. André Kertész a intitulé cette image du seul nom de Meudon, banlieue du sud-ouest de Paris, à mi-chemin entre la capitale et Versailles, où eut lieu la prise de vue. Nous n'en connaissons pas en revanche la date exacte. D'après le maigre feuillage de l'arbre à l'arrière-plan, la photo a dû être faite au début ou la fin de l'année 1928. Elle fut publiée pour la première fois en 1945, soit une bonne quinzaine d'années après sa réalisation. Edité par George Davis d'après une maquette d'Alexey Brodovitch, l'ouvrage *Day of Paris* parut chez J. J. Augustin à New York. Aujourd'hui, il nous semble bien modeste avec son format de 24 x 18 cm, un volume de 148 pages, 102 reproductions et une qualité d'impression tout juste correcte. Pour André Kertész, la parution du livre fut néanmoins un événement important. Pas tant du fait que le plus grand directeur artistique de l'époque s'était occupé de la conception du volume. Cet ensemble de photos de Paris qui couvraient les années 1925 à 1936 représentait en effet pour Kertész une sorte de réminiscence de ce qui avait été, ainsi qu'il n'a cessé de le redire par la suite, la période la plus belle et la plus féconde de sa vie. De plus, cette publication lui redonnait un tant soit peu d'existence publique, à un moment qu'il faut bien regarder comme étant le creux de son cursus professionnel.

La plupart de ses archives photographiques dans ses bagages

André Kertész avait quitté Paris en 1936 pour aller s'installer à New York. Il avait surtout été tenté par une offre de l'agence Keystone, mais il n'est pas à exclure que la façon dont évoluait la politique en Europe ait fait ce qu'il fallait pour décider ce descendant d'une famille juive de Hongrie à franchir le pas. Kertész se préparait à rester assez longtemps aux Etats-Unis puisqu'il avait emporté avec lui une part assez importante de ses archives photographiques. C'est du reste dans ce matériau que devait puiser, une dizaine d'années plus tard, le volume *Day of Paris* dont il a été question plus haut.

La rupture rapide avec Keystone, le fait que Kertész ait, sans grand succès, offert ses services à tous les éditeurs possibles et imaginables, que, considéré comme un « étranger ennemi », il ait été interdit de publication à partir de 1941 et qu'après la guerre, il ait dû faire des photos pour des revues pour subvenir à ses besoins, tout cela est bien connu. Kertész lui-même a toujours considéré rétrospectivement son installation aux Etats-Unis comme une erreur et son travail pour des revues comme *House and Garden* ou *Vogue* comme un gaspillage de temps. Pourquoi alors est-il resté aux Etats-Unis, cela reste aujourd'hui encore un mystère. Ce qui est sûr, c'est que Kertész, dont le langage photographique avait été formé à l'école du surréalisme et qui, dans l'Europe de l'entre-deux-guerres, avait été très occupé, ne rencontra aucune audience aux Etats-Unis. On connaît, par le colportage dont il a si souvent été l'objet, l'échec de ses démarches pour tenter de s'imposer auprès du magazine *Life*, dont la création en 1936 coïncidait avec son arrivée en Amérique. Ses images étaient trop bavardes, lui opposa-t-on de côté de la rédaction. Allégation qui s'avère particulièrement significative dans le cas de notre photographie.

Une série de contrastes qui font le charme, mais aussi la singularité de cette photo

Aussi le fait de se distinguer, la dernière année de la guerre, par la publication d'une monographie, a-t-il dû représenter pour Kertész une satisfaction dont on ne saurait qu'à peine exagérer l'ampleur. D'autant que par là, c'était un échec encore plus ancien qu'on pouvait espérer réparer. D'aucuns ont certainement vu dans *Day of Paris*, le titre du livre, un pendant de celui de Brassaï *Paris de nuit*, publié en 1933 et qui avait été fort apprécié en son temps. En réalité, l'éditeur avait d'abord proposé ce sujet

André Kertész

Né en **1894** à Budapest sous le nom de Kertész Andor. Comptable à la bourse de Budapest. **1914** s'engage dans l'armée. **1917** première parution de ses photographies. **1925** part pour Paris. **1929** participation à « Film und Foto ». **1929** premières distorsions. **1936** s'installe à New York. Publication de ses photos dans *Harper's Bazaar, Vogue, Coronet*. **1944** obtient la nationalité américaine. **1945** parution du livre *Day of Paris*. **1946** contrat exclusif avec *House and Garden*. **1985** meurt à New York. Succession (100 000 négatifs). **1986** léguée sous forme de fondation à l'Etat français (Patrimoine photographique)

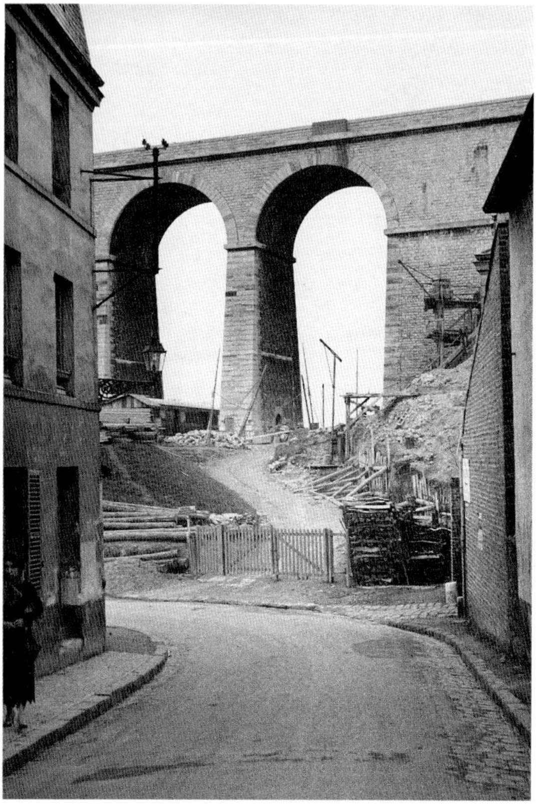

André Kertész:
Meudon, *1928*

Trois négatifs au total (un cliché publié et deux variantes) sont parvenus dans la succession d'André Kertész.

à Kertész. Mais celui-ci, conscient de la pauvreté des honoraires qu'il pourrait en attendre, avait refusé, offrant ainsi à son collègue hongrois, de quelques années son cadet, une chance de se faire un nom. Paul Morand en personne avait rédigé la préface du premier livre de Brassaï. *Day of Paris* n'avait à offrir que d'assez longues légendes, vraisemblablement de la plume de son éditeur scientifique George Davis. On y trouve *Meudon* à la page 83, en reproduction pleine page. « L'irréalité prononcée de la scène. Comme un jouet, une locomotive traverse un viaduc dans une banlieue », peut-on lire en face de l'image. Légende qui montre clairement que cette photographie déconcertait et irritait déjà les contemporains.
Un train, venant de la droite, passe sur un viaduc. Au premier plan, un homme en manteau sombre et coiffé d'un chapeau traverse la rue quasiment en sens inverse. Plus au fond, on distingue neuf personnes, dont deux enfants, qui poursuivent leur chemin dans des directions différentes. Rien dans cette image n'est en soi insolite. Il n'y a pas d' « événement », de « dépassement des limites » au sens où l'entend par exemple la théorie structuraliste de l'art. Et pourtant cette photo verticale en noir et blanc a d'une certaine façon quelque chose d'inquiétant. Est-ce la coexistence d'éléments disparates qui fascine le spectateur, le fait s'étonner, s'interroger ? Il est courant que les photographies établissent des corrélations, fassent apparaître des causalités, ouvrent des perspectives. Celle-ci n'explique rien, on dirait même qu'elle a été en tout état de cause retirée d'un contexte différent. A cela s'ajoute toute une série de contrastes qui font le charme, mais aussi

la singularité de cette photo. Il y aurait par exemple le viaduc monumental et la non moins imposante locomotive à vapeur qui sur la photo ont l'air de miniatures échappées d'un jeu de train électrique. Il y aurait le monsieur vêtu avec soin et dont le manteau sombre, outre le couvre-chef et la cravate, ne paraît pas très bien s'accorder avec le côté plutôt misérable de l'environnement. Que fait donc quelqu'un comme lui, qu'on imaginerait plutôt sur un des grands boulevards du centre, dans les rues de Meudon ? Et avec de surcroît un objet enveloppé dans du papier journal que le « fraudeur » semble transporter de la gauche à la droite de l'image comme s'il s'agissait de sa part de butin ? Bien que cette photo soit manifestement copiée du quotidien de la vie parisienne, il s'en dégage néanmoins quelque chose de surréel. On se surprend par exemple à penser aux tableaux de Chirico, aux trouvailles picturales d'un Balthus ou d'un René Magritte. Ou encore à certaines scènes des films de Luis Buñuel. Mais c'est d'une photo de film que cette image se rapproche encore le plus : son architecture qui va en se rétrécissant, la rue qui tourne à gauche et le viaduc qui s'arrête net s'apparentent en effet à un véritable décor.

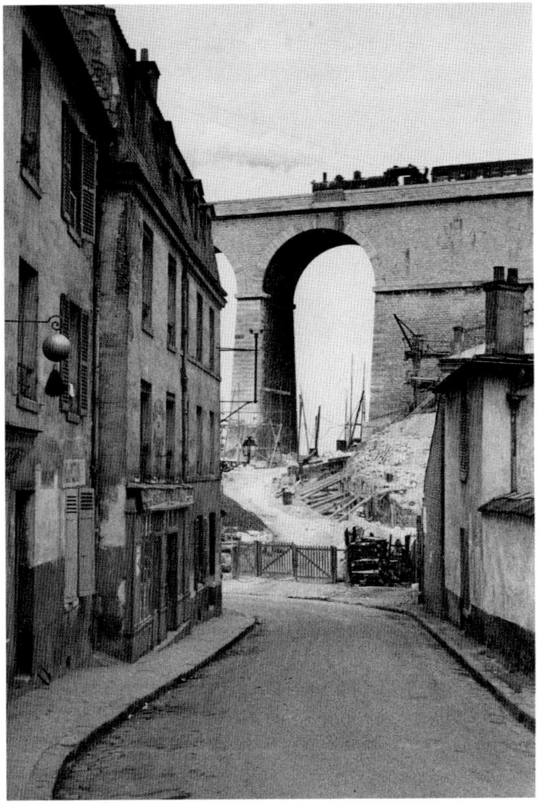

Mis en service en 1840, le viaduc de Meudon était considéré comme une performance technique avec ses 145 mètres de long et ses 32 mètres de haut. Pourtant il semble improbable qu'André Kertész n'ait entrepris rien que pour lui une excursion jusqu'aux portes de Paris.

Accès au cercle de l'avant-garde de Montparnasse

L'année où fut prise cette photo, André Kertész a 34 ans. Ce Hongrois de naissance, que Julien Levy en personne qualifiera peu de temps après de « chef prolifique de la nouvelle école documentaire photographique », vit alors à Paris où il est un artiste photographe connu et réputé. Kertész fait

partie à vrai dire de cette importante diaspora juive hongroise qui en 1930 a fortement contribué, par l'aspect novateur de ses apports, à l'essor d'une nouvelle vision en photographie. Il faut dans le même ordre d'idées citer également Robert Capa, Stefan Lorant, Martin Munkácsi ainsi que Brassaï, de son véritable nom Gyula Halász, qui s'était établi à Paris dès 1924. Nous ignorons pourquoi Kertész, dont il faut faire remonter les premiers clichés à 1911 et auquel des publications dans les journaux avaient valu un certain renom dans la Hongrie du début des années 20, était parti en 1925 à Paris et non, comme le gros de ses compatriotes photographes, à Berlin, centre alors incontesté du développement tumultueux de la presse illustrée. A Paris, il eut bientôt accès au cercle de l'avant-garde artistique de Montparnasse. Il semblerait que Man Ray ait observé une attitude plutôt réservée à son égard et qu'il n'y ait guère eu de relations suivies entre les deux hommes. Les gens que fréquentait régulièrement Kertész étaient en revanche des artistes hongrois plus ou moins connus tels que Lajos Tihanyi, Josef Csáky, István Beöthy ou justement Brassaï. Le Café du Dôme, au coin du boulevard Montparnasse et du boulevard Raspail, devint rapidement le lieu de rencontre de ce groupe d'artistes informel.
Bien qu'à cette époque, Kertész travaillât déjà avec quelque succès comme photo journaliste, en particulier pour des revues allemandes et françaises, il lui restait toutefois suffisamment de temps et d'énergie pour mettre au point, dans le cadre de ses propres projets, un style spécifique et tout à fait personnel que notre vocabulaire échoue en réalité à circonscrire. Pour Jean-Claude Lemagny, ses images « ont quelque chose d'en retrait, d'amorti, de doux ». Il aurait très bien assimilé les courants artistiques de son temps, surtout le cubisme et le surréalisme, « mais ni l'un ni l'autre ne dominent l'œuvre ; l'un et l'autre sont subalternes auprès du projet proprement photographique. [...] Kertész n'est pas plus surréaliste que la réalité même qui s'offre au flâneur. A chaque pas dans le réel, un gouffre de poésie peut s'ouvrir. »

La découverte de l'outil de travail idéal

Meudon date d'un moment très particulier de la vie de Kertész, dans la mesure où il s'était acheté cette année-là son premier Leica et avait trouvé dans ce petit appareil, apparu sur le marché en 1925, l'outil de travail véritablement idéal. A la fois maniable et discret, l'appareil, avec son film

de 35 mm, convenait particulièrement bien à sa façon de travailler, celle d'un flâneur photographe. De plus, la pellicule en rouleau de 36 poses permettait de travailler en séquences et de procéder par approches successives jusqu'à l'obtention d'un résultat photographiquement satisfaisant. Avantage qui, comme nous aurons l'occasion d'en reparler, a également joué un rôle non négligeable dans la conception de Meudon.
Portraits d'amis artistes comme Mondrian, Foujita ou Chagall, intérieurs, objets quotidiens ou scènes de rue, tels sont les sujets qui ont essentiellement mobilisé Kertész au cours de ces premières années parisiennes, de même que l'investigation visuelle de la métropole des bords de Seine qui, dès le début, a toujours été son principal centre d'intérêt artistique.
Sandra S. Phillips écrit qu'à cette époque, il lui arrivait souvent de flâner dans des endroits comme Montmartre ou Meudon. Montmartre, le traditionnel quartier d'artistes, faisait déjà figure d'exercice obligé auquel devait souscrire tout nouvel arrivant, mais on a peine à croire que c'est le hasard de ses flâneries qui a conduit le photographe à Meudon. Qu'est-ce qui aurait donc pu attirer Kertész à Meudon en 1928 ?
Le fait qu'on ait pu conserver en tout trois négatifs de petit format, répartis sur deux supports nitrate, revêt dès lors une importance particulière. Sur l'un, qui n'est ni daté ni numéroté, se trouve une photo d'où sont absents les personnages et le train. Sur l'autre, on voit se suivre directement deux autres clichés, dont notre variante. Lequel de ces films a-t-il été exposé le premier ? Certainement celui sans train ni personnages, car il est peu vraisemblable qu'avec son expérience du visuel, Kertész ait dû rajouter à une composition en soi très tendue une variante déserte qui, en comparaison, eût paru fade. Quoi qu'il en soit, le photographe est allé deux fois à Meudon. La pile de bois qu'on a déblayée, les transformations intervenues sur l'échafaudage prouvent qu'il a dû se passer un certain temps entre l'une des prises de vue et les deux autres. Kertész se serait-il par exemple rendu à Meudon à cause de ce viaduc – effectivement – imposant, se serait-il au fond montré satisfait de la première photo, qui met nettement le pont en avant, à moins qu'il n'en ait immédiatement expérimenté quelques variantes dans la foulée ? Non, c'est très certainement autre chose qui a conduit Kertész à Meudon, où son image clé a été prise pour ainsi dire « en passant ».
Son exposition de 1927 à la galerie Sacre du Printemps marqua incontestablement une étape importante dans le parcours professionnel d'André

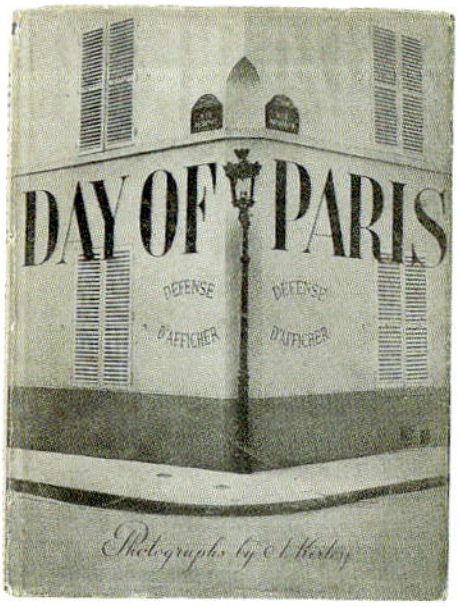

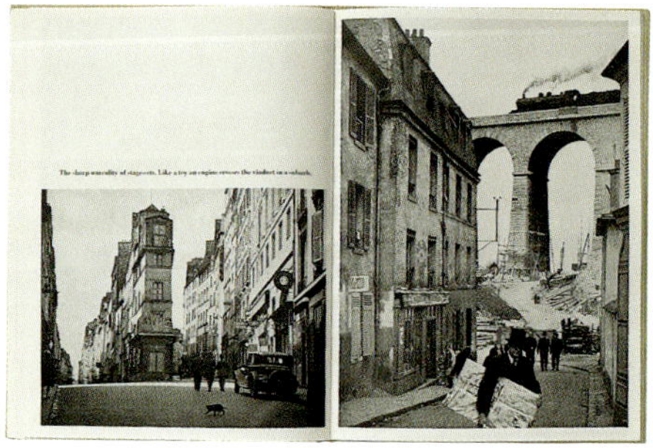

André Kertész : Day of Paris *: l'ouvrage réalisé d'après une maquette d'Alexey Brodovitch parut en 1945 chez J. J. Augustin, New York, et fut la première publication de Kertész aux Etats-Unis.*

Kertész. Il s'agissait là non seulement d'une des premières expositions d'art photographique en général, mais également du premier grand bilan de l'œuvre de Kertész, grâce auquel il espérait par ailleurs pouvoir entrer en contact avec des artistes photographes assez connus, et en particulier Man Ray. Que lui-même se fût très bien intégré entre-temps au milieu artistique parisien, dont faisaient partie des gens de diverses nationalités, c'est ce que montre une photo de groupe, elle aussi de 1927. Sur cette photo intitulée *Fin de Soirée*, on reconnaît Piet Mondrian, Michel Seuphor, Adolf Loos, Ida Thal et au fond Willi Baumeister, lequel ayant alors, d'après ses propres termes, rencontré à Paris « un très grand intérêt et une reconnaissance de la part des artistes français », avait caressé un moment l'idée de s'installer en France. Kertész a photographié Baumeister au moins une autre fois, en 1926, dans l'atelier de Mondrian, avec Gertrud Stemmler, Julius Herburger, Piet Mondrian, Michel Seuphor et Margit Baumeister. Ce qui veut dire que Kertész et Baumeister se connaissaient depuis au moins 1926. Si l'on regarde la photo de groupe de 1926, on est frappé par une étonnante ressemblance entre Baumeister et le monsieur au manteau foncé dont on peut dire que le visage est large et robuste. Et on dirait bien qu'il porte lui aussi des lunettes.

Ne jamais arranger le sujet

On sait avec certitude que Willi Baumeister était à Paris dans les années 1926, 1927 et 1929. Pour 1928 en revanche, rien n'atteste qu'il y soit allé. Seule une lettre à Oskar Schlemmer datée du 2 novembre 1928, qui se trouve aujourd'hui dans une collection privée, parle d'une « miss dont j'ai fait la connaissance à Paris ... », ce qui certes ne saurait prouver qu'il ait

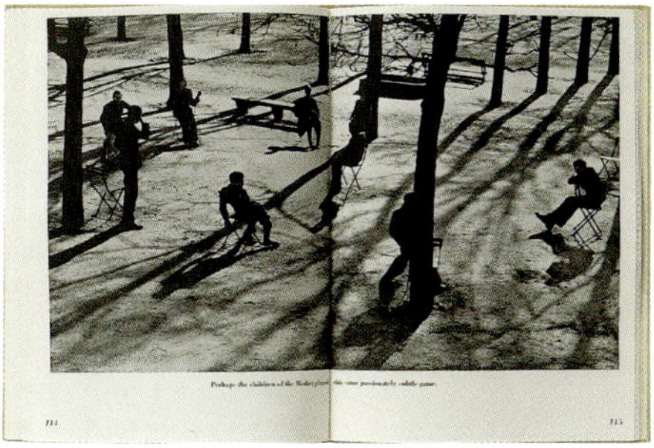

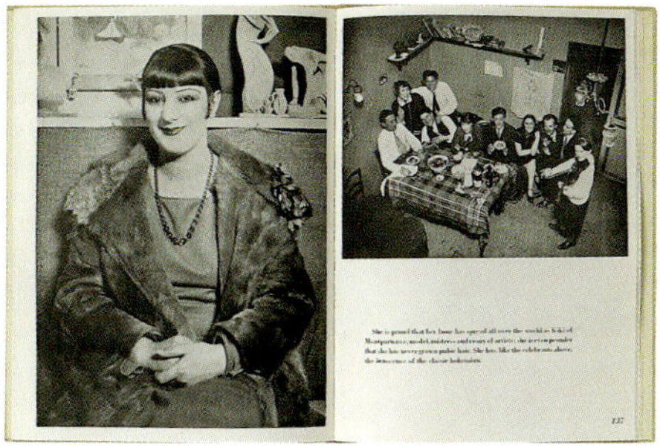

séjourné à Paris cette année-là, mais le laisse tout de même supposer. Willi Baumeister a pourtant certainement dû se trouver dans la capitale française en 1928. Que serait-il donc allé faire à Meudon ? Peut-être rendre visite à son collègue et ami le peintre Hans Arp, qui y avait alors installé son atelier ? Il y a au moins quelques indices qui plaident en faveur de la thèse selon laquelle on aurait bien affaire sur cette photo à l'artiste constructiviste Willi Baumeister, que Kertész aurait accompagné à Meudon et fixé sur sa pellicule au moment où il traversait la rue. Le tableau enveloppé dans du papier journal rend lui aussi l'hypothèse d'un peintre pour le moins plausible. Mais pourquoi Kertész, s'il devait effectivement s'agir ici de son ami Baumeister, n'en a-t-il pas tenu compte dans la légende de la photo ? L'explication est simple. « La différence entre Kertész et Bourke-White, ou tant d'autres qui font des photos sur commande pour répondre à des besoins éditoriaux, c'est que celle-ci intervient parfois pour arranger le sujet autrement ; Kertész, lui, ne ferait jamais cela », a constaté un jour Weston Naef. Willi Baumeister, qu'on voit du reste en pied dans cette photo qui n'a subi aucun recadrage, aurait au moins suggéré, en tant que « partenaire », l'idée d'une mise en scène. Et ceci d'autant qu'il aura fallu les trois « étapes » que l'on sait avant que Kertész s'approche de sa composition définitive. Si de plus la photo avait fait référence à Baumeister, elle aurait connu dès lors une hiérarchisation évidente. L'équilibre entre les éléments – viaduc, train, homme au chapeau – se serait alors déplacé au profit du personnage du premier plan, et nous aurions pris cette image pour un – mauvais – portrait de Willi Baumeister. Car tant qu'elle gardera son secret, cette photographie conservera sa puissance visuelle et sa poésie d'inspiration surréelle.

Day of Paris *: pages doubles extraites de l'ouvrage, pp. 82–83 :* Quartier Saint-Denis *(à gauche) et* Meudon *(à droite), pp. 114–115 :* Les Jardins des Tuileries, *pp. 136–137 : (à gauche)* Kiki de Montmartre *(sic) et* Montparnasse. Studio *(à droite)*

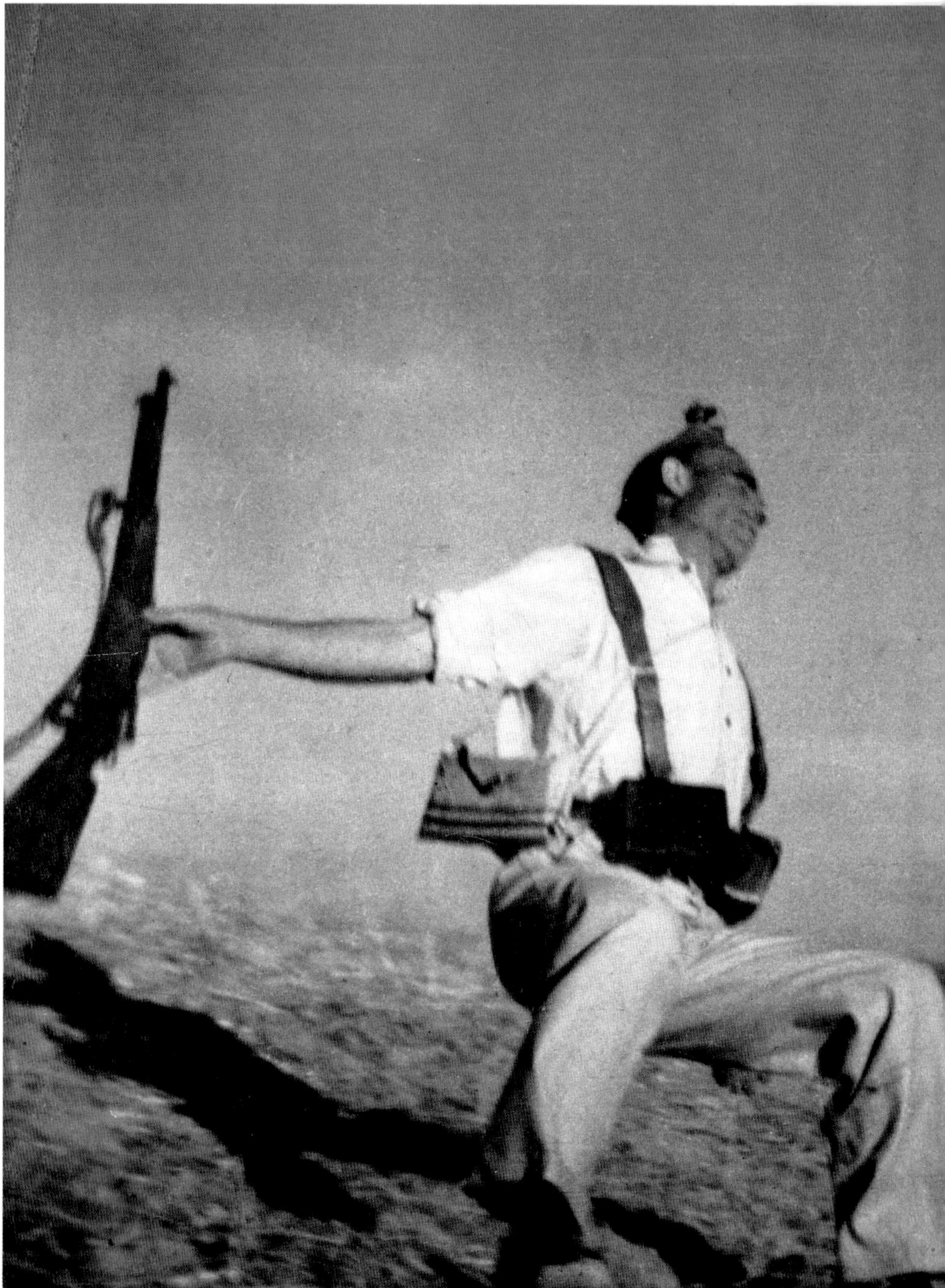

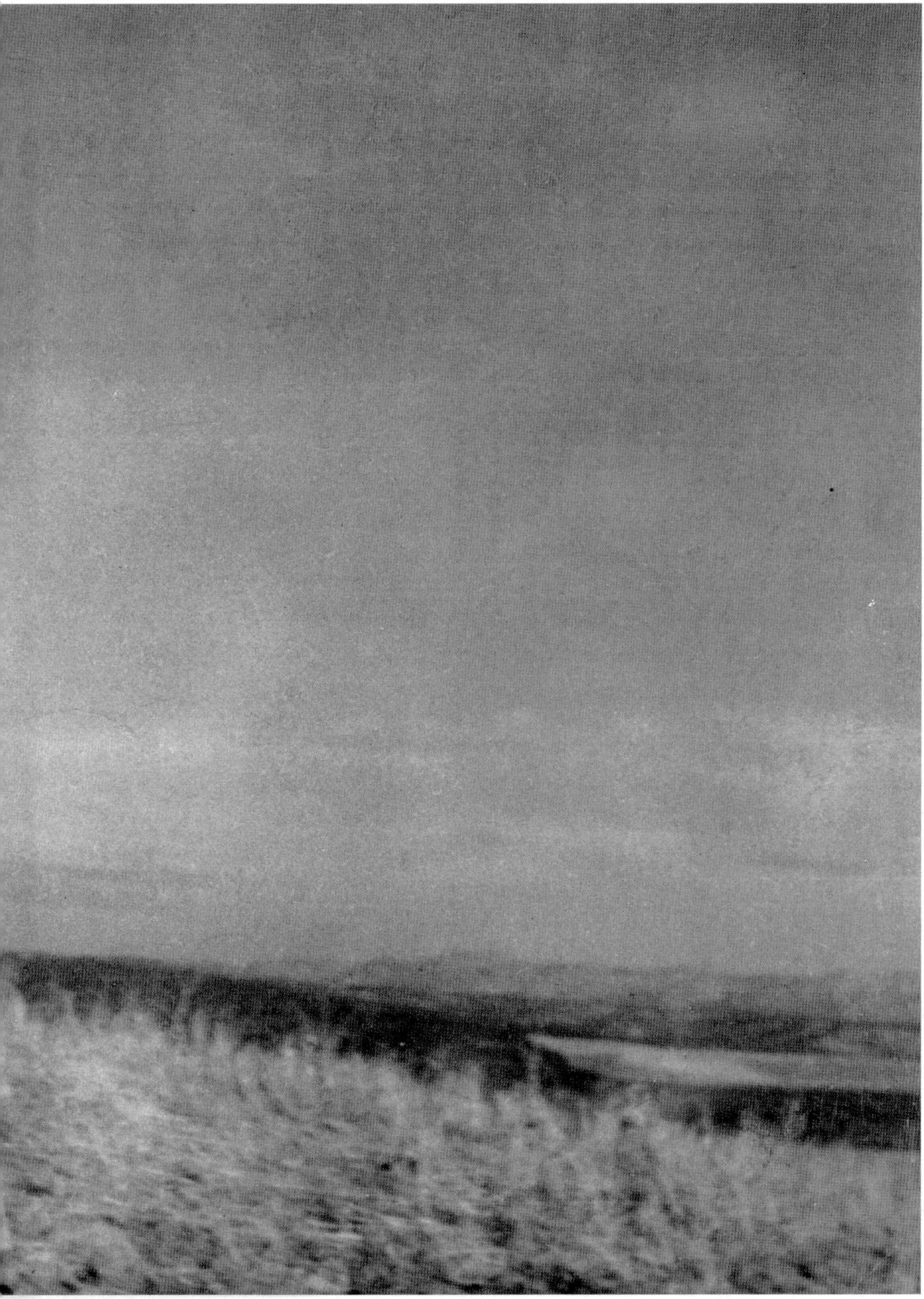

1936 Robert Capa
Mort d'un soldat républicain

Córdoba avant la chute

Il n'a pas seulement documenté les guerres. Mais ce sont ses photos de guerre qui l'ont fait connaître. La succession du photographe Robert Capa comprend plus de 70 000 négatifs. Celui de sa photo la plus célèbre a aujourd'hui disparu.

Il a eu un nom dans l'intervalle. Pendant plusieurs dizaines d'années, il a été le soldat inconnu, victime anonyme de la guerre. Il était, ou du moins son image était le symbole des millions de morts qu'ont faits les guerres et la violence. La légende de la photo était en général aussi concise que vague : *Loyalist Soldier*, *Falling Soldier*. Ou encore *Loyalist Militia*, formulation qui faisait allusion au combat des anarcho-syndicalistes sur le front républicain et apportait une précision qui en soi, était déjà quelque chose de presque irrecevable. Car ainsi que l'ont fait remarquer à juste titre bon nombre de critiques, c'est justement de la généralisation de la mort que cette photo tirait et tire sa force. C'est parce qu'il se présentait de façon quasi intemporelle que ce cliché a pu devenir l'icône même de l'homme en train de mourir.
Dans ses cours de poétique de Francfort, l'écrivain Peter Härtling parlait encore en 1984 de « l'absence de dates relatives à la vie du soldat » et se demandait s'il devait donner à cet inconnu, le temps du moins d'une nouvelle oscillant entre fiction et récit, une sorte d'identité. « Il n'a pas pu être un combattant au sens de Malraux ou d'Hemingway, mais plutôt un de ces anonymes qui, avec des milliers d'autres, ont été enterrés à la va-vite dans les ‹ cimetières sous la lune › et que Georges Bernanos a décrits en proie à une révolte désespérée. Non », tranchait Härtling, « je ne lui donnerai pas de nom. » On sait depuis que le soldat s'appelait Federico Borrell García, qu'il avait 24 ans, était originaire d'Alcoy, dans le sud de l'Espagne, et qu'il mourut sur le front de Córdoba, plus exactement près de Cerro Muriano, le 5 septembre 1936.

L'instantané de guerre le plus saisissant

Sa mort est documentée dans les dossiers des archives militaires de Salamanque. En fixant le bref instant de sa mort, Robert Capa, alors âgé de 22 ans, a réalisé sa photo la plus célèbre. Il n'y a pas de statistiques. Même chez Magnum, l'agence cofondée par Capa et qui détient toujours les droits de la photo, archivée sous le numéro CAR 36004 W000X1/ICP 154, on ne trouve aucune date relative à sa diffusion ou sa réception. Et pourtant, historiens et biographes s'accordent sur le statut singulier de ce cliché. Le spécialiste de Capa Richard Whelan parle de « l'instantané de guerre le plus saisissant et le plus direct jamais réussi ». Dans son tout dernier ouvrage sur Magnum, Russell Miller considère ce cliché comme « la plus grande photographie jamais prise ». Le *Stern* (41/1996) y a vu « un symbole de la guerre d'Espagne qui plus tard allait tout simplement devenir l'image du mouvement pacifiste ». Pour *American Photo* (mai–juin 1998), il s'agissait du « cliché le plus célèbre » du « plus important de tous les photographes de guerre ». Enfin, Rainer Fabian parle dans son article sur 130 années de photographie de guerre de « la photo de guerre la plus mythique et la plus souvent publiée de l'Histoire ». Ceci pour ne citer que quelques-unes des voix qu'on a pu entendre.
Pour Fabian, « la photographie de guerre n'est pas autre chose que l'usage qu'on en fait ». Ce qui veut dire qu'une photo de guerre se définit principalement par la façon dont elle est utilisée. Celle du républicain espagnol de Robert Capa n'était pas la première image qu'on voyait d'une guerre. Mais elle est « indiscutablement le premier cliché pris en temps de guerre où l'on voit un homme fauché par les balles » (Carol Squiers). On nous permettra de nous montrer réservé face à des déclarations superlatives comme celle-ci. Pendant la Première Guerre Mondiale surtout, on avait beaucoup photographié et filmé. Le Leica, l'instrument de travail favori de Capa, n'était certes pas encore sur le marché. Les photo reporters de cette époque travaillaient encore avec des appareils encombrants et compliqués, des optiques qui ouvraient peu et des négatifs sur verre qui ne permettaient pas de réagir rapidement ni de photographier en séquences. Et pourtant il n'est pas à exclure qu'on puisse trouver parmi les milliers de clichés qui ont été faits alors une photo d'un homme en train de mourir qui soit de valeur au moins égale à celle de Capa. Ce qui avait changé toutefois, c'était la situation des médias. Les photos de guerre étaient soumises à un autre traitement. Elles trouvaient un forum dans la

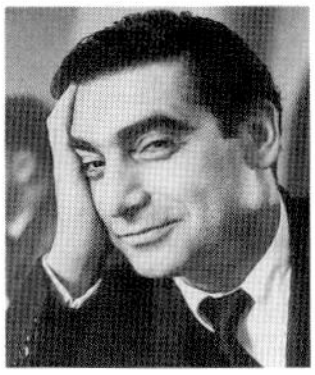

Robert Capa

Né en **1913** à Pest/Hongrie sous le nom de Endre Ernö Friedmann. **1931** part pour Berlin. Etudes à l'Ecole supérieure de politique. **1932–33** préparateur chez Dephot. **1932** première publication de ses photographies. **1933** se rend à Paris. Rencontre Gisèle Freund et Henri Cartier-Bresson. A partir de **1936** reportages sur la guerre civile en Espagne pour *Vu* et *Regards*. **1938** correspondant de guerre en Chine. **1939** s'installe aux Etats-Unis. Travaille pour *Collier's* et *Life*. Reportages très remarqués sur la guerre en Europe. **1947** membre fondateur de Magnum. **1954** en Indochine pour *Life*. Y meurt la même année par l'explosion d'une mine toute nouvelle presse illustrée. Ce qui signifie qu'il y avait un besoin et, dans bon nombre de pays, une diffusion en grande partie non censurée. Un changement de paradigmes s'était en réalité opéré.

L'essor florissant de la presse illustré

Il ne faut pas oublier non plus le caractère spécifique de ce conflit, à savoir une guerre civile qu'on suivait avec curiosité dans la mesure où c'était là que se jouait l'avenir de la gauche et de la droite, du communisme et du fascisme. En d'autres termes, il existait dans le monde entier un intérêt très vif pour l'image auquel l'essor florissant de la presse illustrée savait répondre, en particulier depuis les années 20. Les progrès des techniques d'imprimerie, l'apparition de nouvelles formes de distribution et de maquettes révolutionnaires firent ce qu'il fallait pour offrir au lecteur des reproductions de meilleure qualité dans un habillage visuel plus attrayant. On vit alors apparaître une nouvelle génération de photographes, des photo reporters, des aventuriers, des parvenus qui, équipés d'appareils plus rapides et se faisant une nouvelle idée d'eux-mêmes, se portaient ou devaient se porter personnellement garants de l'originalité, du sérieux et de l'authenticité d'une histoire. Ce n'est pas un hasard si les reportages devinrent de plus en plus personnalisés. Lorsqu'en décembre 1938, le périodique anglais *Picture Post* présenta les photos de la guerre civile de Robert Capa sur pas moins de onze pages, la page de titre annonçait déjà « le plus grand photographe de guerre du monde ». Ce n'était nullement la première fois qu'on publiait ses images d'Espagne. Mais cette fois, un mythe était en train de s'installer, mythe qui aujourd'hui est toujours vivant.

Jeune et à l'évidence fonceur, photographe et sympathisant de la gauche, charmeur, homme à femmes, joueur doublé d'un flambeur, c'est ainsi qu'on peut se représenter le Capa de ces années là. Sans oublier le « photographe concerné » qu'il ne pouvait pas manquer d'être et qui croyait surtout en lui, à son talent, son habileté, son courage dès lors qu'il s'agissait d'obtenir de bonnes photos. Il s'appelait en réalité Endre Ernö Friedmann, était né à Budapest en 1913, était le fils d'un tailleur. Il part en 1931 à Berlin où il fait des études de sciences politiques, s'engage au service de la légendaire agence Delphot pour laquelle il exécute le travail de laboratoire et qui, un jour, l'autorise à prendre en main un appareil photo. On considère généralement ses photos de Léon Trotski, lequel se montrait

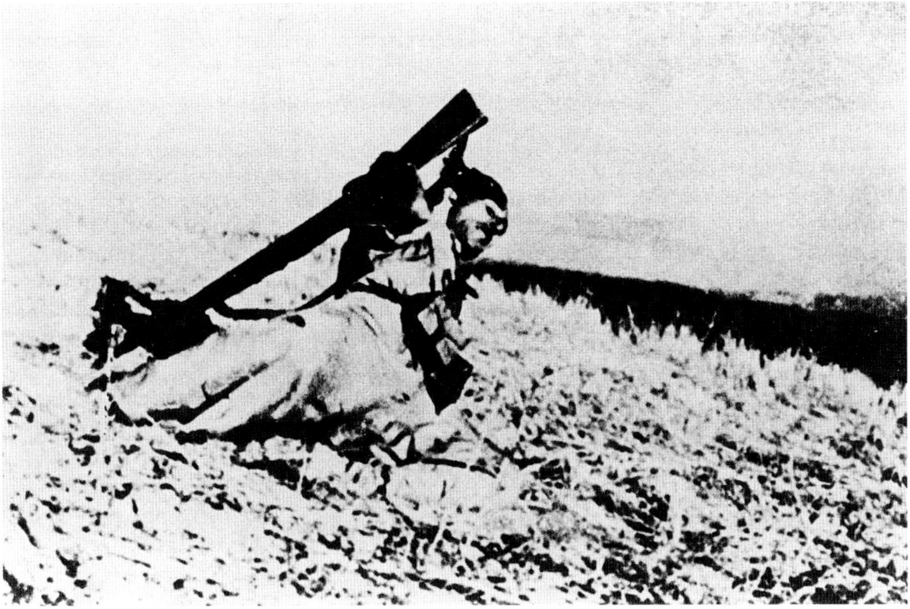

plutôt rétif à la photographie, comme le début de sa carrière de photo journaliste. Avec un instinct très sûr et une bonne dose de culot, Capa réussit là un brillant reportage. « Si ta photo n'est pas bonne, c'est que tu n'étais pas assez près », a-t-il dit un jour.

Comment sont-ils tombés : *c'est sous ce titre que* Vu *(23 septembre 1936) montra pour la première fois le* Loyalist Soldier *de Capa avec cette autre photo moins connue, mais également de lui, d'un soldat touché mortellement.*

Le premier à reconnaître la force visuelle de la photographie

La prise du pouvoir par Hitler empêche Capa de poursuivre sa carrière – du moins dans l'Allemagne nazie. Comme tant d'autres de ses confrères – Stefan Lorant, Martin Munkácsi, Simon Guttmann, pour ne citer que les Hongrois –, le juif Capa se voit contraint lui aussi d'émigrer. Ce n'est qu'à Paris que ce débutant talentueux et sachant faire preuve d'intuition dans le choix des sujets, deviendra ce Robert Capa qui n'a certes pas photographié que des guerres, mais qui pourtant s'est surtout fait connaître par ses reportages de guerre.
Du point de vue politique, l'époque est à l'agitation. Depuis 1936, la guerre civile règne en Espagne. Soutenue par l'Eglise, une coalition de généraux, de gros propriétaires terriens et de nobles s'est insurgée contre le gouvernement élu de front populaire. La France est elle aussi confron-

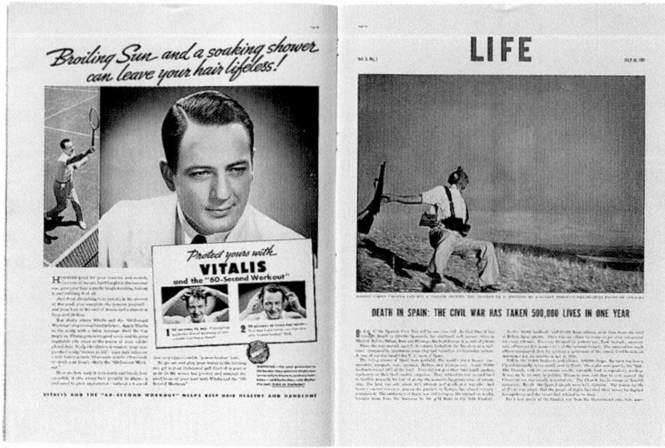

Page double de Life *: publicité et reportage se font une concurrence absurde, presque cynique.*

tée à des conflits politiques internes. Les ouvriers sont en grève depuis mai, espérant faire pression sur le gouvernement de gauche de Léon Blum pour qu'il entreprenne des réformes sociales. On ne peut pas ignorer dans quel camp se situe Robert Capa. La publication d'une photo, le 3 juin 1936, dans le magazine de gauche *Vu* prouve l'intérêt qu'il porte à la grève des ouvriers. Mais également au moment de la guerre civile on peut prêter à Capa, qui avait été influencé par Karl Korsch et ses idéaux de front populaire, un sentiment qui ressemble au moins à de la sympathie pour la cause de la gauche. Début août, il se rend en Espagne avec sa compagne Gerda Taro pour documenter le conflit du point de vue des anarcho-syndicalistes. Capa photographie à Barcelone, sur le front d'Aragon, pousse jusqu'au front d'Huesca pour faire finalement sur le front de Córdoba son cliché qui sera le plus souvent reproduit par la suite. La *Mort d'un soldat républicain* fut publiée pour la première fois dans le numéro 447 du périodique *Vu* du 23 septembre 1936. L'image couvre la moitié supérieure gauche d'une double page intitulée « La guerre civile en Espagne ». Etait alors responsable de la maquette Alexander Liberman, futur directeur artistique de l'édition américaine de *Vogue*, qui fut ainsi le premier à reconnaître la force visuelle de la photographie. C'est lui aussi qui a placé dans la partie inférieure de la page une variante du cliché, donnant ainsi à la séquence un rythme cinématographique même si, quand on y regarde de plus près, on s'aperçoit qu'il s'agit de deux protagonistes différents. On ne trouve aucune indication de lieu, de temps, pas plus que les noms du ou des tués. La légende de l'image se veut générale, et parle sur un ton pathétique du sifflement d'une balle et du sang qui abreuve le sol natal. Le suivant à publier la photo fut *Life* dans son édition du 12 juillet 1937. En dessous du titre « Death in Spain » étaient évoqués l'anniversaire du début de la guerre et la mémoire des victimes (*Life* parle de 500 000). La photo de Capa faisait la une, repro-

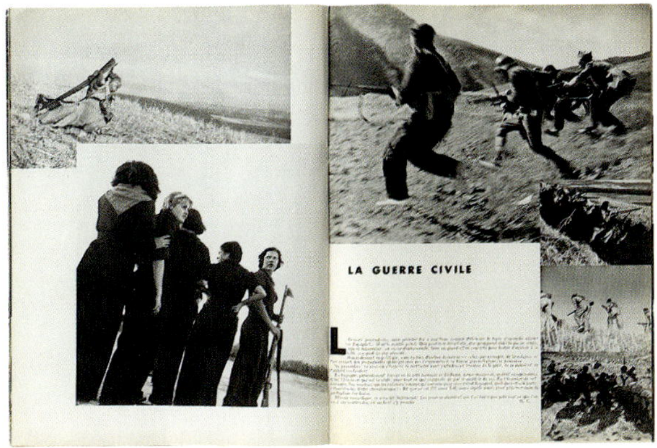

Page double de La Revue du Médecin, *30 septembre 1936 : le premier numéro de la revue pour médecins et pharmaciens publia les clichés de Capa (dont la variante de la page 21) dans une maquette particulièrement avant-gardiste.*

duite en grand, quoique légèrement recadrée sur la droite. Deux jours plus tard, la revue communiste *Regards*, qui avait déjà publié à plusieurs reprises des reportages de Capa, fit paraître le cliché. Capa lui-même en a fait une image de premier plan en la faisant figurer sur la couverture de son livre *Death in the Making*, paru à New York en 1938, dans lequel on pouvait voir des photos de lui et de Gerda Taro. Par la même occasion, il échappait ainsi à l'obligation de dire quoi que ce soit sur le lieu, la date et le contexte de la prise de vue. Cette photo a très tôt soulevé des questions, fait naître des doutes sur son authenticité. Life par exemple parle de l'instant où une balle a touché le soldat à la tête. Mais même en y regardant de plus près, on ne voit aucune trace de blessure. On peut aussi se demander comment un homme en train de dévaler une pente et touché par une balle, peut tomber en arrière. La blancheur éclatante de l'uniforme, qui ne s'accorde guère avec la réalité du terrain, a donné lieu elle aussi à spéculations. Il est en outre remarquable que Capa ait photographié le soldat de face. Cela n'implique-t-il pas nécessairement qu'il ait pris les devants pour se retourner sur le milicien ? Mais on trouve au moins autant d'arguments pour s'opposer à la thèse de la mise en scène. Par exemple, son professionnalisme en tant que photographe. Il n'aurait guère eu besoin de faire une photo posée de ce genre. Quant à supposer que des membres de la Confederación National del Trabajo (CNT) se soient prêtés à jouer leur propre mort, cela semble là encore plutôt improbable. Toujours est-il qu'au milieu des années 70, le journaliste britannique O'Dowd Gallagher relança le débat en affirmant dans plusieurs interviews avoir partagé, pendant l'époque en question, une chambre d'hôtel avec Capa près de la frontière française. Des photos de soldats républicains auraient plus tard été mises en scène pour la presse. Ailleurs, Gallagher parle de troupes franquistes en uniformes républicains qui auraient simulé des échauffourées. Mais mis à part le fait que le journaliste se contredit, on imagine difficilement, comme le souligne Richard Whelan, le juif et antifasciste déclaré qu'était Capa faire cause commune avec les phalangistes.

L'image clé fait partie d'une séquence

Les négatifs originaux ne peuvent plus nous renseigner. Ils ont disparu. Capa lui-même ne s'est exprimé qu'une fois sur cette photo, dans une interview du 1er septembre 1937. Selon le journaliste du journal new-yorkais *World Telegram*, qui reprend les déclarations du photographe, Capa et le milicien se seraient retrouvés tous les deux coupés des troupes du front de Córdoba, « Capa avec son précieux appareil et le soldat avec son fusil. Le soldat était impatient. Il voulait rejoindre les lignes républicaines. Il n'arrêtait pas de grimper sur les sacs de sable pour guetter ce qui se passait. A chaque fois, il se laissait retomber en entendant le feu des mitrailleuses. Il finit par murmurer ‹ j'y vais, je risque le coup ›. Il escalada la tranchée et se précipita à l'extérieur, Capa derrière lui. On entendait crépiter la mitraille, et Capa appuya automatiquement sur le déclencheur tandis qu'il tombait à la renverse, s'écroulant à côté du cadavre de son camarade. Deux heures plus tard, le photographe rampa sur le sol éventré pour se mettre à l'abri. Il découvrit plus tard qu'il avait fait une des photos les plus dramatiques de la guerre d'Espagne. »
Capa était-il vraiment seul avec le milicien ? Son biographe Richard Whelan émet des doutes. Cette image clé fait après tout partie d'une séquence plus importante où l'on voit plusieurs fois et très distinctement les deux soldats qui, par la suite, devaient tomber au champ d'honneur : une fois au milieu d'un groupe enjoué de miliciens de la CNT, une autre en train de sauter au-dessus d'une tranchée, une autre encore au combat sur laquelle notre protagoniste, tout au moins, est bien reconnaissable. Mais il y a encore autre chose qui fait hésiter. Les deux clichés d'un soldat blessé ou en train de mourir publiés dans l'édition de 1936 de *Vu*, ont dû être pris à peu près en même temps, comme le prouve la formation nuageuse identique. Qu'il ait dû s'agir de deux miliciens différents, c'est ce qui ressort de l'analyse plus détaillée de leurs vêtements. L'un porte une chemise blanche et un pantalon blanc, l'autre une salopette. Chez l'un, les bretelles de cuir tombent droites sur le pantalon, tandis que l'autre les porte croisées. « Si l'on regarde attentivement le sol sur la photo du soldat en train de mourir et sur la variante », écrit Whelan dans sa biographie

de Capa, « et si l'on compare les formes des éteules les plus saillantes, il devient évident que les deux hommes sont tombés presque exactement au même endroit. (Le Soldat Républicain est plus près du photographe d'environ trente centimètres que l'homme de l'autre photo.) Constatation qui appelle la question suivante : comment se fait-il que deux hommes tombent l'un derrière l'autre dans un laps de temps très court sans que l'on voie, sur l'une des photos, le corps de l'autre au sol ? »

La vérité est la meilleure des images

Pour Whelan, tout comme pour Cornell Capa, le frère cadet de Robert qui, depuis la mort du photographe, tué en Indochine en 1954 par l'éclatement d'une mine, administre sa succession, le degré de véracité du cliché et sa pertinence en tant que document n'ont jamais fait l'ombre d'un doute. Pour Whelan, il s'agit du reste « d'une grande et forte image. [...] Vouloir obstinément savoir si la photographie montre réellement un homme fauché par une balle est quelque chose de morbide et qui de plus, n'a aucun intérêt, la grandeur de l'image résidant en dernier lieu dans son potentiel symbolique, et non dans l'exactitude d'un compte-rendu clinique de la mort d'un homme. » La biographie de Capa de Whelan parut aux Etats-Unis en 1985. Deux ans plus tard exactement, un certain Mario Brotóns Jordá éditait à compte d'auteur ses souvenirs de la guerre d'Espagne sous le titre *Retazos de una época de inquietudes*. Brotóns avait lui-même combattu sur le front de Córdoba. Sur la célèbre photo de Capa, il reconnut d'abord ce type de cartouchières en cuir qui ne se fabriquait qu'à Alcoy et que seuls portaient les miliciens d'Alcoy. Se fondant sur divers indices, Whelan avait daté la photo de Capa du 5 septembre et situé le lieu de la prise de vue dans la région de Cerro Muriano. Ainsi que l'apprit Brotóns dans les archives d'Etat de Salamanque, un seul milicien de la brigade d'Alcoy avait été tué le 5 septembre 1936 sur le front de Córdoba, près de Cerro Muriano : Federico Borrell García. Un de ses frères qui vivait encore reconnut Federico sur la photo que lui soumit Brotóns. Ainsi, pour Richard Whelan, « la boucle était bouclée ». Le républicain de Capa, titrait le *Stern*, « était vraiment mort ». Et la crédibilité du photographe s'en trouvait restaurée. Comment Capa avait-il formulé les choses à l'époque de l'interview du *World Telegram* ? « En Espagne, on n'a pas besoin de trucs pour faire des photos. Les images sont là, on les capture simplement. La vérité est la meilleure des images ... »

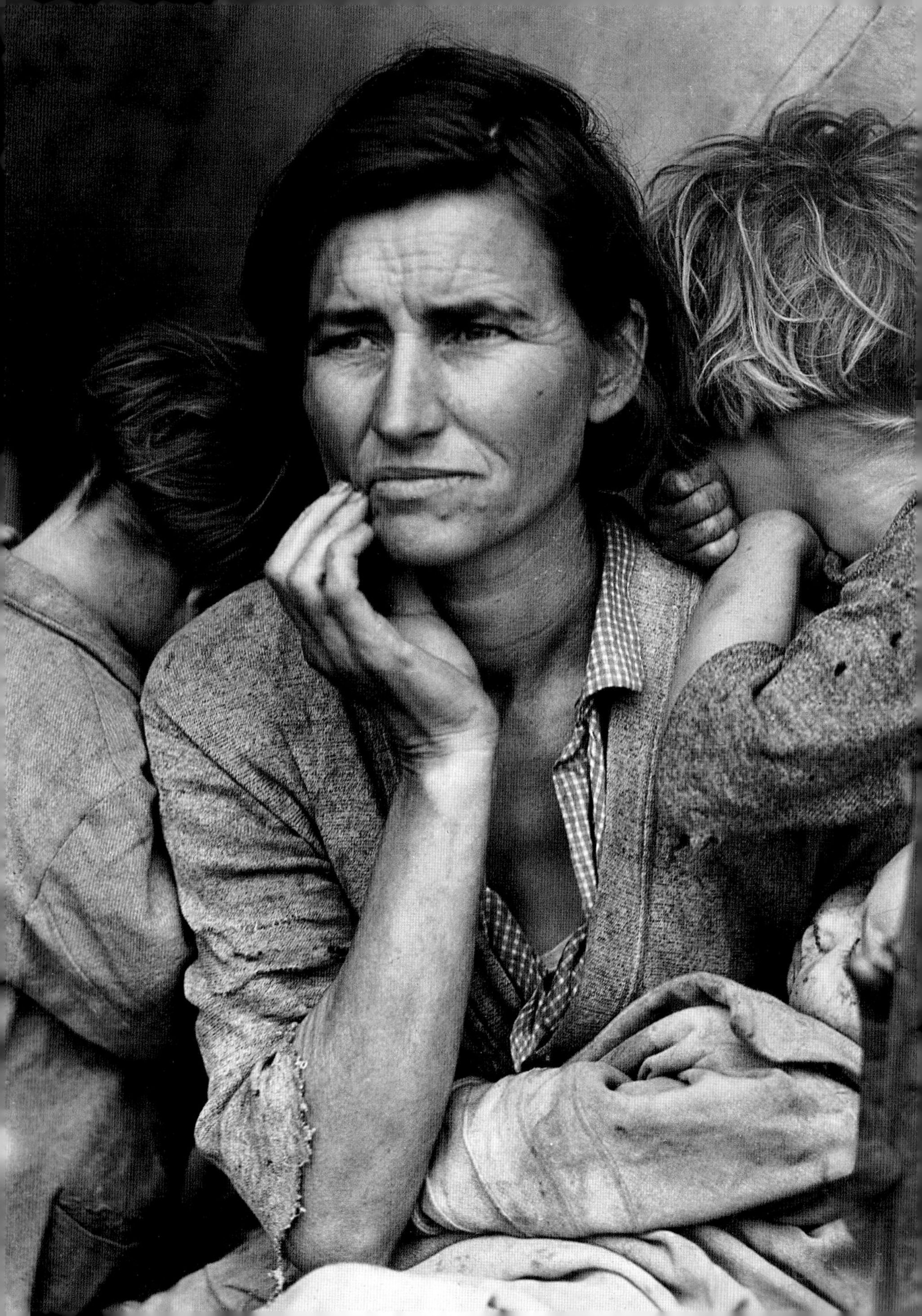

Dorothea Lange
Emigrante, Nipomo, Californie

1936

Krach boursier, crise économique, sécheresse catastrophique dans les Etats du Sud, ce n'est pas un hasard si aux Etats-Unis, on parle de la décennie qui a suivi 1929 comme des « années amères ». C'est aussi à cette époque que Dorothea Lange a réalisé ce portrait d'une ouvrière migrante avec ses enfants, portrait que l'on considère depuis longtemps comme une métaphore de la détresse humaine, indépendamment de toute référence temporelle.

Une madone dans la tourmente

Elle s'appelle Florence Thompson, elle a 32 ans, est mariée, sans domicile fixe. La jeune femme a sept enfants à nourrir. Ce qui, même dans une époque de stabilité économique, ne représente pas une mince affaire, peut très certainement, en pleine période de crise, de cette « dépression » qui secoue les Etats-Unis, porter une famille au bord de la catastrophe. Florence Thompson fait partie de ces gens que, dans ces « années noires », on a coutume de désigner par l'expression d'ouvriers migrants, c'est-à-dire des gens qui se déplacent en même temps que le travail, dans la mesure du moins où il y en a. En ce mois de mars 1936, la récolte de pois a été une fois de plus mauvaise dans les Etats du Sud. Il n'y a pas de travail pour les cueilleurs, et donc pas de revenus. Florence Thompson a trouvé provisoirement refuge dans un camp de trieurs de pois de Nipomo, en Californie. « Plus de 2500 personnes vivent dans ce camp », se souvient Dorothea Lange, « et sont pour la plupart démunies de tout. »

Une de ces trouvailles visuelles de notre temps

Curieusement nous savons beaucoup de choses de la femme représentée sur cette photo, et ceci en grande partie grâce à la relative précision des indications portées par la photographe au verso de l'image, tout au moins sur les premiers tirages. Nous savons d'une autre source que l'une des filles, celle qui est à gauche sur l'image, essaiera plus tard, mais en vain, d'empêcher la publication par arrêt du tribunal. On sait aussi qu'en 1983, des appels à la générosité ont été lancés en faveur de Florence Thompson, atteinte d'un cancer. A ce moment-là, les « années amères » telles qu'on se les représente surtout à travers la littérature de John Steinbeck ou de John Dos Passos, remontaient déjà à un demi-siècle, et seules quelques rares personnes se seront encore souvenues de l'époque de la « dépression ». Dans l'intervalle, presque tout le monde a vu la photo de la jeune Florence Thompson avec ses lèvres minces, son visage buriné par les épreuves, son regard vide perdu dans le vague. Depuis sa publication – et même déjà avant – dans l'exposition conçue par Edward Steichen « The Family of Man » (1955), laquelle a été vue par plus de 9 millions de personnes à travers le monde, elle est devenue partie intégrante de la mémoire collective. Présentée alors sous le simple intitulé de « U.S.A. Dorothea Lange Farm Security Adm. », elle a pris entre-temps le titre beaucoup plus souple de *Migrant Mother* qui lui confère une portée intemporelle. C'est ainsi qu'on est passé d'une image à vocation documentaire à une icône de la photographie, à une de ces trouvailles visuelles dont le fait qu'elles soient devenues des références majeures de notre siècle ne doit rien au hasard.

Avec les années, nombreuses sont les interprétations qui ont soumis *Migrant Mother* à l'analyse de l'histoire de l'art. Il n'est pas rare qu'on évoque à son propos le mode de représentation de la Vierge à l'Enfant tel qu'on le connaît depuis la Renaissance. Pour d'autres, le succès de la photo serait dû à sa « composition équilibrée », il renverrait à la « dignité de la femme face à la misère » (Denise Bethel) ou à la « sobriété des moyens iconiques, à la retenue du pathos conjuguées à la clarté du langage photographique » (Robert Sobieszek). Une chose est sûre, pour ce cliché, Dorothea Lange a laissé de côté à peu près toutes les prémisses qu'elle-même avait un jour formulées à propos de son travail. « Quoi que je photographie, j'écarte toute influ-

Détail de Migrant Mother *: sur ce cliché le pouce est bien visible (en bas à droite). Il semble avoir dérangé l'artiste qui a plus tard retouché le négatif pour le faire disparaître.*

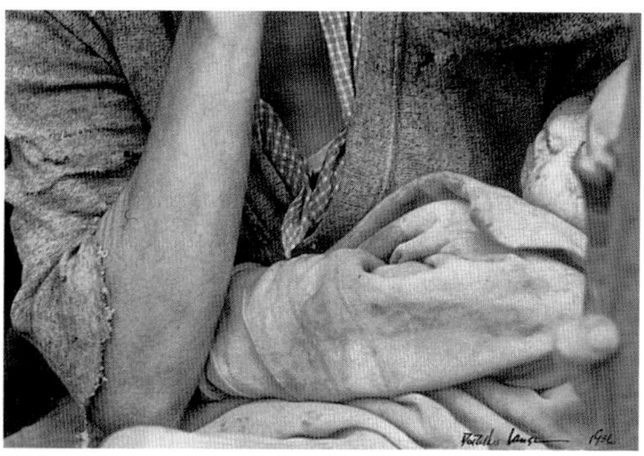

ence, je ne change rien et ne fais aucune mise en scène. J'essaie de prendre en compte l'environnement pour prêter un contexte à l'image. Et par ailleurs, je m'efforce aussi de faire apparaître l'époque à laquelle appartient une photo. » En réalité, Lange choisit ici un cadrage tellement serré qu'on ne voit même pas la tente à l'arrière-plan. D'un point de vue temporel, la photo est là encore totalement indéterminée. La coupe de cheveux des enfants pourrait à la rigueur renvoyer aux années 30. Quant à la mise en scène, ou plutôt au souci d'éviter la mise en scène, on sait que Lange a eu une lente approche photographique de cette famille, ce qui a au moins donné à cette dernière la possibilité de poser. Au début, les enfants regardent encore l'appareil. Ce n'est que dans la dernière photo de la séquence qu'ils se détournent, manifestant par là cette condition de laissés-pour-compte de la société que Lange avait documentée pour la première fois en 1933 dans son cliché *The White Angel Breadline.*

La transfiguration esthétique de la souffrance humaine

On omet souvent, lorsqu'on parle de Dorothea Lange et de sa *Migrant Mother*, un autre détail qui, pour modeste qu'il soit, n'en a que plus d'importance. Nous voulons parler du pouce en bas à droite que l'on aperçoit encore faiblement, même dans la version retouchée. Vers 1938, Dorothea Lange avait récupéré le négatif qui avait intégré les archives de la Farm Security Administration, et l'avait retouché pour faire disparaître ce pouce, dont l'identité du propriétaire ne peut que donner lieu à spéculations (ce pourrait être celui de la main gauche de la femme). Procédé qui, déjà à l'époque, n'a pas manqué d'être contesté et de soulever, en particulier chez Roy Stryker, le supérieur direct de Lange, de violentes protestations. Toujours est-il que cet épisode fait clairement ressortir l'ambivalence de la notion d'image documentaire qui, pour Lange, doit non seulement montrer, mais convaincre, non seulement enregistrer mais mouvoir, dans les deux sens du terme. Effectivement, Florence Thompson ne doit qu'à la publication du cliché d'avoir survécu.

En d'autres termes, Dorothea Lange recherche, en même temps que la preuve visuelle, l'image suggestive. Elle découvre dans la transfiguration esthétique de la souffrance humaine une possibilité de mobiliser l'attention, la compassion, l'intérêt dans un monde saturé d'images. Elle a, comme l'a formulé un jour John R. Lane, « porté la photographie documentaire bien au-delà de l'enregistrement positiviste ». *Migrant Mother*

Dorothea Lange

Née en **1895** à Hoboken/New Jersey. **1913** interrompt ses études à la High School et se tourne vers la photographie. **1917** cours avec Clarence H. White. **1919** ouvre un studio de portraits à San Francisco. Après **1930** s'intéresse aux thèmes sociaux. **1935** épouse Paul Schuster Taylor. Contact avec la Resettlement Administration (à partir de **1937** FSA). Jusqu'en **1939** collabore avec l'organisation. **1939** publication du livre *An American Exodus.* **1943–45** travail pour l'Office of War Information. **1955** participe à « The Family of Man ». **1965** meurt d'un cancer à San Francisco

Dorothea Lange: Migrant Mother, Nipomo, Californie

On voit ici la situation dans son ensemble. D'après ses dires la photographe aurait réalisé cinq négatifs.

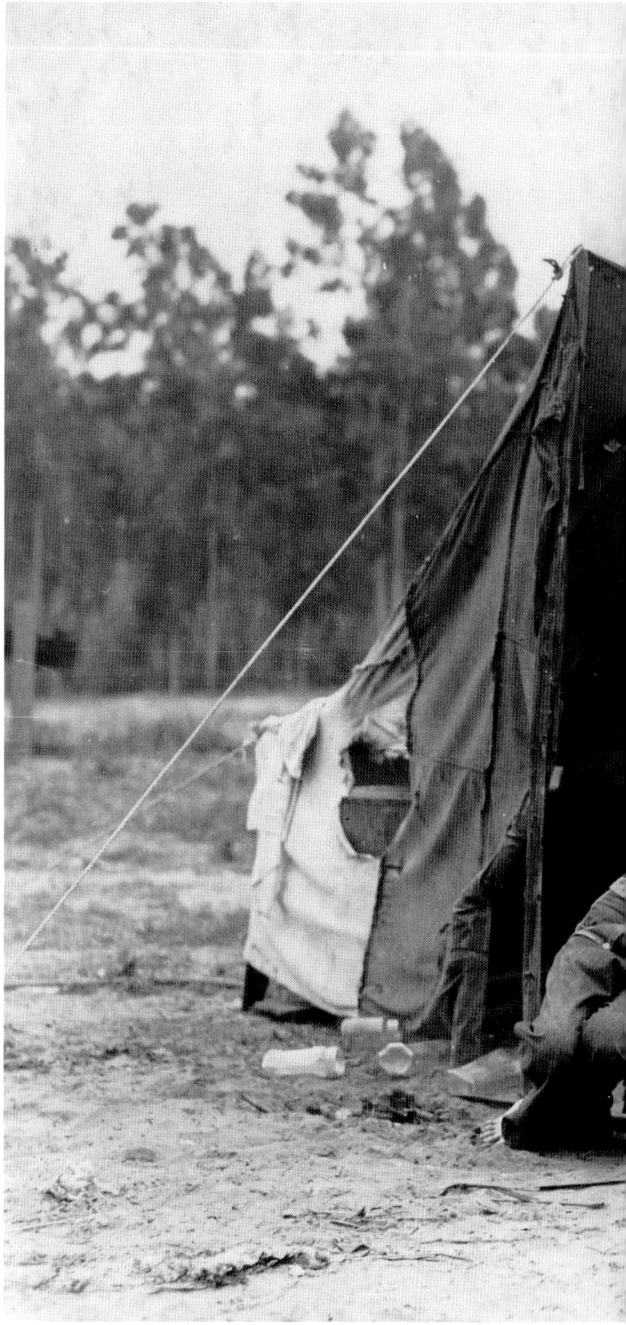

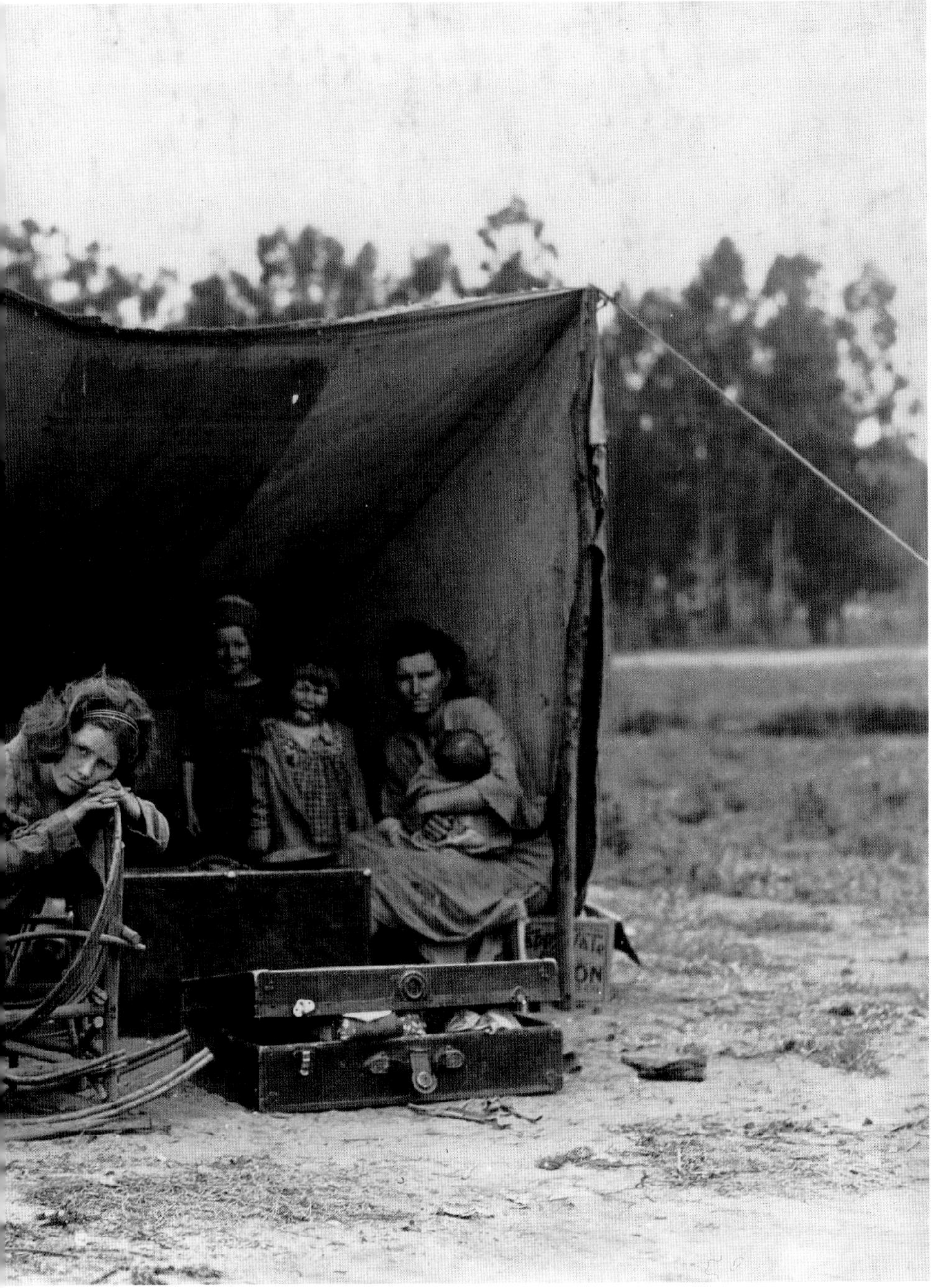

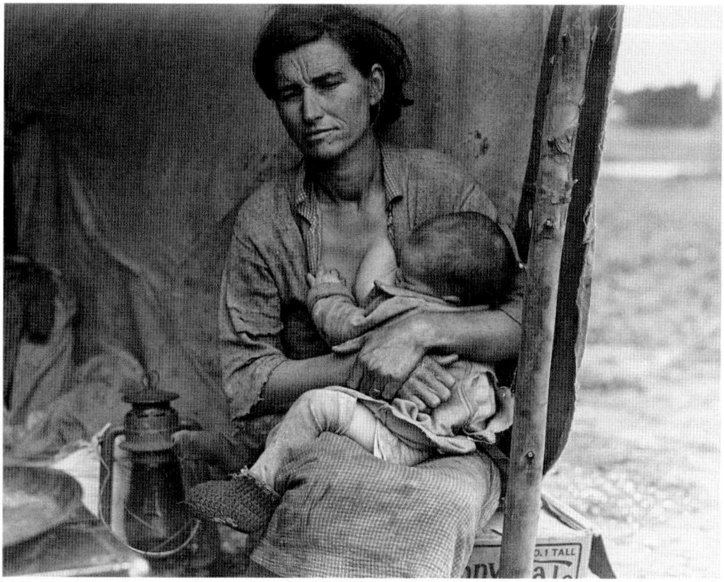

Migrant Mother : *variante moins connue de la célèbre photographie*

illustre cette idée de façon emblématique, et c'est sans doute la raison pour laquelle elle est devenue le motif le plus connu de la campagne de la FSA. Visible, le pouce aurait perturbé l'équilibre de la composition et lui aurait involontairement donné un côté comique. Aussi devait-il disparaître, même si, ce faisant, Lange dérogeait à ses propres principes.
Au moment de la prise de vue en 1936, Dorothea Lange a 40 ans. Elle est alors une photographe militante, elle-même mère de deux enfants qu'elle a eus de son premier mari, le peintre Maynard Dixon. Elle est divorcée et remariée depuis un an au sociologue Paul Schuster Taylor. Née à Hoboken, dans le New Jersey, Lange a 18 ans lorsqu'elle quitte l'école, quasiment du jour au lendemain, pour se consacrer à l'art photographique. Elle fait son apprentissage auprès d'Arnold Genthe et du non moins renommé Clarence H. White. Après 1900, le pictorialisme, une photographie artistique formée à l'école de la peinture dont elle emprunte les modèles, vit encore de belles heures, et Clarence White, que Lange décrit elle-même comme quelqu'un « d'une prévenance infinie, d'empressé et de stimulant », en est l'un de ses éminents représentants. Effectivement, les premiers travaux de Lange, tels qu'ils nous sont parvenus, trahissent encore des réminiscences d'une vision qui relève de la photographie

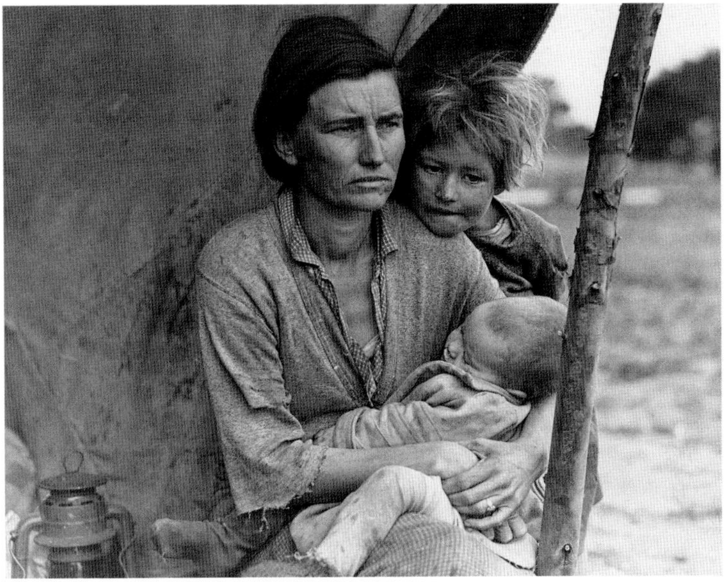

Autre variante. On remarque comment la photographe se rapproche toujours un peu plus de la famille.

d'art, même si, comme le souligne par exemple Sandra S. Phillips, elle a manifesté dès le début un intérêt pour le social qui dépassait les principes formalistes de la pratique photographique pictorialiste. Elle avait été atteinte à sept ans de poliomyélite, et sa jambe droite en était restée déformée. Cinq ans plus tard, le père avait abandonné la famille. « Sa capacité prononcée à s'identifier aux figures marginales de la société a très certainement ses racines dans les séquelles émotionnelles laissées par ces deux événements que sont le handicap et la perte du père. »

Regard sur la réalité sociale

Faire le tour du monde devrait pouvoir l'aider, en 1918, à élargir son horizon. Mais dès San Francisco, Dorothea Lange et son amie se font voler tout leur argent liquide. Un petit boulot dans le rayon photo d'un drugstore permet provisoirement de survivre. Puis en 1919, Lange s'établit à San Francisco avec un studio photo qu'elle entretiendra jusqu'en 1934. Même pour elle, qui est depuis longtemps une portraitiste bien implantée dans le milieu local, le krach boursier qui secoue New York en 1929, et la crise économique qui s'ensuit, représentent une césure dans son cursus professionnel. D'un côté, rares se font ceux qui peuvent ou veulent

encore s'offrir un portrait en studio ; de l'autre, les chômeurs, les sans-abris et les ouvriers migrants commencent à façonner de plus en plus l'image des rues, surtout, mais pas uniquement, dans le Sud des Etats-Unis, essentiellement rural. C'est par la photographie que Lange se positionne par rapport à ce phénomène. Le regard qu'elle porte sur ces gens qui font la queue devant la soupe populaire, et qui est devenu célèbre sous le titre de Soupe populaire de l'*Ange blanc*, est considéré comme un tournant dans sa production photographique. C'est la réalité sociale telle qu'elle s'exprime dans une Amérique de plus en plus marquée par l'industrialisation, qui gouverne désormais son travail artistique.
Le krach boursier de 1929 a certes touché l'industrie américaine, mais peut-être davantage encore l'agriculture dans le Sud du pays. Dès le début des années 20, les prix des produits agricoles s'étaient effondrés. De plus, la part croissante de la mécanisation dans le secteur agraire avait laissé des milliers de gens sans travail. A cela s'ajoutèrent des périodes de sécheresse dévastatrices. D'après une estimation officielle, il y avait en 1936 près de 650 000 paysans qui vivaient sur 100 millions d'hectares d'une terre devenue karstique. Vu ainsi, *A Record of Human Erosion*, sous-titre du principal ouvrage de Dorothea Lange, paru en 1939, prend aussitôt une double signification.

La fin d'un hiver long et pénible

Le « New Deal » de Franklin D. Roosevelt devait consolider l'économie, l'industrie et l'agriculture. Une kyrielle de mesures gouvernementales résulta d'un programme d'un dirigisme sans précédent, qu'il s'agissait d'abord de faire adopter par le Congrès. Pour préparer en quelque sorte le terrain par un travail de propagande, on créa, sous la direction de Roy Stryker, la section historique de la « Resettlement Administration » (RA), qui devint à partir de 1937 la « Farm Security Administration » (FSA), et dont la tâche principale consistait à documenter la situation désastreuse de l'Amérique rurale. On engagea des photographes comme Ben Shan, Walker Evans, Carl Mydans, Arthur Rothstein, Russell Lee et Jack Delano. Dorothea Lange rejoignit le groupe en 1935, mais se retira en 1939 à la suite de divergences d'opinion avec Roy Stryker. La FSA nous a légué en tout quelque 170 000 négatifs et 70 tirages originaux.
Avant son travail pour la FSA, Dorothea Lange avait déjà eu une activité photographique dans la Californie rurale. Son mari Paul Taylor ayant été

chargé par la « State Emergency Administration » (SERA) d'étudier la situation des ouvriers migrants de Californie qui étaient dans le besoin, elle l'avait accompagné sur les lieux de la cueillette de pois à Nipomo. Ce qui veut dire qu'elle connaissait déjà le camp dans lequel elle devait un an plus tard, en mars 1936, faire son cliché le plus célèbre. C'était, se souvient-elle, la fin d'un hiver long et pénible et pour elle, celle en même temps d'un travail photographique de plusieurs semaines. Elle rentre chez elle en voiture. Au bord de la route, un panneau indique la direction du camp des cueilleurs de pois. Mais, dit-elle, « je ne voulais tout simplement pas me souvenir ». Elle passe son chemin, réfléchit, bataille avant de faire soudain demi-tour, quelque 20 miles plus loin. « J'ai suivi mon instinct, sans aucune idée préconçue. » Elle rentre dans le camp détrempé par la pluie, gare sa voiture et descend. De loin déjà elle découvre la femme, « une mère famélique et désespérée ». « Je ne me souviens plus », dira Lange dans une conversation qu'elle aura par la suite avec Roy Stryker, « comment je lui ai expliqué ma présence et ce que j'avais l'intention de faire avec mon appareil. Elle ne m'a pas posé de questions. J'ai fait cinq clichés, en me rapprochant chaque fois un peu plus. Je ne lui ai demandé ni son nom ni son histoire. Elle me dit qu'elle avait 32 ans. Elle me dit qu'ils se nourrissaient des légumes des champs qui avaient gelé et des oiseaux que tuaient les enfants. Elle avait engagé les pneus de son auto pour acheter quelque chose à manger. Elle était assise là, sous l'auvent d'une tente, les enfants serrés contre elle. Elle pensait que mes photos pourraient l'aider, et c'est pour cela qu'elle m'a aidée. »
Dès le 6 mars 1936, deux variantes de la série étaient publiées dans les *San Francisco News*, à la suite de quoi le gouvernement fédéral fit immédiatement acheminer des vivres dans la région sinistrée. Le motif clé à proprement parler parut pour la première fois en septembre 1936 dans le *Survey Magazine* et fit également partie d'une exposition, organisée la même année par la revue *U.S. Camera*, qui montrait des travaux photographiques d'une excellente qualité. Dorothea Lange était donc consciente de la force de suggestion de cette « madone » des temps modernes. En octobre 1998 eut lieu chez Sotheby's, à New York, une vente qui, sans être la première, reste cependant la plus spectaculaire à ce jour, d'un ancien tirage, non retouché, de *Migrant Mother*. Le Paul Getty Museum de Malibu n'offrit pas moins de 244500 dollars pour ce petit vintage de 34,3 x 26,7 cm.

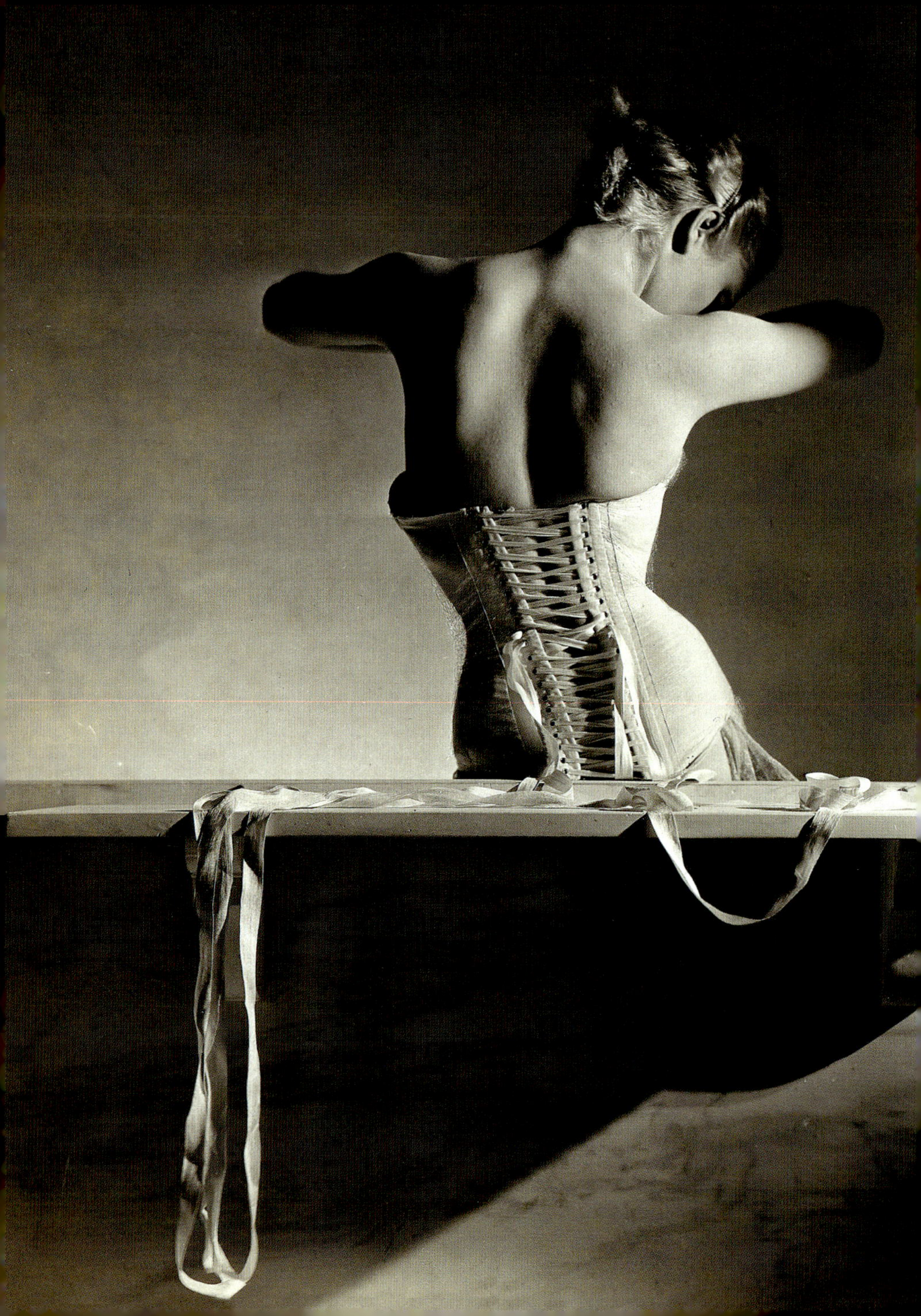

Horst P. Horst
Corset Mainbocher

1939

A la veille de la Seconde Guerre mondiale, plus exactement en août 1939, Horst P. Horst photographiait dans les studios parisiens de *Vogue*, sur les Champs-Elysées, son célèbre *Corset Mainbocher*. Ce travail, le dernier – provisoirement – qu'il devait faire à Paris, allait par la suite devenir celle de ses photographies de mode à laquelle il est le plus souvent fait référence.

Eros en laisse

Pas de doute, nous sommes bien en présence d'une « grande image paisible et silencieuse », pour reprendre une notion du théoricien des médias Norbert Bolz. Une image qui confère à la belle enveloppe qu'est littéralement la mode forme et, par l'entremise du support photographique, pérennité. Nombreux sont ceux qui tiennent ce cliché pour le meilleur travail du photographe Horst P. Horst. Lui-même n'aurait guère dit le contraire. Comment expliquer autrement le fait qu'il ait choisi ce motif pour illustrer, d'une façon quasi programmatique, la couverture de sa biographie *Horst. His Work and His World*? Beauté en quelque sorte intemporelle, harmonie, équilibre entre charme et pudeur, érotisme et retenue, provocation et subtile élégance, tels sont les éléments par lesquels se définit cette photo. A cela s'ajoutent une lumière flatteuse et des ombres dramatiques. Ne l'appelait-on pas en effet le maître des « éclairages dramatiques » ? C'est en 1939, dans les studios parisiens de *Vogue*, que Horst P. Horst a photographié son *Corset Mainbocher*. Quelques années auparavant, Martin Munkácsi avait fait courir une fille vêtue d'une légère tenue d'été et portant des chaussures de bain dans des dunes le long d'une plage. La liberté, l'aventure, l'été, le soleil, l'air, le mouvement, la féminité sportive, c'est tout cela qui se trouvait saisi grâce aux moyens d'une photographie formée à l'école du photo journalisme. Par son dynamisme et sa légèreté, ce cliché, qui fit sensation lors de sa première parution en 1935 dans le numéro de décembre de la revue *Harper's Bazaar*, se situe pour ainsi dire aux antipodes de l'esthétique d'un Horst, homme du studio et de la mise en scène patiemment élaborée dans laquelle la lumière est bien autre chose qu'une simple nécessité n'ayant d'autre but que de faire ressortir un objet. La lumière chez lui était calculée, construite, et devint à terme un élément architectonique. Munkácsi photographiait au Leica. Au mouvement de l'objet répondait celui du photographe. Horst, lui, préférait la lourde chambre posée sur un pied, avec son dépoli dans lequel on pouvait anticiper le rendu de l'image jusque dans le moindre détail. De l'élégance comme produit de l'intuition et d'un dur labeur. Combien de temps a-t-il pu passer à tirer, tordre, tortiller les lacets avant qu'ils parviennent à cet équilibre recherché entre insignifiance et degré déterminant d'iconicité ? Le grand philosophe et structuraliste français Roland Barthes, qui fut aussi l'un des premiers à réfléchir sur la photographie, aurait peut-être reconnu là son « punctum », c'est-à-dire ce détail en apparence insignifiant, mais qui fait en réalité l'intérêt et le charme d'une photographie, et qui est finalement ce qui nous captive. Horst P. Horst aurait certainement formulé les choses autrement. Il parlait parfois d'un « little mass », d'un petit chaos qu'il avait coutume d'insuffler, quoique à doses mesurées, à ses images. Plus tard, lorsqu'il se mit à photographier les intérieurs de riches personnalités américaines pour *House and Garden*, cela pouvait être par exemple un bouquet de fleurs un peu défraîchi. Ou bien, sur un sofa, des coussins qui laissaient entendre que quelqu'un venait juste de s'y mettre à l'aise. Ou encore des cendriers pleins. C'est en vain qu'on rechercherait ce genre de choses dans ses photos. Prévu, calculé, même le hasard a ses limites dans la production photographique d'un Horst.

Le représentant des temps anciens et de l'époque moderne

A la vérité, Horst P. Horst, qui s'appelait en réalité Horst Paul Albert Bohrmann et était venu en 1930 à Paris pour faire un stage chez Le Corbusier, était parmi les photographes de mode de son temps l'esthète par excellence. C'était quelqu'un qui, tout en assimilant les courants artistiques de ces années-là, les conjuguait à une esthétique formée à l'école des idéaux traditionnels, proposant par là une réhabilitation du goût à une époque où, quel que fût le pays, tout ce qui était traditionnel était fortement remis en cause. Né en

Horst. His World and His World*: le* Corset Mainbocher *occupait une place de choix dans la grande monographie de 1984, éditée par Valentine Lawford.*

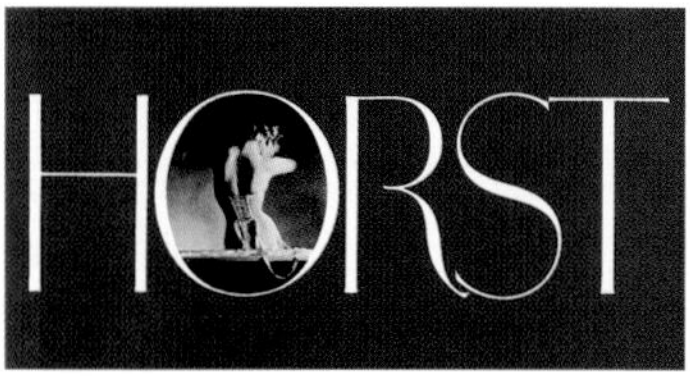

1906 à Weißenfels, Horst fit de brèves études à l'école des arts appliqués de Hambourg avant de venir vivre à Paris, où ce jeune Allemand blond et de bonne présentation ne tarda pas à se faire des connaissances. Curieusement – et la chose est tout à fait révélatrice – ce n'est pas la bohème famélique qui s'était constituée autour d'exilés russes et hongrois ou d'artistes d'avant-garde comme Man Ray qui attirait Horst. Il trouva ses amis dans la bourgeoisie cultivée et qui s'intéressait à l'art, ou parmi des artistes qui travaillaient avec succès dans le domaine de l'art appliqué, notamment celui de la mode et des magazines de mode. Le baron balte Hoyningen-Huene en particulier, qui était depuis longtemps un grand photographe de mode, devint pour Horst un ami important et un mentor influent. Horst lui servit assez souvent de modèle, ce qui lui permit de se familiariser lui-même avec la photographie. On reconnaît dans ses premiers travaux des influences évidentes de l'art photographique de Hoyningen-Huene et de son style géométrisant inspiré de l'Art Déco. Horst se montra du reste impressionné par la photographie du Bauhaus, mais sans pour autant aller lui-même dans le sens des investigations limites du médium d'un Moholy-Nagy. C'est à la Grèce, à l'Antiquité classique qu'allait son admiration, ce qui le rapprochait plutôt de Herbert List. Il a appris des choses du surréalisme, mais sans être vraiment surréaliste. Sa photographie a toujours été « straight », ce qui lui a permis de dépasser ce pictorialisme « appliqué » tel que l'avaient encore pratiqué un Baron de Meyer ou le jeune Stieglitz. Paradoxalement, c'était un représentant des temps anciens et de l'époque moderne.
Horst fut publié pour la première fois dans les années 30 dans l'édition française de *Vogue*. Il a plus tard élevé à cette décennie, que l'on est en droit de considérer comme sa période la plus créatrice, un monument en forme de livre, *Salute to the Thirties.* Le volume parut en 1971 avec des photographies de Horst et de Hoyningen-Huene. Curieusement, le *Corset Mainbocher* n'y figure pas. Le volume contient en revanche une préface très sensible de Janet Flanner, dans laquelle la légendaire correspondante du New Yorker à Paris brosse une fois encore une atmosphère qui devait définitivement disparaître avec le début de la Seconde Guerre mondiale. C'est à la veille de la catastrophe que Horst a photographié sa célèbre étude. « Cela devait être ma dernière photo dans le Paris de l'avant-guerre. J'ai quitté le studio à quatre heures du matin, je suis retourné à mon appartement, j'ai fait ma valise, pris le train de 7 heures pour le

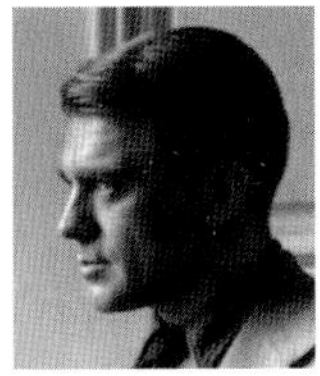

Horst P. Horst

Né en **1906** à Weißenfels/Saale sous le nom de Horst Paul Albert Bohrmann. Etudes à l'Ecole des arts décoratifs de Hambourg. **1930** part pour Paris. Apprentissage chez Le Corbusier. Rencontre Hoyningen-Huene. **1931** premiers clichés pour l'édition française de *Vogue* et en **1932** pour l'édition américaine. **1939** s'installe aux Etats-Unis. **1943** obtient la nationalité américaine. **1951** fermeture des studios *Vogue*. Ouvre son propre atelier. Travaille pour *House and Garden*. **1961** série de photos sur le style de vie de la jet-set internationale. **1999** meurt à Long Island

Havre où j'ai embarqué sur le Normandie. Nous savions tous qu'il a llait y avoir la guerre. Trop d'armement, trop de vacarme. Quoi qu'il pût se passer, la vie après serait différente. A Paris j'avais trouvé une famille et une façon de vivre qui me convenait. Tout cela, les vêtements, les livres, mon logement, je le laissais derrière moi. J'avais jadis quitté l'Allemagne. Huene la Russie. Et maintenant, nous faisions une fois encore l'expérience de la perte. Cette photo a une signification assez profonde, en tout cas pour moi. Elle est l'expression de ces derniers instants. Je ne pouvais pas m'empêcher de penser en la faisant à ce que j'allais laisser derrière moi. »

Rehauts de lumière et ombres profondes

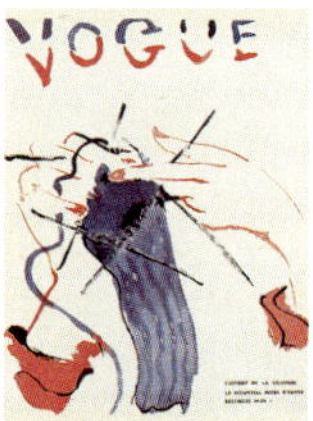

Vogue *(Paris) : couverture du numéro de décembre 1939*

Horst est resté le grand néo-classique de la photographie. On a dit un jour à juste titre qu'il photographiait les femmes comme des déesses, c'est-à-dire « presque inaccessibles, un peu comme des statues et dans un calme olympien ». Les décors, les accessoires et tout ce qu'on peut imaginer en matière d'éléments mobiles soulignaient ses affinités avec l'Antiquité. Sous la direction de Horst, le plâtre pouvait se métamorphoser en marbre et le clinquant, tout simplement en or. Il s'est limité dans ses meilleures photos à un nombre restreint de détails. Dans le cas qui nous occupe, il s'agit pour l'essentiel d'une balustrade qui suggère le marbre et qui, de façon très subtile, fait de ce nu de dos un torse. Ce sont du reste l'éclairage, les tracés, les rehauts de lumière et les ombres profondes qui confèrent au cliché l'effet dramatique recherché. « L'éclairage », a reconnu Horst par la suite, « est beaucoup plus complexe qu'on ne le croit. On a l'impression qu'il n'y a qu'une source de lumière. Or on a aussi des réflecteurs et autres projecteurs. Je ne sais pas comment j'ai fait ça. Je ne pourrais pas le répéter. » Ce nu de dos renoue manifestement avec les grandes réalisations de l'art plastique français. Il suffit pour s'en convaincre de songer à Ingres ou plus tard à Degas, ou encore aux nus photographiques de Moulin, Braquehais ou Vallou de Villeneuve au 19e siècle. Mais ici, Horst fait un pied de nez à l'idéal du corps féminin aux proportions harmonieuses et à la pose recherchée en introduisant un accessoire à forte connotation érotique, le corset. Le geste de séduction est encore renforcé par les lacets dénoués qui invitent véritablement le spectateur à prendre une part active à ce petit jeu d'équilibriste entre ce qu'on montre et ce qu'on dissimule. Le corset implique en effet toujours la présence de deux personnes : celle qui le porte et celle qui le lace.

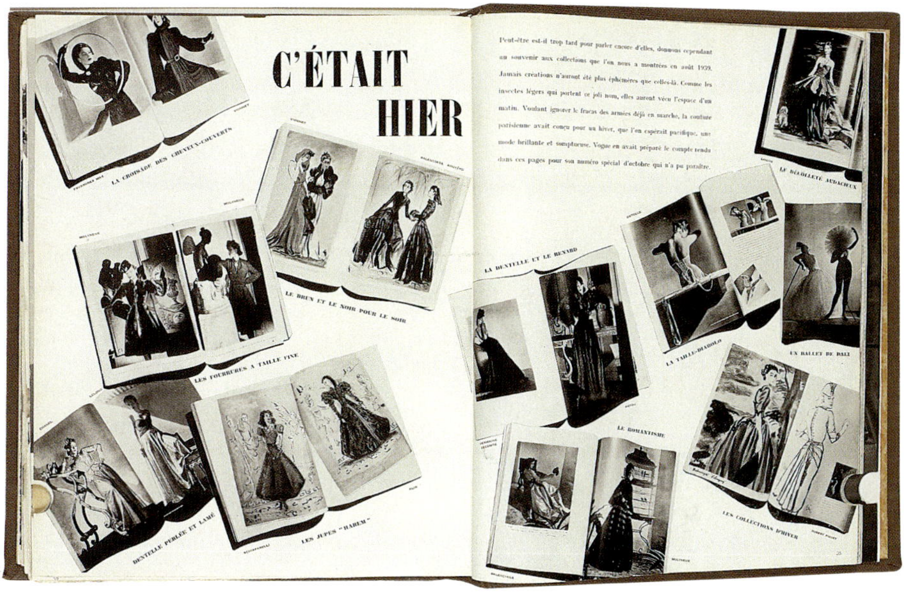

C'ÉTAIT HIER

Peut-être est-il trop tard pour parler encore d'elles, donnons cependant un souvenir aux collections que l'on nous a montrées en août 1939. Jamais créations n'auront été plus éphémères que celles-là. Comme les insectes légers qui portent ce joli nom, elles auront vécu l'espace d'un matin. Voulant ignorer le fracas des armées déjà en marche, la couture parisienne avait conçu pour un hiver, que l'on espérait pacifique, une mode brillante et somptueuse. Vogue en avait préparé le compte rendu dans ces pages pour son numéro spécial d'octobre qui n'a pu paraître.

LA CROISADE DES CHEVEUX-COUVERTS

LE BRUN ET LE NOIR POUR LE SOIR

LES FOURRURES A TAILLE FINE

DENTELLE PERLÉE ET LAMÉ

LES JUPES "HAREM"

LA DENTELLE ET LE RENARD

LA TAILLE-DIABOLO

LE ROMANTISME

LE DÉCOLLETÉ AUDACIEUX

UN BALLET DE BALI

LES COLLECTIONS D'HIVER

Page double de Vogue, *décembre 1939 : en raison de la guerre ni le numéro d'octobre ni celui de novembre n'étaient parus. Les pages non publiées (entre autres avec le* Corset Mainbocher *de Horst) furent donc ajoutées au dernier numéro de l'année.*

Quant aux spectatrices de la photo, on leur suggérait par le biais d'une mise en scène à la fois élégante et décontractée que la réputation d'instrument de torture traditionnellement attachée au corset ne pouvait être qu'exagérée. Personne n'a sans doute remarqué que la taille de guêpe était en partie due à une légère retouche.

Voici donc qu'il réapparaissait, le corset. Des médecins chevronnés avaient mis les femmes en garde. Coco Chanel lui avait fait la guerre. Aux yeux des mouvements de réforme des années 20, ce n'était rien de moins qu'un vestige de l'époque féodale en même temps que l'expression d'un mode de vie extrêmement malsain. Et voici que soudain, à la veille de la Seconde Guerre mondiale, on le voyait réapparaître. Ou plus exactement, les robes, les manteaux, les vestes que présentaient les défilés de mode de 1939 accusaient à nouveau la taille, rendant par là à toutes celles chez qui, comme le formulait *Vogue*, les choses n'étaient pas telles qu'elles devaient être, le port du corset obligatoire. Il peut paraître à première vue absurde de vouloir faire un parallèle avec la situation politique. Mais la mode a toujours été le reflet de son époque. Et n'est-il pas pour le moins remarquable de voir le corset refaire justement

Horst P. Horst: Coco Chanel, *Paris 1937*

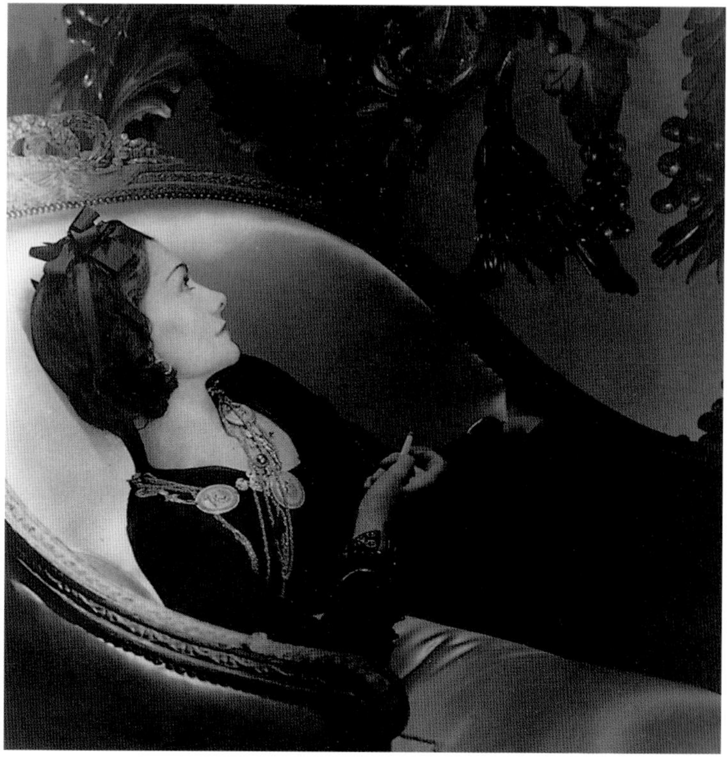

son apparition à un moment où la moitié de l'Europe connaissait des régimes totalitaires (et où l'autre moitié sympathisait pour le moins avec la droite) ? Toujours est-il que l'édition française de *Vogue*, qui paraissait depuis 1921, avait le devoir de tenter de persuader ses lectrices d'adopter le corset. C'est ainsi qu'on pouvait lire dans le numéro de septembre 1939 : « Ah ! ne soupirez pas : ‹ Ce n'est pas confortable. › D'abord les gaines modernes sont bien faites et vous laissent soupirer et même respirer. Et puis il ne s'agit pas d'être confortable mais d'acquérir la silhouette d'une sirène ou de Tout-Ank-Amon dans son sarcophage d'or. »

Servir en travaillant

Horst avait encore fait au printemps un voyage en Grèce avec Hoyningen-Huene. De retour à Paris, il rencontre Jean Cocteau et Thornton Wilder. En août, il photographie le corset créé par Mainbocher. Quelques jours plus tard, le 1er septembre, Hitler attaque la Pologne. La Deuxième Guerre mondiale a commencé. La photo de Horst était en fait prévue pour un numéro spécial de *Vogue* qui devait paraître en octobre 1939. Les photos sont faites, les maquettes prêtes. Mais y a-t-il encore quelqu'un, dans ce contexte, pour s'intéresser à la mode ? L'Angleterre et la France ont déclaré la guerre à l'Allemagne. L'édition d'octobre de *Vogue* ne paraît pas. Il n'y aura pas non plus de numéro de novembre en France. Ce n'est qu'en décembre 1939 qu'on reverra la revue dans les kiosques. Les affaires reprendraient-elles leur cours normal ? Pas tout à fait. Vogue ne peut pas lui non plus ignorer la guerre. « Etait-ce bien nécessaire, dira-t-on peut-être, que la frivolité renaisse si tôt dans ces heures sombres ? », peut-on lire dans un éditorial. Et plus loin : « C'est déplacer la question et ignorer l'industrie du vêtement en France, la plus importante après la métallurgie ... » C'est donc d'emplois qu'il s'agit. Et par conséquent de la conduite à tenir en situation de – le terme apparaît déjà dans le numéro de décembre de *Vogue* – « guerre totale ». Ce qui signifiait « que la nation est en guerre et doit combattre sur tous les terrains et dans tous les domaines. Ceux qui n'ont pas le rude honneur de combattre les armes à la main peuvent servir en travaillant ... » On se demande du reste s'il n'est pas dépassé de parler encore de la collection d'août. Rarement, lit-on dans un article anonyme, les créations ont été aussi éphémères que cette année-là. « Comme les insectes légers qui portent ce joli nom, elles auront vécu l'espace d'un matin. » Pour en donner tout de même une idée aux lectrices, la rédaction se décide à faire des fac-similés des pages de l'édition d'octobre qui sont déjà livrées et collées, mais plus imprimées. C'est ainsi que le *Corset Mainbocher* de Horst paraît, réduit à un format timbre-poste, en page 35 du numéro de décembre de l'édition française de *Vogue*. A ce moment, le photographe est depuis longtemps aux Etats-Unis, où il fera l'année suivante une demande de naturalisation. C'est également en 1940 que Mainbocher, qui avait encore convaincu en 1939 par une « collection mémorable », fermera sa maison parisienne et retournera en Amérique. C'est ainsi qu'à son insu, le superbe nu de dos de Horst a marqué l'apothéose d'une époque et d'un corps de métier. « Les années 30 », comme l'a constaté plus tard Janet Flanner de façon laconique, « étaient terminées. »

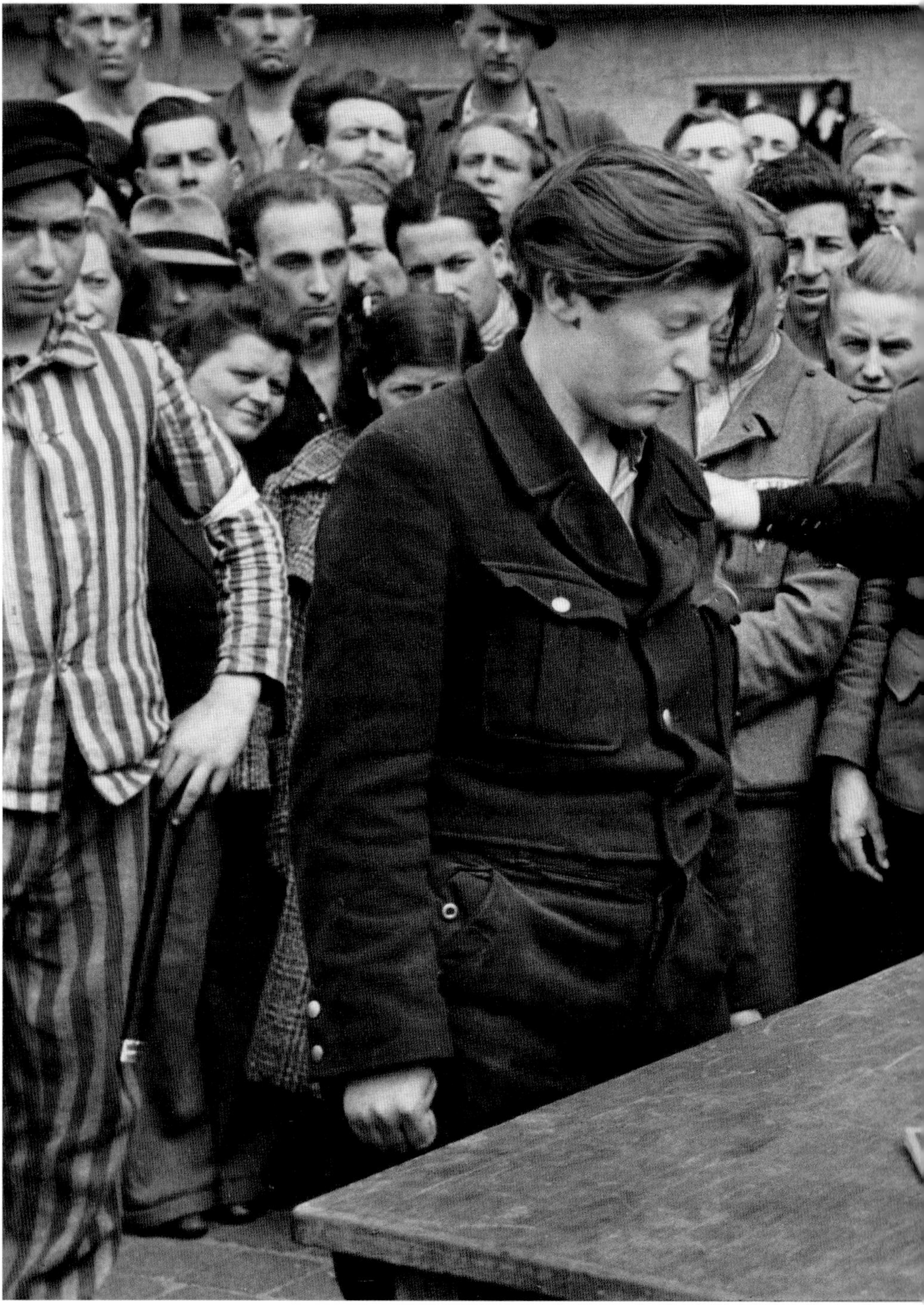

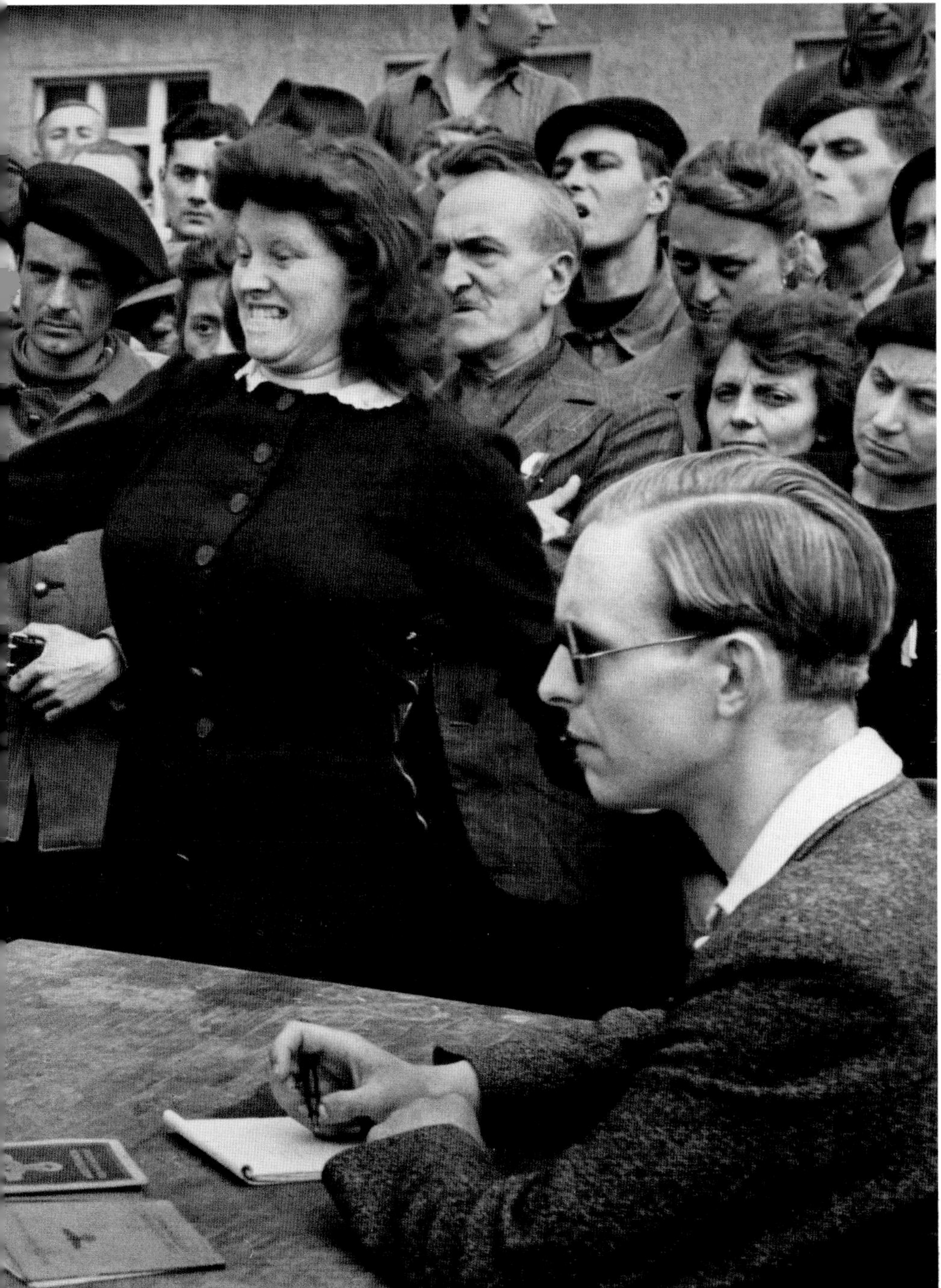

1945 Henri Cartier-Bresson
Allemagne, 1945

L'heure de la vérité

Dessau peu après le Seconde Guerre mondiale. Dans un camp de « personnes déplacées », une victime des nazis reconnaît une ancienne indicatrice de la Gestapo. Le jeune Henri Cartier-Bresson était sur place. Il fit une photographie qui est devenue l'icône de la libération, le symbole de la fin de la terreur nazie.

Il a fini par se laisser convaincre. Il savait qu'il n'était pas un grand homme de plume. Et pas du tout un théoricien. Il venait du dessin, de la peinture. Toute sa vie, il a insisté sur le fait qu'il était peintre, qu'il avait tout appris de la peinture, qu'il voyait avec les yeux d'un peintre. Il se sentait attaché au surréalisme. Mais toujours comme quelqu'un de visuel et non comme un auteur de théorèmes ou de programmes. Mais à la fin il s'est tout de même assis à son bureau – sous les pressions de son éditeur grec Tériade – et, « en l'espace de cinq ou six jours », il a tout mis sur le papier. « J'avais déjà tout dans la tête depuis le début », dit Henri Cartier-Bresson, qui a donné à son premier grand livre, lequel était en même temps un bilan de vingt années de photographie, le titre programmatique d'*Images à la Sauvette*. Ce volume d'assez grand format (32 x 29 cm) et dont la couverture était dessinée par Henri Matisse, parut chez le légendaire Tériade, dont il a été question plus haut, aux éditions Verve en 1952. Il est à peine exagéré de dire que cet ouvrage, par l'influence qu'il a eue, est l'un des livres de photo les plus importants du 20e siècle. Même si c'est finalement le titre de l'édition anglaise, *The Decisive Moment*, qui semble avoir résumé de façon quasiment géniale sa conception de la photographie. Comme taillée sur mesure, la formule figurait au-dessus du texte d'introduction d'Henri Cartier-Bresson, texte qui ne connaît, comme le souligne Wolfgang Kemp, aucun équivalent dans le domaine du photo journalisme engagé, dont il est devenu la référence incontournable. Même s'il faut dire que ce titre était une citation trouvée dans un livre du Cardinal de Retz. Et que c'est l'éditeur américain Dick Simon qui l'a placé sur l'édition anglaise, le vouant ainsi à devenir ce célèbre idiome qui revient si souvent dans la théorie et de la pratique photographiques.

Découpages opérés d'une façon tout simplement géniale dans la matière du temps

Henri Cartier-Bresson, ce « géant de l'histoire de la photographie » (Klaus Honnef), ce « père, fils et saint-esprit » (Roger Therond), le « plus grand photographe des temps modernes » (Pieyre de Mandiargues) et « modèle de tous ceux qui par la suite devaient photographier au Leica » (Peter Galassi), est considéré comme le maître de l'art de saisir les instants décisifs. Il est de tradition depuis *Images à la Sauvette* de dire que ses trouvailles photographiques sont des découpages opérés d'une façon tout simplement géniale dans la matière du temps. On y voit un fait atteindre son paroxysme avant de retomber, de se dissoudre à nouveau, quelques secondes ou même quelques fractions de seconde plus tard, dans le flot du quotidien. Ce qui confère à sa photographie quelque chose de visionnaire. A propos de son cliché *La Place de l'Europe sous la pluie* (1932), Yves Bonnefoy parle effectivement d'un véritable « miracle » : « Comment a-t-il pu percevoir si rapidement l'analogie de l'homme qui court et de l'affiche là-bas ? si parfaitement composer de tant d'éléments fugitifs une scène aussi parfaite dans ses détails que mystérieuse dans son essence ? » Il était simplement nerveux. Ainsi Henri Cartier-Bresson commente-t-il, avec le laconisme qui le caractérise, les produits étonnants de son activité photographique, avant d'ajouter : « J'aime la peinture. Quant à la photographie, je n'y comprends rien. »

Plus une question de style

Images à la Sauvette présentait un total de 132 photos en noir et blanc. Les planches étaient précédées du texte dont on a parlé plus haut et qui, s'il ne devait pas rester la seule déclaration verbale du photographe, en était, en est devenu du moins la plus importante. Discours programmatique, réflexion et recueil de conseils à la fois, de recettes pour « photographier à la sauvette », il devait être suivi aussitôt après la parution du livre, c'est-à-dire dans les années 50 – et il l'est du reste toujours –, par des légions de photographes ambitieux dans le monde entier. Né en 1908 à Chanteloup dans une famille de riches fabricants de textile, élève du

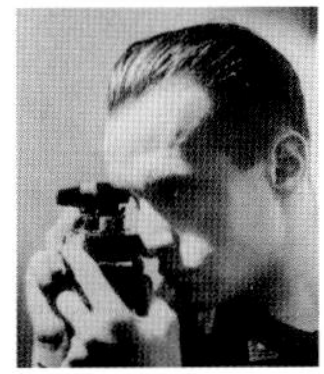

Henri Cartier-Bresson

Né en **1908** à Chanteloup/France de parents fortunés. **1927–28** apprentissage avec André Lhote. Découvre les travaux de Munkácsi. S'intéresse à la photographie. **1935** New York. Formation cinématographique avec Paul Strand. **1936–39** collaboration avec Jean Renoir. **1940–43** prisonnier de guerre en Allemagne. **1946** première exposition individuelle au Museum of Modern Art, New York. **1947** membre fondateur de Magnum. **1952** publication du livre *Images à la Sauvette*. **1954** Union soviétique. **1958–59** Chine. **1960** Cuba, Mexique, Canada. **1965** Inde et Japon. **1967** prix culturel de la DGPh. **1970** épouse Martine Franck. Vit à Paris

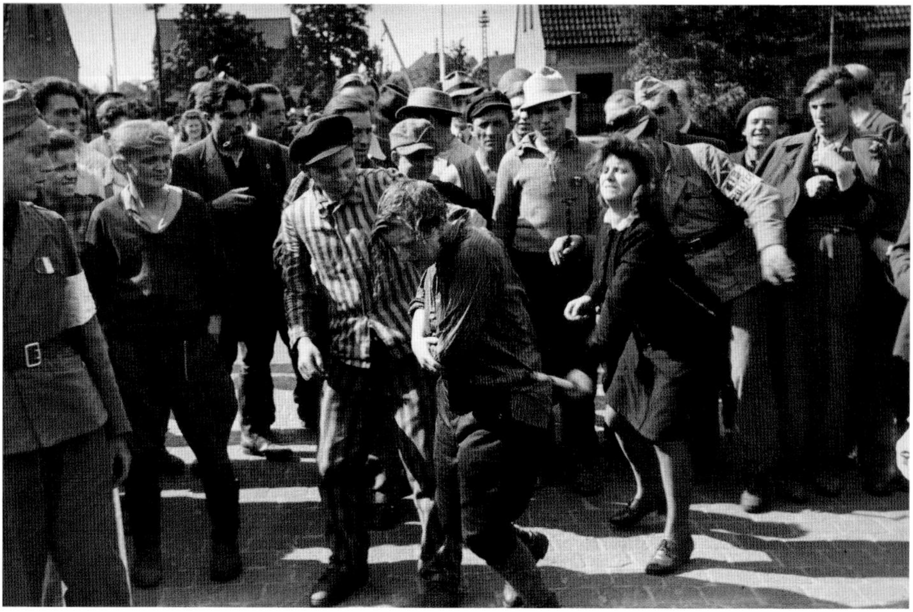

The Decisive Moment: *le titre anglais de son livre paru en 1952 est programmatique de l'œuvre d'Henri Cartier-Bresson. Toutefois le photographe s'est toujours approché d'un événement par le biais de séquences quasi photographiques.*

peintre André Lhote et depuis l'achat de son premier Leica, chroniqueur inlassable de son temps, Henri Cartier-Bresson est considéré à juste titre comme l'un des artistes photographes les plus influents et aussi les plus productifs de ce siècle. On a l'impression que chaque photo publiée vient appuyer avec une apparente facilité sa profession de foi. Il aurait dit un jour qu'il aimait quand ses images étaient claires, ou plutôt aiguisées, et que c'était plus une question de style que de technique. Fixer une situation au moment où elle se trouve à son paroxysme, telle est la démarche qu'évoque le nom de Cartier-Bresson. Même s'il élabore des reportages, publie des essais, produit des séquences, Henri Cartier-Bresson est essentiellement considéré comme un maître de l'image isolée, lieu qui exhausse de façon exemplaire une sorte de petit théâtre universel.
Germany, 1945, tel est le titre officiel, autorisé en quelque sorte par Magnum, de notre photographie qui se trouve reproduite en pages 33–34, en double page donc, d'*Images à la Sauvette*. Dès 1947, Lincoln Kirstein et Beaumont Newhall lui avaient donné sa place dans la première grande exposition d'après-guerre du photographe, qui eut lieu au Museum of Modern Art en 1947, et l'avaient inclue dans le mince catalogue d'accom-

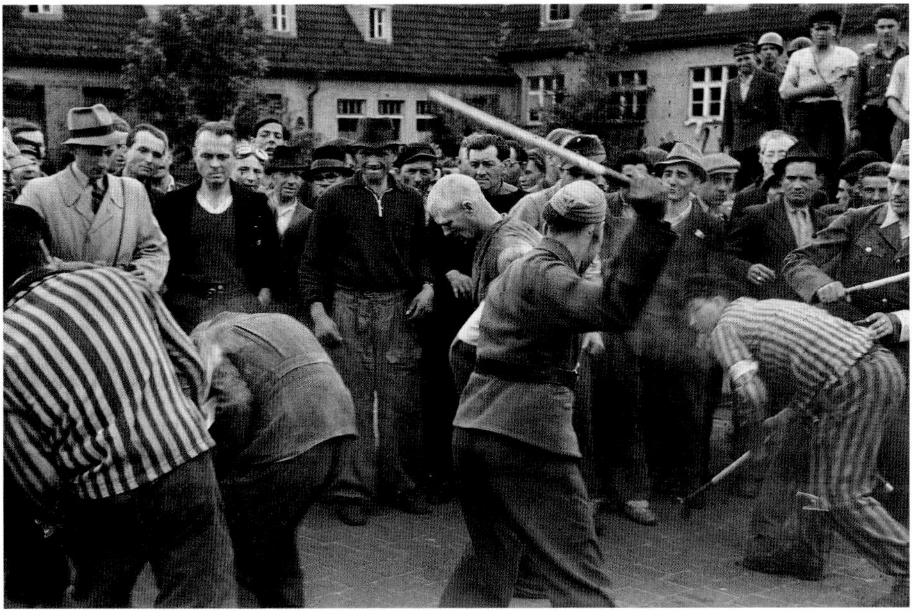

Autre motif (à peine connu) de la série réalisée entre avril et juillet 1945 à Dessau Kochstedt

pagnement (en page 40). On la retrouve du reste dans pratiquement toutes les monographies rétrospectives ultérieures, et peut-être surtout dans le grand bilan provisoire, paru en 1979 chez Delpire sous le titre sommaire d'*Henri Cartier-Bresson photographe*, où elle est tout naturellement représentée aux côtés de nombreux autres classiques tels que *Rue Mouffetard*, *Bords de Marne* ou *Séville*. Aussi peut-on considérer cette photographie comme l'une de ses images les plus connues. Davantage encore, elle fait partie de ces œuvres dont on a jugé qu'elles méritaient de recevoir une légende explicative au sens large. C'est ainsi qu'on peut lire au dos de notre motif clé, archivé sous le numéro HCB45003 W00115/25C : « Dessau. Frontière entre les zones américaine et soviétique. Camp de transit pour anciens prisonniers de l'est de l'Allemagne : prisonniers politiques, prisonniers de guerre, travailleurs forcés, personnes déplacées. Une jeune femme belge, ancienne indicatrice de la Gestapo, est reconnue avant de pouvoir disparaître dans la foule. » Dessau donc, ville moyenne de l'Anstalt, qui avant la guerre avait fait parler d'elle dans le monde entier en tant que patrie du Bauhaus. Nous ignorons quand exactement Cartier-Bresson a fait cette photo (le photographe lui-même ne revient qu'à contrecœur sur ses images). Mais cela a dû être entre le 21 avril et le 2 juillet 1945, c'est-à-dire encore du temps des Américains et avant l'arrivée des Russes. Le lieu, une ancienne caserne antiaérienne de Dessau-Kochstedt, fait à présent office de camp de transit. Le bâtiment que l'on voit vaguement à l'arrière-plan avait été inauguré en 1937 et jusqu'au « tournant » de 1989, il fut utilisé comme caserne par les Soviétiques. A sa place se trouve aujourd'hui la cité-jardin de la Mosigkauer Heide. En ce jour de printemps 1945, le ciel est couvert, la lumière diffuse. Le soleil ne perce qu'à de rares intervalles, projetant des ombres longues. Ce qui laisse supposer qu'on est l'après-midi, ou plutôt le matin de bonne heure. Comme toujours, Cartier-Bresson a son Leica avec lui, équipé d'un objectif 50 mm. Suffisamment près pour saisir ce qui se passe, mais aussi suffisamment loin pour satisfaire à son parti pris de non-intervention. Il a dit un jour qu'il fallait s'approcher du sujet sur la pointe des pieds, même s'il s'agissait d'une nature morte. Qu'il fallait faire patte de velours et avoir un œil de lynx. Et ne pas jouer des coudes car celui qui va à la pêche n'agite pas l'eau auparavant.

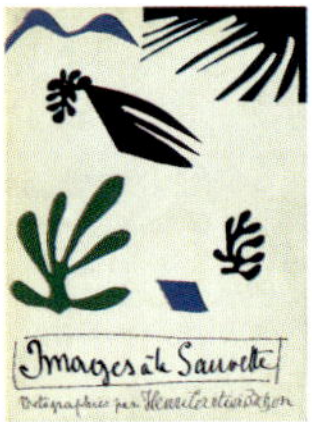

Henri Cartier-Bresson: Images à la Sauvette*: la première édition française de ce classique parut en 1952 chez le légendaire Tériade avec une couverture d'Henri Matisse.*

Cartier-Bresson a alors 36 ans, il est un photographe mondialement connu, même s'il est encore loin d'être ce personnage culte qu'il ne deviendra définitivement qu'avec la parution de son livre *Images à la Sauvette*. Aux Etats-Unis, Kirstein et Newhall préparent une « rétrospective posthume » : on croit en effet que Cartier-Bresson est mort. Ce qui n'est pas totalement absurde si l'on pense que le photographe, qui prenait une part active à la résistance, avait été fait prisonnier par les Allemands dès 1940, et que ce n'est qu'à sa troisième tentative en 1943 qu'il avait réussi à s'enfuir. Toujours est-il qu'il se trouvait à présent dans les « Services d'information » américains pour lesquels il tournait un film sur le retour des prisonniers de guerre français. « C'était », se souvient-il, « un film de prisonniers sur des prisonniers. Tandis que mon cameraman filmait, la scène se déroulait devant mes yeux. J'avais l'appareil photo en main et j'ai appuyé. La scène n'est pas jouée. Curieusement, on ne voit pas cette image dans le film. »

L'endroit où se joua la photographie devenue célèbre

Ce n'est pas la première fois que chez Cartier-Bresson, travail cinématographique et travail photographique prennent des tournures parallèles. Que l'on se souvienne simplement de son célèbre pique-nique des *Bords*

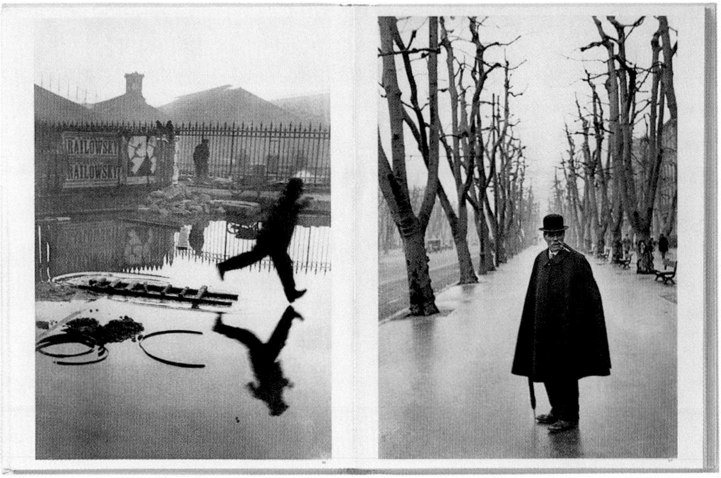

*Pages doubles d'*Images à la Sauvette : La Place de l'Europe sous la pluie, Paris, *1932 et* L'Allée du Prado, Marseille, 1932

de Marne, qu'il réalisa alors qu'il était l'assistant de Jean Renoir (*La vie est à nous*, *Une partie de campagne*). Mais tandis que *Bords de Marne* n'a aucun rapport direct avec le travail de tournage, le photographe et le cameraman saisissent cette fois la même scène, même si on ne voit pas d' « instant décisif » en tant que tel dans le film de Cartier-Bresson. *Le Retour*, comme on l'a dit, est dû à l'initiative conjointe de l'Office of War Information américain et du Ministère des Prisonniers français. Le film dure 32 minutes et 37 secondes, il est tourné en noir et blanc et accompagné d'un commentaire de Claude Roy dans la version originale française. *Le Retour* s'ouvre sur des images de la libération, fin avril 1945, du camp de concentration de Dachau par les troupes américaines. Suivent des plans de prisonniers libérés, de soldats en déroute, de fugitifs errants qui, d'après le commentaire, auraient créé des situations de débâcle sur les routes et retardé la victoire des alliés. Ce qui aurait eu pour conséquence l'aménagement de camps dans des casernes, des usines et des maisons particulières réquisitionnées. Fin de la séquence. La caméra filme à présent dans un plan général une grande cour intérieure où va très vite se jouer cette scène que la photographie de Cartier-Bresson a rendue célèbre. Nous voyons une foule très compacte de plusieurs centaines de personnes. Au milieu, une zone libre soigneusement délimitée. Au fond, le haut toit en bâtière de l'ancienne caserne, dont la photo de Cartier-

Bresson laisse elle aussi deviner quelques fenêtres. En bas à droite, la table à laquelle – plan d'ensemble – est amenée à présent une jeune femme en culotte foncée, en chaussettes de laine claires qui lui arrivent presque aux genoux et en chaussures plates. Elle marche courbée. Le visage grave et la tête baissée, elle s'approche de la table à laquelle on va décider de son sort. A gauche, le jeune homme aux lunettes de soleil et à la raie dans les cheveux lève le doigt comme pour l'admonester. Il s'appelle Henry van der Velden, a 22 ans, c'est un Néerlandais étudiant en médecine et, comme son frère Karel, il avait été interné à partir de février 1943 dans le camp de concentration hollandais de Westerbork. A la demande des Américains, il est à présent commandant de ce camp de Dessau dans lequel des milliers de personnes se rencontrent chaque jour sur le chemin qui les ramène de l'ouest à l'est et vice-versa. Surtout, nous dit-on dans le commentaire, il s'agit de faire attention « à la petite poignée de misérables qui cherchaient à disparaître dans le flot des déportés pour tenter de revenir dans leur pays continuer leur besogne ». La femme en robe foncée boutonnée jusqu'en haut, une Française qui, au double sens du terme, occupe une position centrale dans la photo de Cartier-Bresson, est encore à plusieurs mètres à droite. Mais – plan moyen – elle s'est à présent rapprochée de la table. Encore calme, elle a les bras croisés sur la poitrine. On voit pendre un petit sac de couleur claire. Le commentaire parle de dénonciateurs, d'indicateurs de la Gestapo, de tortionnaires qui seraient maintenant confondus par ceux qu'ils auraient auparavant livrés. Dans le plan suivant, la caméra filme les deux femmes en gros plan. Celle de droite s'adresse à l'autre, l'accuse en criant : Oui, elle était bien un larbin, un agent de la Gestapo. Elle lève la main, frappe l'autre au visage, qui disparaît littéralement du champ. Quelques secondes plus tard, elle revient. Remet de l'ordre dans ses cheveux. Jette un regard furtif et hagard à sa « tortionnaire ». Elle saigne du nez. Cette séquence du film dure exactement trente secondes. Le temps d'exposition d'Henri Cartier-Bresson a dû être de 1/60e de seconde.

Saisir la seconde la plus décisive

La mémoire de Cartier-Bresson ne le trompe pas quand il dit que la scène qu'il a capturée n'apparaît pas dans le film. Supposer qu'il ait fait après coup une photo posée n'a toutefois aucun sens si l'on examine de plus près les spectateurs de l'arrière-plan. Prenons par exemple le jeune

homme qui porte un béret basque de côté. Dans le film, il a la main gauche crispée sur la boucle de sa ceinture. Dans la photo de Cartier-Bresson, on retrouve cette position de sa main entre les deux femmes. C'est à peine si on aurait fait attention à des détails périphériques comme celui-ci dans une reconstitution. Mais pourquoi la caméra n'a-t-elle pas filmé le moment de l'identification ? La photographie de Cartier-Bresson se situe chronologiquement entre le troisième et le quatrième plan du film. Ce qui veut dire que la femme n'a pas encore été démasquée. Et que le coup n'a pas encore été asséné – sans quoi on verrait qu'elle saigne du nez. On peut donc en déduire que soit cet instant a été coupé au montage, soit, ce qui est plus plausible, que le cameraman, qui devait être quasiment au coude à coude avec Cartier-Bresson, a changé d'optique pour filmer la suite des événements en gros plan. Il a en tout cas filmé la violence exacerbée qui a suivi, alors que Cartier-Bresson a saisi la seconde plus « décisive » où la femme est confondue, cet instant de l'identification où le passé, le présent et l'avenir, la mémoire douloureuse, la reconnaissance éprouvante et l'explosion de fureur et de rage qui en résulte coïncident dans le même degré d'exaspération. Le visage déformé de la victime métamorphosée en « bourreau » est l'expression de l'intensité de la situation émotionnelle.
Pendant longtemps, raconte Cartier-Bresson, il a reçu des demandes d'informations, des lettres avec la photo découpée et une croix tracée sur l'une ou l'autre des personnes du fond, et qui toutes imploraient : « C'est mon frère, c'est mon père, dites-nous s'il vous plaît où il est maintenant ! Comment pouvons-nous le trouver ? » Soyons clairs : dix millions au moins d'anciens prisonniers de guerre étrangers, de travailleurs immigrés ou de déportés erraient après 1945 à travers l'Allemagne en tant que « personnes déplacées ». Aussi l'image a-t-elle pris, du moins dans les décennies qui ont immédiatement suivi 1945 et aux yeux des personnes concernées, une fonction pragmatique. C'est à ce que Jean-Pierre Montier appelle sa « valeur emblématique » qu'elle doit sa survie artistique. Bien que dérogeant à toute authenticité historique – à Dessau même il n'y avait pas de camp de concentration –, cette photo est devenue le symbole de la libération : dans notre mémoire iconique collective, elle est à jamais l'emblème de l'ouverture, de la libération des camps.

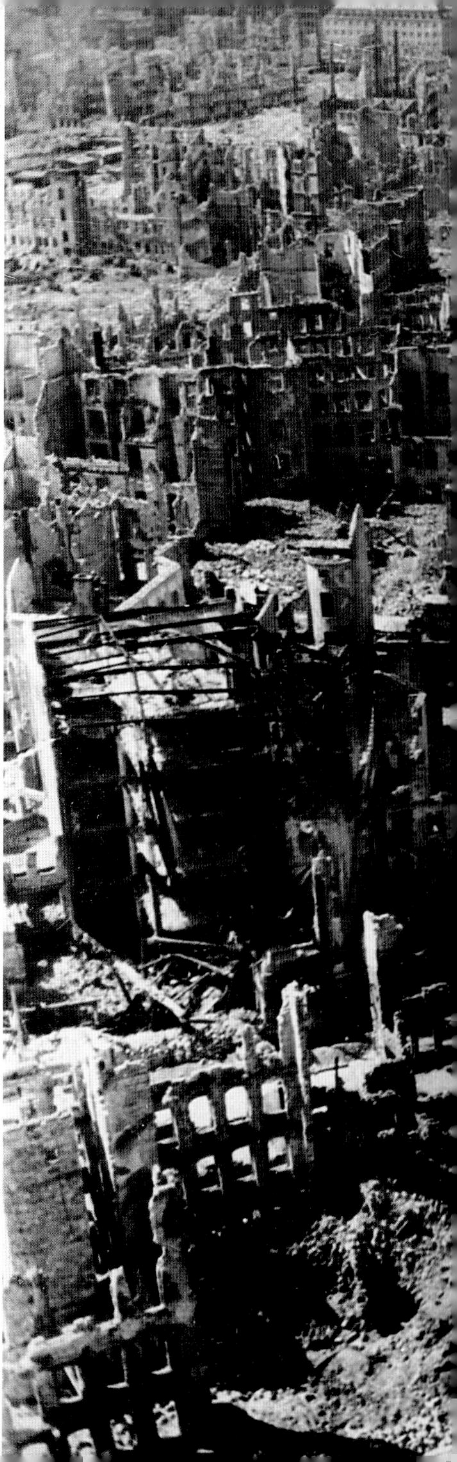

56 Richard Peter sen. Sud de Dresde

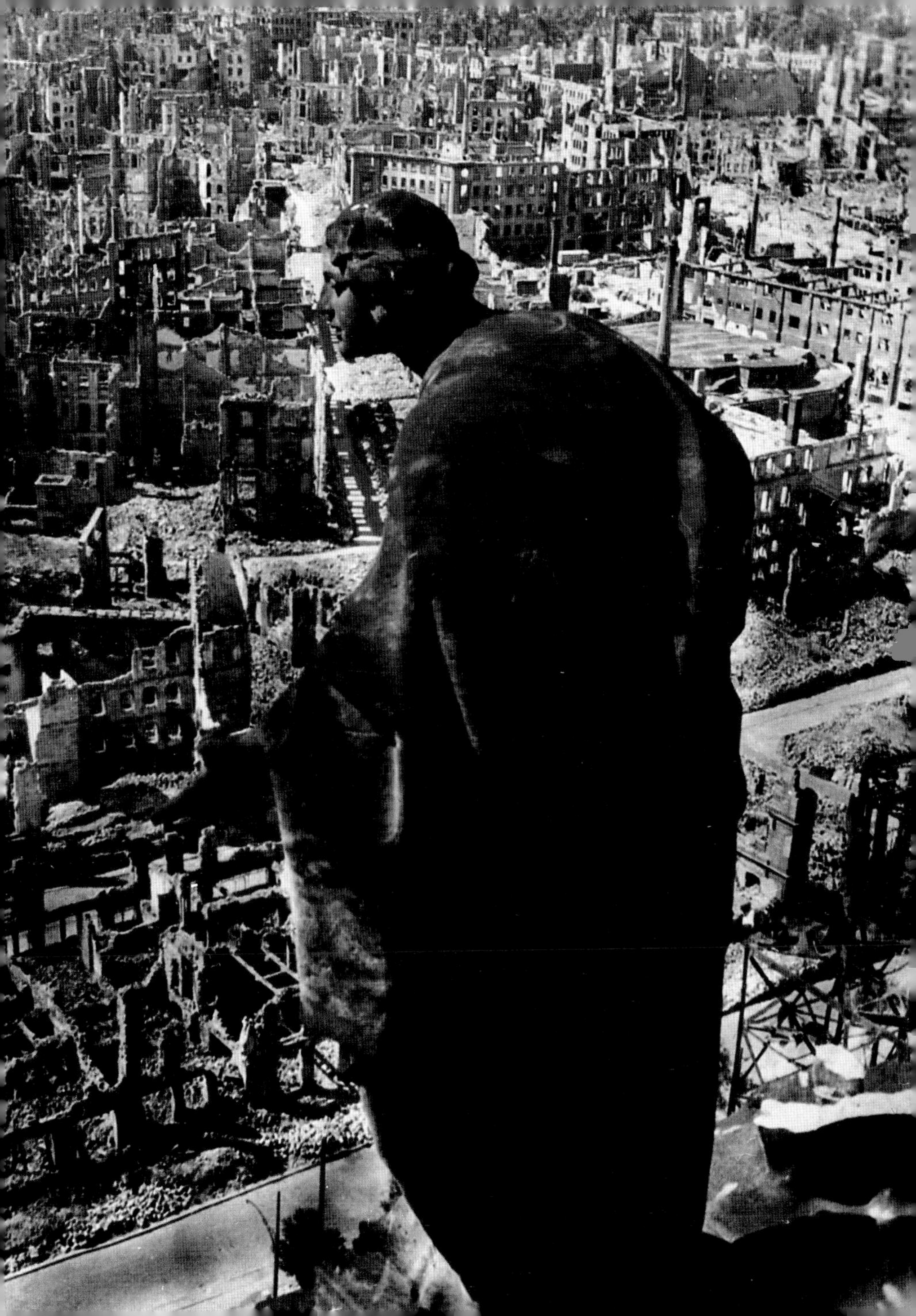

1945 Richard Peter sen.
Sud de Dresde vu de la tour de l'Hôtel de Ville

Un ange au-dessus de la ville

L'année même de la fin de la guerre, le photographe de Dresde Richard Peter père entame son cycle d'une remarquable envergure sur les décombres de la « Florence de l'Elbe ». Ce qui donnera lieu, pendant une dizaine d'années environ, à la production de milliers d'images dont cette vue de Dresde, aujourd'hui célèbre, prise de la tour de l'hôtel de ville.

Comme par miracle, la tour du nouvel hôtel de ville a échappé au déluge de feu des 13/14 février 1945. Non qu'elle soit sortie indemne de l'enfer, mais en comparaison avec le palais du Zwinger ou la Frauenkirche, dont le faste d'antan est à présent enfoui sous les décombres, cet édifice situé entre la Ringstraße, la Rathausplatz et la Kreuzstraße a subi des dégâts somme toute réparables. C'est surtout l'aile est qui a gravement souffert des bombes incendiaires et à fragmentation. L'horloge, que l'on aperçoit de loin, s'est arrêtée. Ses aiguilles marquent 2 heures 30. La tour elle-même, qui avec ses cent mètres est l'édifice le plus haut de la ville, a perdu son énorme dôme. Reste un squelette en filigrane couronné du nouvel emblème de Dresde, une figure masculine de bronze doré exécutée par le sculpteur Richard Guhr, et qui semble à présent tenir en équilibre sur un fil. La célèbre cage d'escalier avec sa double montée a elle aussi résisté aux bombes. C'est là qu'à la mi-septembre 1945, Richard Peter père est monté pour la première fois.

Un périmètre de 15 kilomètres carrés aurait été entièrement détruit

Ce photographe bien connu à Dresde n'est pas le seul, à la fin de la guerre, à prendre le chemin de la tour de l'hôtel de ville pour grimper jusqu'à sa flèche. Les fonds de la Deutsche Fotothek de Dresde contiennent un très grand nombre de vues de la ville prises depuis la tour – ou plus exactement de ce qui restait de la « résidence saxonne » (Götz Bergander), du « cabinet d'art célèbre dans le monde entier » (Fritz Löffler), de la « Florence de l'Elbe ». C'est toujours un paysage de ruines vu en plongée, celui qu'aurait pu prendre, pour ainsi dire, un personnage dû à des sculpteurs comme Peter Pöppelmann ou August Schreitmüller qui tiendrait un appareil à bout de bras, c'est le contraste entre la personnification de la vertu et la mort, entre la lumière et l'ombre, le proche et le lointain, le dessus et le dessous qui confère aux clichés de Ernst Schmidt, W. Hahn, Wunderlich, Döring, Willi Roßner ou Hilmar Pabel leur vibration intérieure, leur valeur documentaire et affective et leur force suggestive. Il est à peu près certain que c'est le cliché carré de Richard Peter qui a incité ces photographes à prendre eux-mêmes le chemin de l'hôtel de ville, situé au sud-est de la vieille ville, et à escalader la tour pour obtenir un rendu photographique comparable – même s'il est difficile, dans leur cas, de faire la part de l'inspiration personnelle. Pourtant une chose est sûre, la photo de Richard Peter vient en tête de toute une série de clichés similaires. La postérité a trouvé en elle la formule iconique propre à exprimer l'horreur de la guerre et des bombes en général, et la fin de la Dresde baroque en particulier. Il est courant de faire un parallèle entre la disparition de Dresde et les bombes atomiques lancées sur Hiroshima et Nagasaki. En ce qui concerne du moins le caractère massif et radical de la destruction, le nombre des victimes et la « précision » des frappes, les trois catastrophes ne sont pas très éloignées l'une de l'autre. Les 13 et 14 février 1945, trois attaques aériennes « seulement », lancées chacune par plusieurs centaines de bombardiers Lancaster, de Mosquitos, de Liberators ou d'appareils Halifax de la Royal Air Force, suffirent à faire disparaître le cœur de la Dresde historique, joyau d'une valeur historique exceptionnelle et dépourvu de tout intérêt stratégique. Le nombre des victimes est à ce jour contesté. Les estimations minimales portent sur plus de 30 000 personnes. Mais on ne pourra jamais avancer de chiffre précis dans la mesure où beaucoup de victimes ont péri brûlées. Selon Adelbert Weinstein, « il n'était en outre plus possible, dans ce paysage de ruines, d'exhumer les morts qui avaient été ensevelis sous les décombres des caves. A cela s'ajoute le fait qu'en raison du risque d'épidémie, les équipes de sauvetage ont été obligées soit de murer des abris provisoires, soit de les brûler aux lance-flammes. » Ce qu'on a pu recenser, ce

Richard Peter père

Né en **1895** en Silésie. **1912** examen de fin d'apprentissage comme forgeron. **1916–18** participe aux combats de la Première Guerre mondiale. A partir de **1920** actif dans le parti communiste allemand. **1924** premier reportage pour *Roter Stern* (plus tard *A.I.Z.*). **1933** chômeur. **1939** est appelé sous les drapeaux. **1945** retour à Dresde. Destruction par les bombes de ses archives. S'engage dans la reconstitution de la presse de l'Allemagne de l'Est. Premier rédacteur de l'illustré *Zeit im Bild*. **1946–49** chroniqueur photographe des ruines de Dresde et de sa reconstruction. A partir de **1955** se tourne vers l'illustration de livres et de calendriers ainsi que vers la photographie de foires commerciales. **1977** meurt à Dresde

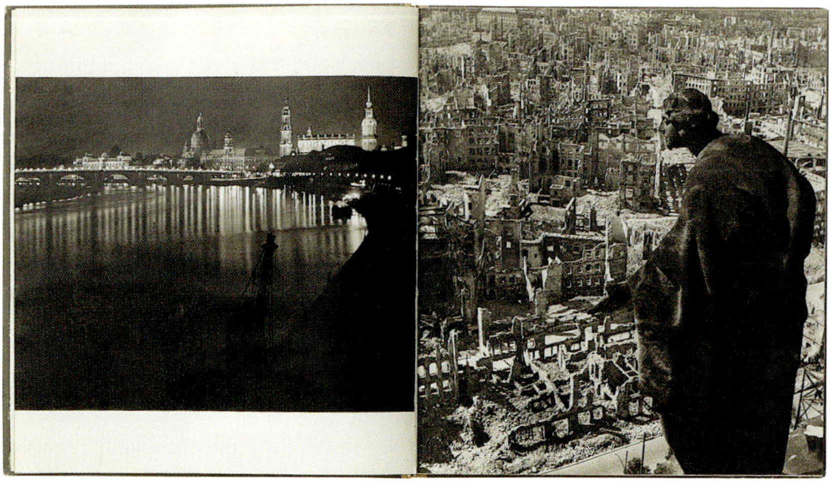

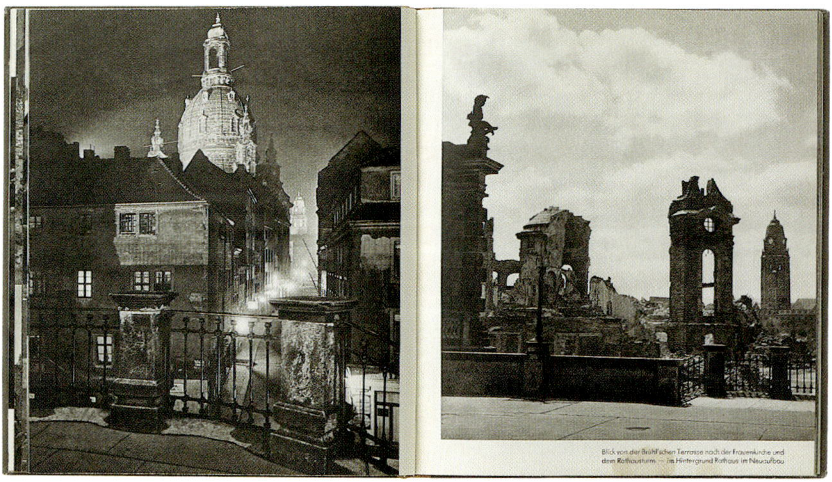

Pages doubles extraites de l'ouvrage de Peter, Dresde. *Le livre fut tiré à 50 000 exemplaires, chiffre énorme pour l'époque. Il compte aujourd'hui parmi les « classiques » de la photographie de ruines.*

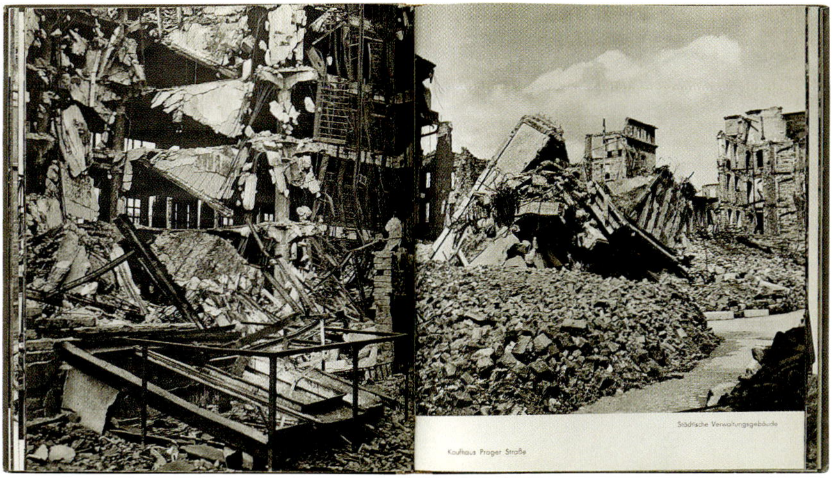

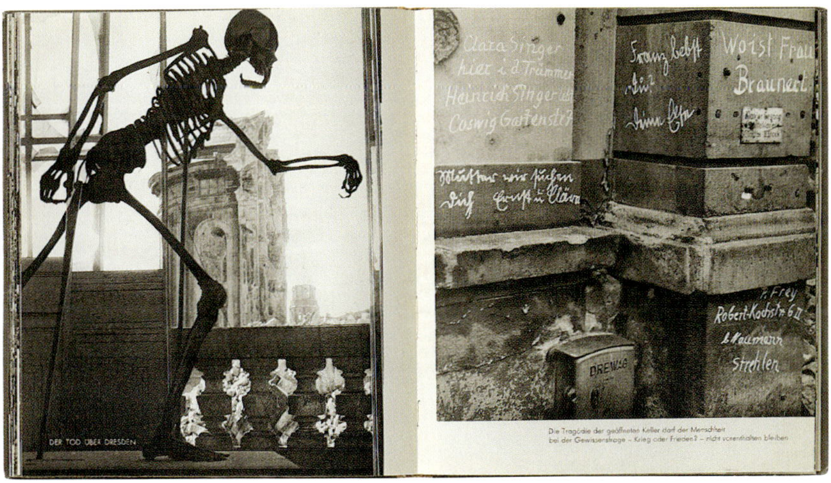

Sud de Dresde vu de la tour de l'Hôtel de Ville

sont les dégâts subis par les monuments. D'après les statistiques, un périmètre de 15 kilomètres carrés aurait été entièrement détruit. 7000 bâtiments publics (musées, églises, palais, châteaux, écoles, hôpitaux) ont été réduits en cendres. Sur 28410 logements, 24866 ont été victimes des bombes de la RAF. Il a fallu déblayer dix millions de mètres cubes de décombres et de gravats avant de pouvoir entreprendre la reconstruction – laquelle se poursuit du reste aujourd'hui.
Richard Peter père, né en Silésie en 1895, fut l'un des nombreux photographes qui, immédiatement après 1945, ont cherché à apporter une réponse plastique à l'apocalypse de cette seconde guerre mondiale qui, en Europe, avait pris fin en mai 1945. On pourrait, sur le modèle de cette fameuse « littérature des décombres », bel et bien parler d'une « photographie des décombres » qui vit chaque grande ville se doter de son chroniqueur photographique particulier. Ce furent Friedrich Seidenstücker et Fritz Eschen à Berlin, Herbert List à Munich, Wolf Strache à Stuttgart, August Sander à Cologne, Karl Heinz Mai à Leipzig. Les cycles de Hermann Claasen et Richard Peter père en particulier sont très importants pour la photographie d'après 1945, et leurs ouvrages *Gesang im Feuerofen* (Le chant du brasier, 1947) et *Dresden – eine Kamera klagt an* (Dresde : un appareil photo accuse, 1949) comptent au nombre des publications certainement les plus discutées de l'après-guerre.

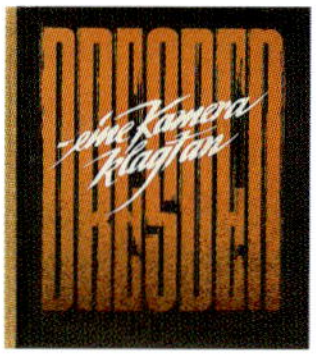

Richard Peter: Dresden – eine Kamera klagt an, *première édition, Dresde 1949*

Un sentiment de vide et de silence

Sept mois seulement après la fin de l'enfer, Richard Peter père était retourné dans sa ville d'adoption de Dresde. Non seulement il trouva la ville dans laquelle il avait, depuis les années 20, vécu et travaillé comme photo journaliste, notamment pour la légendaire *A.I.Z.*, complètement rasée, mais ses propres archives photographiques, soit des milliers de plaques, de négatifs et d'épreuves représentant un total de trente années de travail, irrémédiablement détruites. Avec un Leica qu'on lui avait offert, il se remit à photographier : les ruines, les rues éventrées, les épaves de voitures, et enfin les cadavres retrouvés dans les abris antiaériens qu'on avait rouverts à partir de 1946. Pendant quatre ans, il se consacra à cette tâche qu'il s'était lui-même fixée. Il en résulta des milliers d'images dont sa *Vue de la tour de l'Hôtel de Ville*.
« Des décombres, des ruines, des débris calcinés à perte de vue. Comprimer dans une seule image la totalité de cette destruction barbare sem-

blait une entreprise douteuse », rapporte Peter lui-même à propos de la genèse du cliché. « Ce n'était possible qu'en photographiant en plongée. Mais les escaliers de presque toutes les tours étaient calcinés ou bloqués. Malgré l'omniprésence des panneaux ‹ Danger d'effondrement ›, je les avais presque tous gravis, et finalement, un après-midi, j'escaladai aussi la tour de l'hôtel de ville. Ce jour-là, un violent contre-jour rendait toute photographie impossible. Je remontai en haut de la tour le lendemain. Je découvris alors sur le chemin de ronde une figure de pierre qui mesurait dans les 3 mètres, mais qui refusait absolument de se laisser cadrer dans l'image. La seule fenêtre à partir de laquelle cela aurait été possible commençait à environ 4 mètres au-dessus de la plate-forme, à l'intérieur de la tour. Deux étages en dessous, je trouvai une double échelle de presque 5 mètres qu'on avait dû hisser une fois l'incendie éteint pour pouvoir constater l'étendue des dégâts. Les degrés de fer étaient demeurés intacts. Comment j'ai réussi à faire monter cette foutue échelle sur 2 étages, cela reste pour moi un mystère. Je surplombais à présent suffisamment la figure, et la largeur de la fenêtre permettait par ailleurs d'avoir le recul nécessaire. Mais sur le rendu de la photo que je fis au Leica, il y avait tellement de lignes tombantes que le cliché était pratiquement inutilisable. Seul un appareil de format carré pouvait remédier à cela, et je n'en possédais pas. Au bout de deux jours j'ai dégotté un Rolleiflex et j'ai remonté pour la troisième fois l'interminable escalier de la tour. C'est ainsi que j'ai fait cette photo du personnage de pierre au geste accusateur, au terme d'une semaine de fatigues et d'allées et venues. »
La photo de Peter parut pour la première fois en 1949 dans le volume publié en RDA *Dresden – eine Kamera klagt an*, avec un premier tirage de 50 000 exemplaires. Que ce personnage de pierre n'ait rien à voir avec l'ange de la paix, mais soit une personnification de la Bonitas (la bonté), ne porte en rien atteinte au caractère symbolique de l'image. Le fait que les rues soient en grande partie débarrassées des décombres et des gravats ne fait plutôt que renforcer encore le sentiment de vide et celui de silence qui, après mai 1945, devint pour beaucoup de gens le signe distinctif le plus frappant de l'armistice. Wolfgang Kil a qualifié un jour de « paysages de l'âme » les images éminemment subjectives et pathétiques, au sens où elles sont porteuses d'avertissement, de Richard Peter. Toute une génération a trouvé en elles une mémoire iconique de son expérience de la guerre.

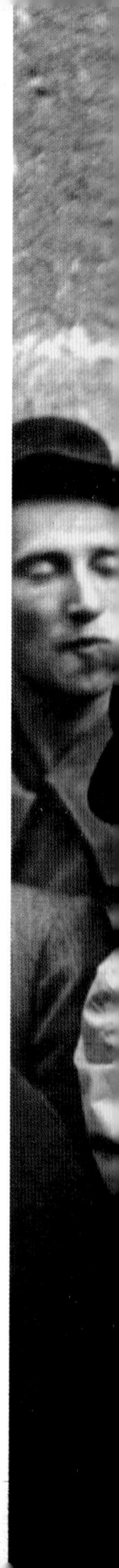

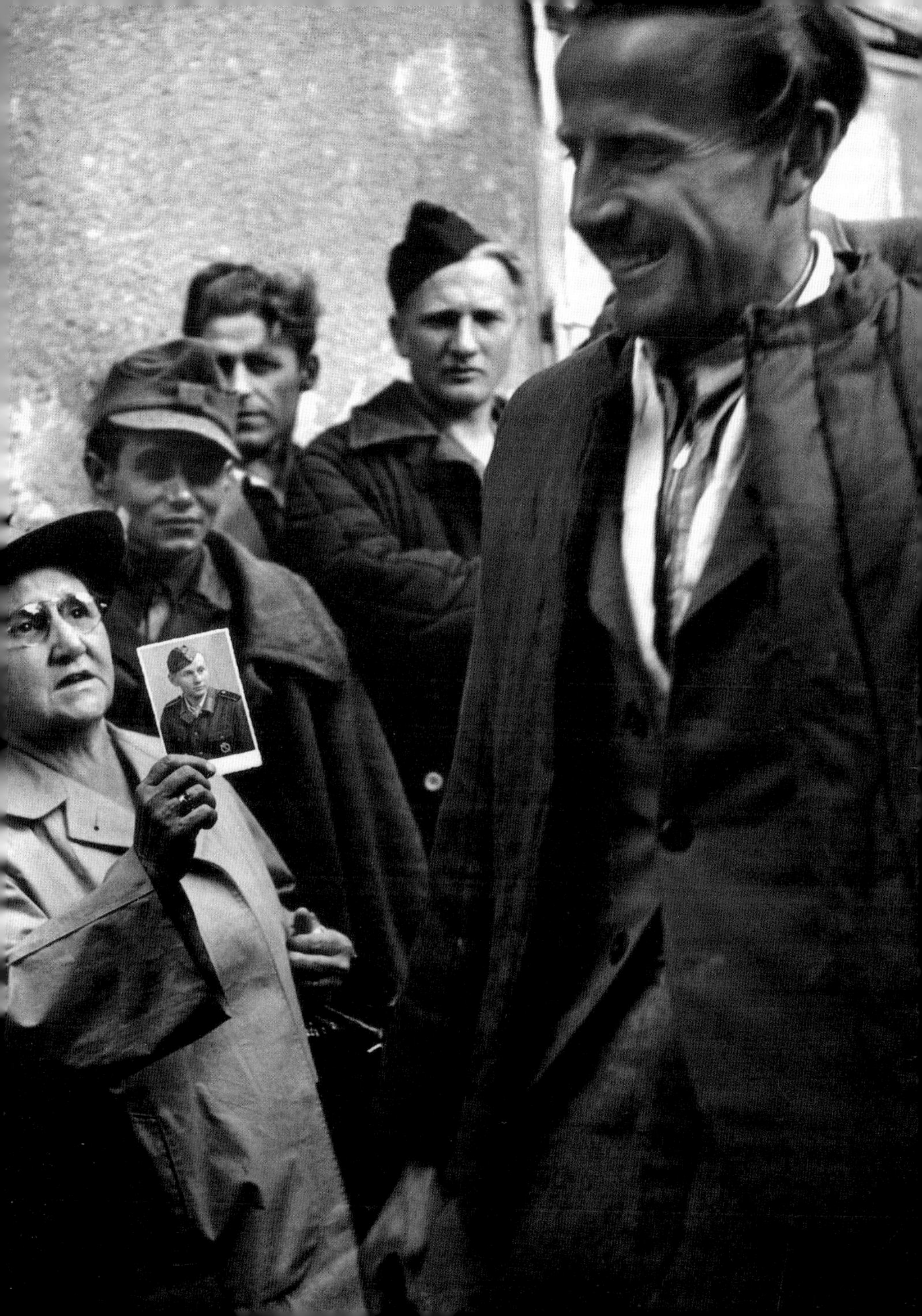

1947 Ernst Haas
Vienne

L'attente du miracle

Jusqu'au milieu des années 50, le retour des soldats allemands faits prisonniers par les alliés fut l'un des grands thèmes d'une presse allemande et autrichienne en gestation. Les photographies du jeune Ernst Haas, à qui le reportage allait permettre de s'imposer sur le plan international, devinrent alors des images clés.

Des credos, il en avait beaucoup. Mais si l'on additionne toutes les citations et tous les bons mots que l'on connaît de lui, on aura du mal à soutenir que sa profession de foi photographique est exempte de contradictions. Il semblerait néanmoins que Ernst Haas ait toujours adhéré sans réserve à un principe directeur, et ceci quel qu'ait été le moment de sa carrière. Les images, a-t-il dit, sont comme la musique, « elles se communiquent directement, sans avoir besoin d'explications ». Exigences et réalité ne coïncident pas toujours nécessairement. Mais si l'on considère dans son ensemble l'œuvre de ce photographe originaire de Vienne, on constate que la réalisation est pleinement à la hauteur de l'intention. Ses créations photographiques, qu'elles soient en noir et blanc ou plus tard en couleur, illustrent de façon exemplaire l'idée de la photographie comme « langue universelle ». Ce qui pourrait expliquer aussi, et surtout, le succès sans équivalent qui s'est attaché à sa photographie personnelle, mais aussi la considération qu'a rencontrée son travail dans le domaine de la photographie appliquée, plus exactement dans celui de la publicité. Là où les images devaient être directement suggestives, sans passer par le détour d'une explication directrice, Haas était l'homme qu'il fallait : quelqu'un qui savait séduire visuellement, qui se voyait lui-même comme un artiste, un poète photographe et qui comme tel, devint, en particulier dans les années 60 et 70, un modèle pour la communauté internationale des photographes amateurs. Son œuvre maîtresse, *La Création*, livre de photographies né de sa collaboration à l'épopée cinématographique de John

Huston *La Bible*, a dû se vendre à 350 000 exemplaires. Ce n'est pas un hasard si *twen*, le magazine à la mode des années 60, a inauguré l'ère de la photographie couleur avec Ernst Haas (6/1961), après que, dès 1958, *Life* lui eut consacré, sous le titre de « Magic Color in Motion », pas moins de 36 pages en couleur. Il était logique que, cette même année, la revue *Popular Photography* le classât parmi les « dix plus grands photographes du monde ».
Le succès international extraordinaire, dont on ne saurait par ailleurs mésestimer l'influence, de Ernst Haas en tant que pionnier de la couleur – il fut du reste le premier photographe auquel, à l'initiative d'Edward Steichen, le Museum of Modern Art de New York consacra en 1962 une exposition individuelle de photographies couleur –, fait parfois oublier que ses racines étaient celles du photo journalisme. A peut-être contribué à cela le fait que Haas se soit détourné très tôt d'une photographie informative au sens large, dont il a parlé par la suite en termes presque ironiques. Il a un jour défini le reporter comme quelqu'un « en imperméable, le col négligemment relevé, [qui] court derrière les événements, veut fixer des faits, les relate, informe sur ce qu'on appelle la réalité. Pour être franc, je suis assez indifférent aux faits. Mes problèmes sont d'ordre artistique ? Ce sont les problèmes d'un peintre. Je suis un peintre qui n'a pas assez de patience pour peindre et qui, pour cette raison, est devenu photographe. »
L'œuvre en couleur de Haas, avec son goût pour l'expérimentation, a effectivement relégué ses premiers photo reportages à l'arrière-plan. A l'exception toutefois de cette documentation sur le retour des anciens prisonniers de guerre qui avec celle, ultérieure, de Robert Lebeck (*Revue*, 43/1955), est l'une des plus célèbres du genre et ne valut à Haas rien de moins qu'une première apparition dans *Life* et son affiliation à l'agence Magnum. Les critiques comptent ce « photo reportage sur les premiers retours de la guerre » au nombre des « documents photographiques les plus poignants de l'après-guerre ». Il est tout naturellement représenté dans les deux grands volumes de l'histoire de l'agence Magnum (bien qu'au moment de la prise de vue, Haas ne fît pas encore partie de la prestigieuse coopérative et qu'à celui des deux parutions, il n'en fût plus membre). Dans le catalogue, dû à Cornell Capa, de l'exposition programmatique « The Concerned Photographer 2 », le chapitre consacré à Haas s'ouvre sur cette photo d'une mère interrogeant un soldat. Sa situation dans l'important album de Haas *Black and White* la met là aussi en valeur.

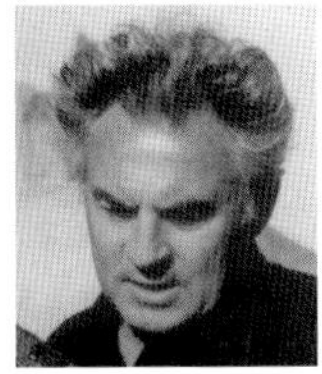

Ernst Haas

Né en **1921** à Vienne. Etudes de médecine interrompues. **1943–49** travaille dans un atelier de photos viennois. **1949** première grande série de photos dans l'illustré *Heute*. La même année entre chez Magnum. **1951** s'installe aux Etats-Unis. Abandonne le reportage et se tourne vers l'essai photographique en couleur. Parution dans *Life*, *Look*, *Holiday*, *Vogue*, *Esquire*, *Paris-Match*, *Queen*, *Stern*, *Geo*. **1958** est classé parmi les « dix plus grands photographes du monde » par *Popular Photography*. Photographies de stands (à partir de **1954**), travail cinématographique (à partir de **1964**) et publicitaire (en particulier pour Marlboro). **1971** publication du livre *The Creation*. **1972** prix culturel de la DGPh. **1986** meurt à New York

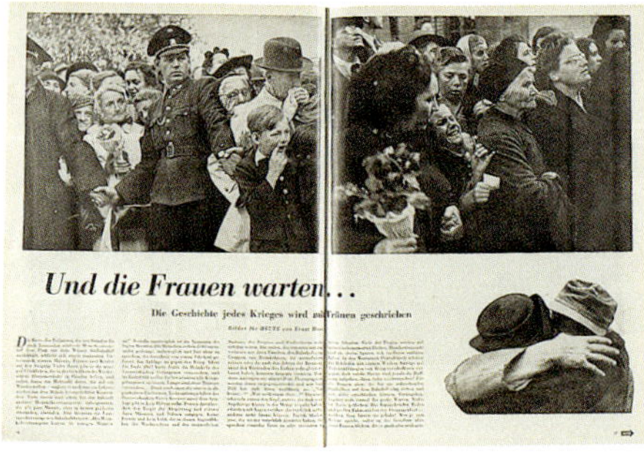

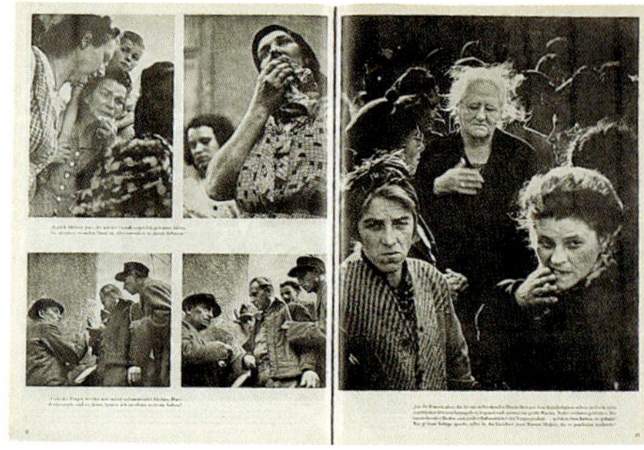

Heute, *3 août 1949 : la revue éditée par le gouvernement militaire américain fut la première à publier le reportage de Haas – avec une maquette somptueuse nettement inspirée du magazine* Life.

Aussi cette photo sans cesse republiée est-elle devenue un élément de notre mémoire collective. Elle est même citée dans la littérature de fiction, comme par exemple dans le roman de Christoph Ransmayr *Le Syndrome de Kitahara* (1997), où à leur retour, on brandit à la face des soldats des « photos de disparus comme, dans un jeu de cartes, on brandit des atouts contre la mort ».

Une remarquable performance caritative

Donc, une image dans l'image. La photo d'un jeune homme. Ou plutôt d'un enfant prématurément adulte en uniforme. Il occupe pour ainsi dire le centre de la composition en noir et blanc, prise au Rolleiflex, et donc originellement carrée. On peut voir en outre six visages. Mais les hommes de l'arrière-plan donnent un peu l'impression d'être les figurants d'une petite tragédie qui s'est certainement produite des milliers de fois, entre 1945 et 1955, dans les gares allemandes. Flotte dans l'air la question de l'endroit où se trouve un homme, un fils. Le traditionnel portrait souvenir en buste, avec la bordure à la cuve caractéristique de l'époque, se métamorphose en une de ces photos d'identité ou plutôt de ces photos de recherche, véritable terme technique par lequel on désigna, à propos du travail de la Croix Rouge, une campagne d'identification sans équivalent dans l'Histoire. Le photo journaliste et ancien correspondant du guerre Hilmar Pabel avait commencé en 1946 à faire des portraits d'enfants disparus qui devaient servir à les rechercher. Erich Kästner publia les photos dans sa revue *Pinguin*. La phase suivante consista en une vaste campagne d'affiches menée en collaboration avec la Croix Rouge et à partir de 1951, on mit au point un système de recherche sur cartes per-

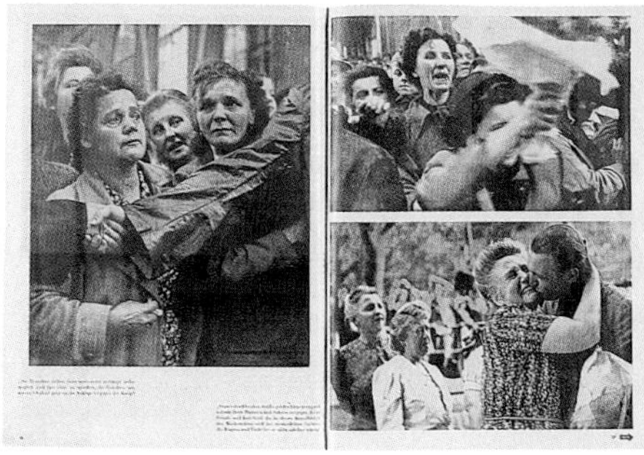

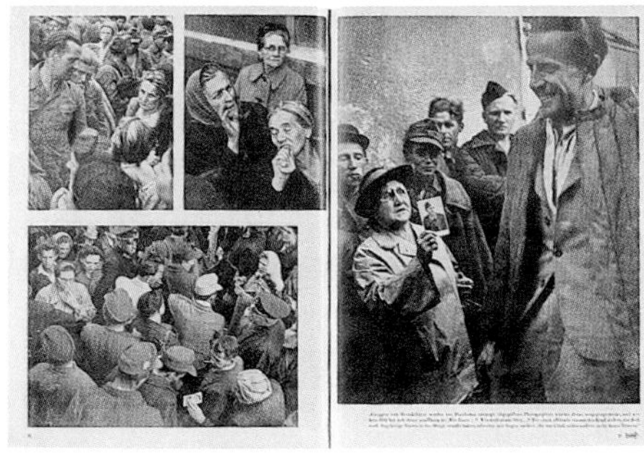

forées qui fut finalement en mesure de fournir des informations sur le sort de plus d'un million de personnes disparues. La Deutsche Gesellschaft für Photographie récompensa cette remarquable « performance humanitaire et caritative », redevable surtout au médium photographique, par l'attribution du Kulturpreis, trois ans après que Ernst Haas l'eut lui-même reçu.

La confiance et la volonté de reconstruire

Alors que la Croix Rouge, bien organisée, menait un travail à grande échelle, Haas nous confronte à cette forme de recherche individuelle qui, après 1945, était le lot quotidien d'une foule de gens en Europe centrale. La photo a été prise en 1947 à la gare du Sud de Vienne. Le photographe a choisi un cadrage serré, excluant délibérément tout ce qui pouvait évoquer le contexte. Ce n'est qu'ainsi que l'image pouvait accéder au statut intemporel d'icône dans lequel la complexité de l'histoire contemporaine postérieure à 1933 se résume à des recherches et des retrouvailles aussi dépouillées d'artifice qu'émouvantes. Concrètement, la photo illustre la rencontre de deux personnes. Il y aurait d'un côté la mère avec son regard interrogateur et angoissé, de l'autre le soldat de retour chez lui qui a déjà aperçu, du moins le suppose-t-on, les siens dans le hors-champ de l'image. Il rayonne. Presse et allonge le pas. Dans ses gestes, son expression, sa façon de serrer la poignée de son sac se conjuguent la confiance et la volonté de reconstruire. Il n'a pas même un regard pour la petite femme râblée, emblème de tous ceux qui ont beaucoup, si ce n'est tout perdu pendant la guerre et l'époque nazie. Se retrouvaient ainsi dans la photo les deux blocs de la société de l'après-guerre.

Scènes d'allégresse et moments de déception

Plus de 80 millions de soldats avaient, tous bords confondus, pris part aux actions militaires de la Seconde Guerre mondiale. 35 millions, dont 11 millions d'Allemands, furent faits prisonniers entre 1939 et 1945. Les premiers rentrèrent en 1948, les derniers en 1956. Ceux-ci retrouvèrent un pays qui, avec l'aisance due à la croissance, avait repris les habitudes de la vie quotidienne. Il n'était pas rare que ces « derniers revenus » troublassent la « ‹ normalité › péniblement reconquise » (Kaminsky). Wolfgang Borchert a donné une forme littéraire au problème à travers son œuvre dramatique *Devant la porte*, qui fut, et ce n'est pas un hasard, l'une des plus controversées de ces années-là. Du reste, cette question ne fut traitée que de façon plutôt exceptionnelle par la littérature et les arts plastiques. C'est aussi quasiment par hasard que le jeune Ernst Haas, né en 1921, tomba sur ce sujet. Il s'était effectivement mis en quête, en compagnie de la future photographe de Magnum Inge Morath, d'un lieu où faire des photos de mode dans la Vienne gisant sous les décombres. Mais il était alors tombé, à la gare, sur une foule de gens qui attendaient le retour d'Europe de l'Est des six cents premiers prisonniers de guerre autrichiens. « C'était un spectacle à vous briser le cœur », devait plus tard se souvenir Haas. « Personne ne savait qui allait arriver. L'atmosphère était tendue et silencieuse, jusqu'au moment où les premiers prisonniers sont apparus, comme sur une scène. Ce qui se passait à présent, on ne pouvait l'appréhender que par le biais de l'appareil photo. Je travaillais comme si j'avais perdu la tête. [...] A des scènes d'allégresse répondaient des moments de déception. Impossible de saisir tout cela. Des femmes tenaient en l'air des photographies passées qu'elles tendaient aux nouveaux arrivants : ‹ Vous le connaissez ? Vous avez vu mon fils ? › Elles criaient le nom de leur mari. Des enfants qui tenaient à la main les photos de pères qu'ils n'avaient jamais vus, comparaient les clichés avec les visages des arrivants. C'était presque trop. Je suis rentré chez moi en vacillant comme si j'avais reçu un coup. »

Connu désormais dans le monde entier

Haas, qui avait fait initialement des études de médecine et avait dû les interrompre en raison de son ascendance juive, était venu au photo journalisme après la guerre, sous l'influence des travaux de Werner Bischof, son aîné de quelques années. Il continua de travailler sur ce sujet et pendant des mois, écrit Jim Hughes, il suivit avec son appareil convoi après convoi, jusqu'au moment où il parvint à faire son premier grand reportage. Warren Trabant, rédacteur en chef du magazine *Heute* qui, depuis 1945, était édité par le gouvernement militaire américain, se montra très impressionné par cette histoire à laquelle il ne consacra pas moins de quatre doubles pages. Le travail de Haas parut pour la première fois dans le numéro 90 de *Heute* (août 1949), dans une maquette somptueuse nettement inspirée de la revue *Life*. « J'ai fait moi-même la maquette », dit Haas, « et comme je venais toujours avec une proposition et des croquis, on s'y est tenu. » Trabant, qui à l'origine avait travaillé pour *Life*, achemina le reportage aux Etats-Unis où une semaine plus tard, il paraissait en double page dans *Life*, faisant ainsi connaître Haas dans le monde entier. La rédaction de *Heute* avait placé sous le cliché, en guise de légende, le commentaire suivant : « Des groupes d'anciens prisonniers de guerre sont entourés par des centaines de personnes, on leur tend des photographies abîmées, et ceux qui n'ont pas de photo crient sans relâche : ‹ Qui connaît ... ? Qui sait quelque chose sur ... ? › Les uns font non de la tête, d'autres, qui ont repéré des gens de leur famille dans la foule au loin, passent à côté d'eux avec des yeux qui, de bonheur, ne peuvent plus rien voir d'autre. » Les photos de soldats revenant de captivité furent l'un des poncifs d'une presse illustrée qui, dans l'Allemagne et l'Autriche d'après-guerre, fut soumise à la censure américaine jusqu'à la cession des droits en 1949. C'est ainsi que le magazine *Heute*, publié à Munich, avait fait paraître dès 1946 un reportage photo intitulé « Retour de Russie ». On sait que dans son numéro d'octobre 1958, l'édition autrichienne du *Stern* a publié quatre pages de photos. Sans oublier le reportage déjà cité de Robert Lebeck sur le retour des derniers prisonniers de guerre russes, paru à la une de Revue en 1955 sous le titre « Rendez tous grâce à Dieu ». Aucune de ces publications n'a connu toutefois ce retentissement ni cette influence à long terme dont peut se prévaloir l'image clé de Haas. La joie et la douleur, l'espoir et le deuil, l'allégresse spontanée et l'attente prolongée s'y côtoient en effet en tant que catégories fondamentales de l'existence humaine. Haas lui-même aurait voulu, a-t-il dit dans une interview ultérieure, « montrer cette femme comme le ‹ véritable soldat inconnu › ». Il ne lui a pas parlé, ni cherché à savoir ce qu'elle était devenue.

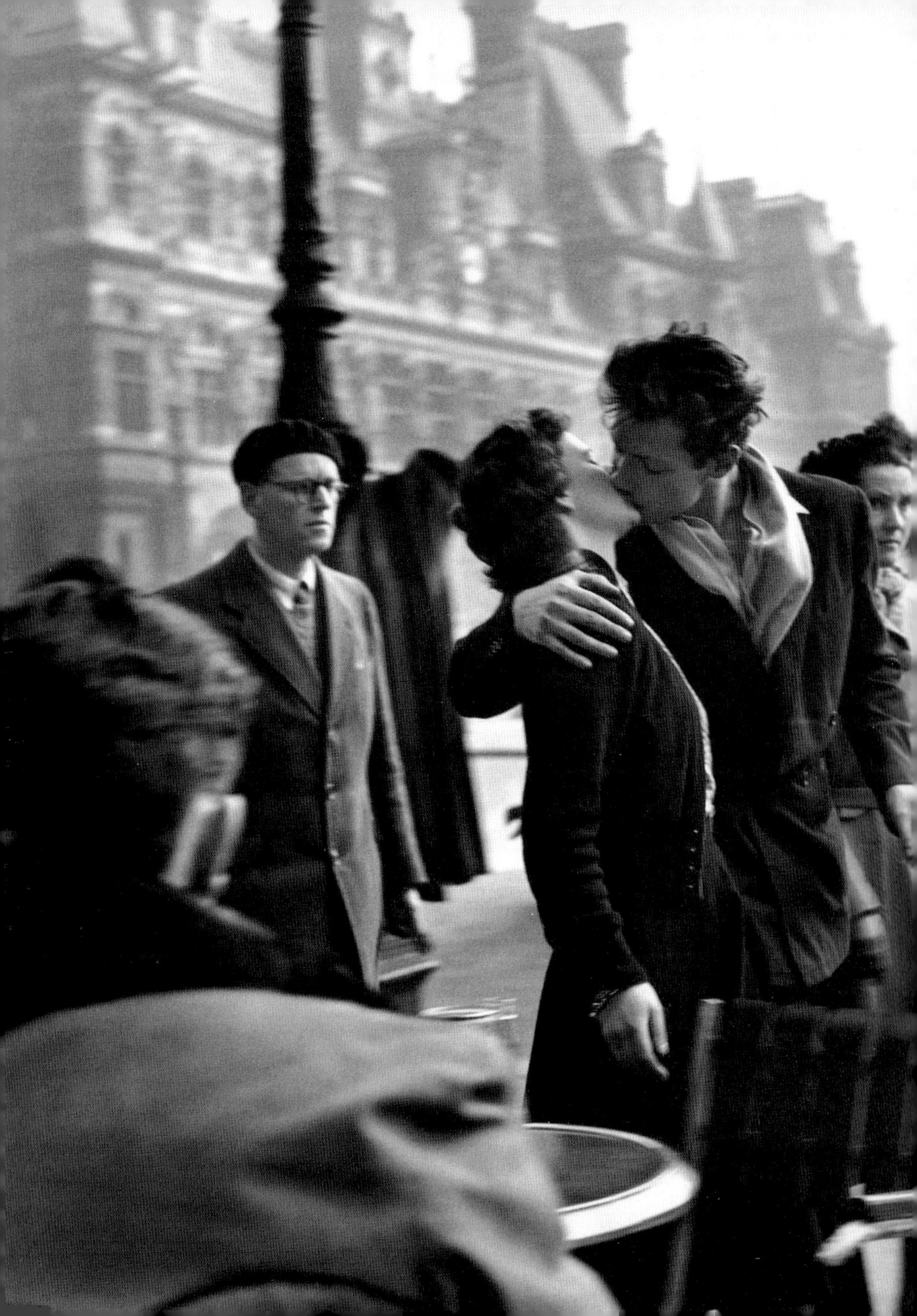

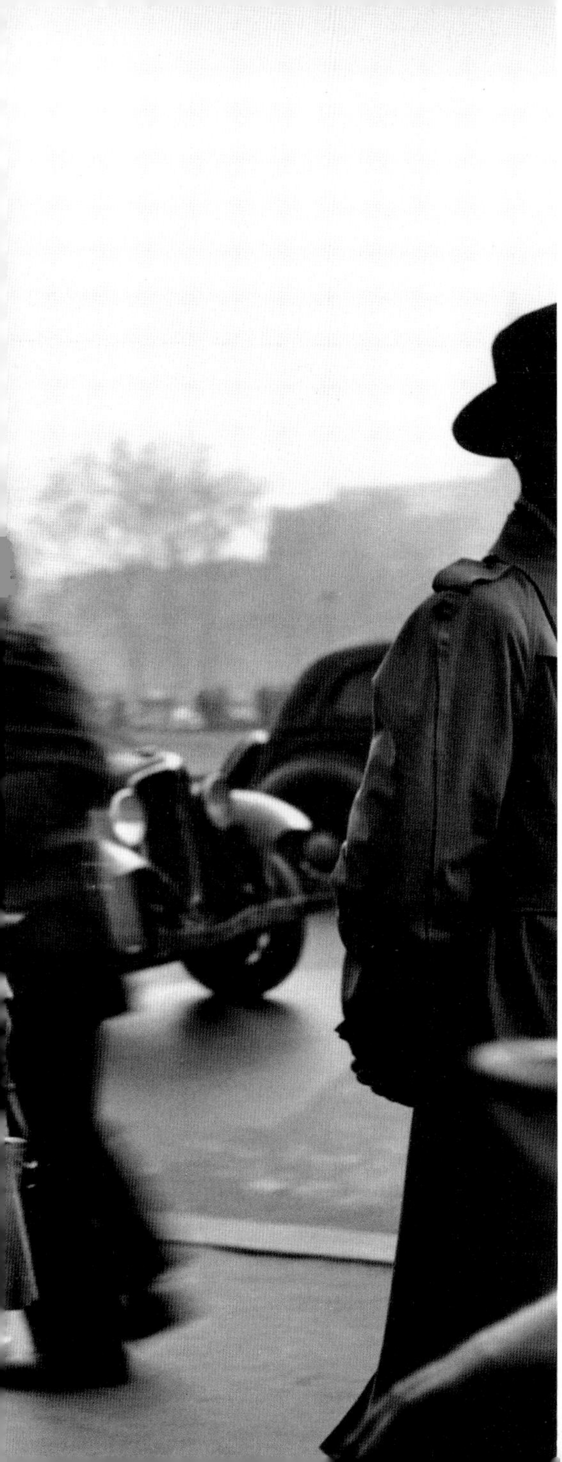

1950 Robert Doisneau
Le Baiser de l'Hôtel de Ville

L'amour en mars

Il n'est guère de photo récente qui ait connu une popularité semblable à celle du *Baiser de l'Hôtel de Ville* de Robert Doisneau. Cette image d'une étreinte fugace est devenue l'icône même de Paris. Mais sa qualité de métaphore de la joie de vivre telle qu'elle s'est imposée après-guerre n'a pas valu au photographe que la gloire et l'argent.

Il a osé cette fois s'approcher un peu plus. D'ordinaire il garde ses distances, il essaie de passer inaperçu. Robert Doisneau, qui a toujours expliqué cette réserve par sa propre timidité, a fini par faire de nécessité vertu et de la distance un style photographique qui englobe l'environnement, le milieu social, architectural et urbain. Doisneau est, si l'on veut, le photographe des ensembles assez larges, et en ce sens le contraire par exemple de William Klein qui se mêle tout à fait délibérément aux gens, recherche la promiscuité, l'interaction, se fait reconnaître comme photographe, provoque des réactions et par là, fait de l'acte même de photographier le sujet de ses images. « Chasseur d'images », « picture hunter », telle est l'expression qui s'est imposée pour désigner la préhension photographique du monde. A l'inverse, Robert Doisneau s'est toujours voulu un « pêcheur d'images », c'est-à-dire quelqu'un qui attend patiemment que le fleuve de la vie remplisse plus ou moins ses filets. Un « passant » (Colin Westerbeck) qui a érigé la discrétion en principe et en a fait le fondement de son travail. Aussi est-ce en maître d'une « caméra candide » que Doisneau est entré dans l'histoire de la photographie. Ou plutôt qu'il le serait si vers la fin de sa vie, une série de procès à fort retentissement international n'avait révélé qu'il s'était livré lui aussi, lui justement, à des mises en scène, c'est-à-dire avait donné un coup de pouce à l'irruption de ce qui devenait devenir une photographie. En tout cas, *Le Baiser de l'Hôtel de Ville*, son motif le plus célèbre et le plus populaire, est le résultat, comme nous le savons depuis, d'une scène reconstituée avec l'aide de comédiens embauchés à cet effet. Or, quelle signification cela prend-il dans le cas de la réception d'un cliché qu'il faut bien compter, en sa qualité « d'icône populaire », au nombre des créations photographiques les plus connues de ce siècle ?

Elément incontournable de toutes les rétrospectives Doisneau

Si l'on en croit des statistiques officieuses, *Le Baiser de l'Hôtel de Ville* aurait été vendu, rien qu'en cartes postales, à peu près 2 millions et demi de fois. Un demi million de posters environ ont trouvé acheteur. La photo décore des oreillers, des mouchoirs, des calendriers muraux et des petits calendriers de bureau, des cartes de vœux, des carnets, elle est un élément incontournable de toutes les rétrospectives Doisneau et ce n'est pas un hasard si elle illustre la couverture de *Trois secondes d'éternité*, sa publication majeure. A Paris, le visiteur tombe pour ainsi dire à chaque coin de rue sur une quelconque utilisation de cette idée photographique. On peut se demander ce qui, dans cette photo d'une construction relativement simple et, par rapport à d'autres, peu spectaculaire, ne cesse d'exercer une telle fascination sur le public.
On voit, occupant le centre même de ce cliché de format carré, un jeune couple d'une vingtaine d'années sur lequel rien, à vrai dire, n'attire spécialement l'attention. L'aspect soigné de leurs vêtements s'accorde tout à fait à la rue. L'écharpe claire que le garçon a enfoncée négligemment dans l'échancrure de son complet pourrait éventuellement avoir le léger relent d'une bohème rescapée de la Rive Gauche. Venant de la gauche, le couple descend en flânant la rue animée. Le garçon a passé son bras droit autour des épaules de la fille. Spontanément – c'est du moins ce que suggère la photo – il l'attire contre lui et l'embrasse sur la bouche. Aucun des passants que l'on voit sur l'image ne semble prendre acte de cette soudaine démonstration d'amour. Seul le spectateur du premier plan est témoin de cette petite scène. C'est du moins ce que laisse entendre la « caméra portée délibérément à l'épaule » par le photographe, pour reprendre un terme appartenant au registre du cinéma.

Une de ces journées incertaines de l'hiver parisien

Nous ignorons pourquoi Robert Doisneau a situé cette scène aux abords de l'hôtel de ville de Paris. C'est en réalité l'autre rive de la Seine, avec en

Robert Doisneau

Né en **1912** à Gentilly/Val-de-Marne. **1929** diplôme de graveur et de lithographe. **1930** photographe publicitaire pour l'Atelier Ullmann. **1931** assistant d'André Vigneau. **1932** premier reportage dans le quotidien illustré *Excelsior*. **1934–39** photographe publicitaire et industriel chez Renault. S'engage dans la Résistance. **1946** entre dans l'agence Rapho. **1949** publication du livre *La Banlieue de Paris* (avec Blaise Cendrars). **1949–52** photographies de mode pour le *Vogue* français. Puis photographe free-lance à Montrouge près de Paris. **1992** grande rétrospective au Museum of Modern Art, Oxford. **1994** meurt à Montrouge particulier le Quartier Latin et sa population étudiante, qui est après-guerre synonyme de bonheur et d'insouciance. Ce n'est pas un hasard si au milieu des années 50, le Hollandais Ed van der Elsken a fait de la rive gauche le théâtre de ce qui est certainement son travail le plus important, à savoir *A Love Story in Saint-Germain-des-Prés*. Robert Doisneau, lui, a opté pour la rive droite. On reconnaît nettement au fond, même si elle est un peu floue, la façade néo-baroque de l'hôtel de ville. Devant, la rue animée devrait donc être la rue de Rivoli, et le café d'où la photo a été prise pourrait bien être l'actuel Café de l'Hôtel de Ville, à l'angle de la rue du Renard et de la rue de Rivoli. Assis au deuxième rang, Doisneau photographie avec son Rolleiflex. La passante à l'arrière-plan l'a remarqué, et son regard confère au photographe une présence au sein de l'image. Dans les monographies, cette photo est toujours présentée sous la rubrique « dimanche ». Rien dans le cliché lui-même ne renvoie en réalité à un dimanche, si ce n'est que l'on a coutume d'associer la flânerie aux dimanches et aux jours fériés. Doisneau a lui-même daté ce cliché de mars 1950. Ce devait donc être une de ces journées « incertaines » de l'hiver parisien, ni froide ni chaude, ni même ensoleillée et donc baignant dans cette lumière diffuse dont Doisneau a dit un jour qu'elle était typique de Paris. On avait sans doute à faire à cet éternel « velum grisâtre que ce fameux ciel d'Ile-de-France s'en vient déplier dès l'aube au-dessus de la ville comme on met une housse sur des meubles précieux ».

En quête d'un moment parlant

Le cliché de Doisneau parut pour la première fois en 1950 dans le magazine légendaire *Life*. A cette époque, ce rejeton d'une famille de la petite bourgeoisie parisienne a 38 ans. Il a appris le métier de graveur à l'Ecole Estienne avant de se frotter aux tendances novatrices de la nouvelle objectivité photographique dans le studio d'André Vigneau. Il trouve chez Renault un premier emploi de photographe industriel qui à vrai dire, ne le satisfait guère. Dès 1939, il est licencié pour retards répétés. « J'ai retrouvé la rue où il y avait tout à voir avec une grande jubilation et tout de même une vague inquiétude. Cinq années d'usine ramollissent l'esprit d'initiative. Ramolli ou pas, les exigences matérielles m'obligeaient à prendre mon élan. »

Faisant de nécessité vertu, Doisneau fait de la rue l'objet de son investigation photographique et se montre en cela tout spécialement fasciné par

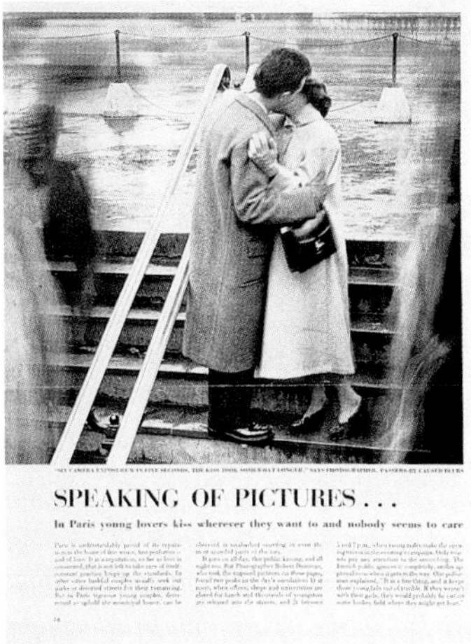

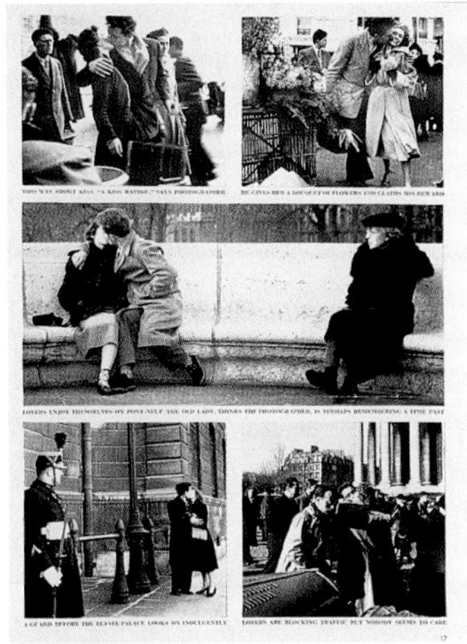

« Speaking of pictures ... », cette histoire qui fait de Paris la ville des amoureux parut dans Life *en 1950. C'est dans ce magazine que* Le Baiser de l'Hôtel de Ville *de Doisneau fut publié pour la première fois.*

le Paris des petites gens, celui des retraités et des travailleurs occasionnels, des clochards et des cochers de fiacres, des filles légères, des ouvriers, des enfants et des concierges. Il les suit, toujours en quête d'un moment parlant qui soit un concentré plausible de l'humain – trop humain. Parmi les représentants de la dite « photographie humaniste », Doisneau est celui qui raconte des histoires. Là où Cartier-Bresson, obéissant en constructiviste à la raison, apporte un soin méticuleux à la composition, Doisneau recherche l'anecdote. Ses images sont malicieuses, mais l'humour ne dissimule que trop souvent l'ironie et une légère tristesse. Il s'est toujours défendu d'intellectualiser la photographie. L'art de Doisneau puise dans la participation et le sentiment, ce qui explique pour beaucoup la popularité internationale sans équivalent dont jouit son œuvre.

Pour être venu tard, le succès de Doisneau n'en est que plus profond. Au début des années 70, on rasa les Halles de Paris. Pour beaucoup, ce n'était pas seulement une partie du vieux Paris qui mourait, mais toute une époque qui semblait devoir disparaître, celle de l'après-guerre qui, sans être toujours rose, était pourtant pleine d'espoir et qui vit la métropole parisienne propulsée une dernière fois au rang de centre intellectuel et artistique, avant d'être irrévocablement relayée dans son rôle de phare par New York. Le fait que ce soit justement au moment, ressenti comme douloureux, du tournant d'une époque que l'œuvre de Robert Doisneau, réalisée pour l'essentiel dans les années 40 et 50, ait pu fêter une découverte véritablement unique en son genre, n'est certainement pas un hasard. Des amis l'avaient prévenu : « Ne perds donc pas ton temps avec ces photos. » Doisneau, le photographe plutôt effacé et modeste, était à présent en mesure de présenter un fonds d'images de « jours meilleurs » dont ne pouvait quasiment se prévaloir aucun photographe de sa génération. A la fin, ce ne sont pas moins de 400 000 négatifs que comptaient ses archives, véritable cosmos visuel dans lequel le nombre incalculable de nouveaux albums qui paraissent sur Paris ne cesse de puiser.

Ville de mœurs légères où la vie est voluptueuse

Indépendamment de la réception tardive de Doisneau dont il a été question plus haut, *Le Baiser de l'Hôtel de Ville* entama lui aussi sa carrière triomphale après sa première publication dans *Life*, où on l'avait reproduit en petit dans un ensemble de six photographies en noir et blanc. Pas plus qu'ils n'avaient été sensibles à la force visuelle de l'image, les éditeurs n'avaient accordé d'importance au nom de l'auteur du cliché. Le nom de Doisneau ne figurait pas sur la double page. La photo faisait partie d'une histoire qui faisait de Paris la ville des amoureux. D'après ce que suggéraient le texte et les images, on s'y enlaçait à chaque coin de rue sans que l'entourage y prêtât attention. N'oublions pas qu'on se trouvait dans les années 50, c'est-à-dire à une époque encore profondément prude où l'échange de caresses dans la rue était loin d'être la norme. Aussi la publication dans *Life* servait-elle une fois de plus ce vieux cliché qui assimile Paris à une ville de mœurs légères et où la vie est voluptueuse, idée que véhiculait également du reste le cinéma hollywoodien de ces années-là. C'est sur ce plan au fond que fonctionne aujourd'hui encore *Le Baiser de l'Hôtel de Ville* : le cliché réactive l'idée qu'on se faisait de l'amour sans nuages quelques années après la guerre. C'est ce qui explique que cette photo ait pu prendre une double acception, celle d'une ambassadrice de la cohabitation pacifique, mais tumultueuse.

Trois photos près de l'hôtel de ville, une autre rue de Rivoli et une encore place de la Concorde

Doisneau lui-même a toujours eu un rapport ambivalent à sa célèbre image. Il a avoué un jour que ce n'était pas une réussite photographique. « Elle est superficielle, facile à vendre, une image pute. » Ceux qui l'ont

achetée et qui l'achètent sous forme de poster ou de puzzle, de rideau de douche ou de t-shirt, étaient et sont d'un autre avis. Doisneau a reçu toute sa vie des lettres enthousiastes, même de gens qui prétendaient se reconnaître sur la photo. C'est ainsi qu'en 1988, un couple originaire d'Ivry, Denise et Jean-Louis Laverne, se fit connaître et revendiqua 400 000 Francs pour le manque à gagner de ses droits d'auteur. Cela donna lieu à un procès retentissant au cours duquel Doisneau reconnut avoir mis en scène cette photo avec des modèles payés à cet effet. Le cliché aurait été une commande du magazine *Life* sur le thème des amoureux s'embrassant dans les rues de Paris. Craignant des problèmes juridiques, on aurait convenu de faire appel à des comédiens. Doisneau se serait assis dans un café à proximité du cours Simon, une célèbre école d'art dramatique, où il aurait découvert « une très jolie fille ». « Elle a dit d'accord, et elle a amené son ami au rendez-vous qu'on s'était fixé pour la photo. On a fait trois photos du baiser près de l'hôtel de ville, une autre rue de Rivoli et une encore place de la Concorde. »
Denise et Jean-Louis Laverne s'en retournèrent les mains vides. Mais le procès avait soulevé suffisamment de poussière pour provoquer à présent l'intervention de ceux qui avaient effectivement posé à l'époque, à savoir Jacques Cartaud, qui dans l'intervalle avait dans les soixante-cinq ans, et l'ancienne comédienne Françoise Bornet, qui pour sa part intentait une action en dommages et intérêts à hauteur de 100 000 Francs. Elle fut elle aussi déboutée, bien qu'elle ait pu produire un exemplaire signé de la photo que le photographe lui avait offert après la prise de vue. Quant à Doisneau, il fut en mesure de prouver qu'il avait payé alors la jeune femme de façon équitable. Il semblait qu'il s'en fût bien sorti, mais son art photographique avait beaucoup souffert. On se demande depuis lors combien il y a encore de photos du Paris de l'après-guerre qui ont pu être mises en scène. « Toutes mes amoureuses de 1950 », admet Doisneau tout en revendiquant avoir observé très précisément « comment les gens se comportent dans certaines situations », avant d'avoir reconstitué cette scène.
Aussi paradoxal que cela puisse paraître, le *Baiser* incriminé n'a que très peu souffert du débat auquel ont donné lieu ces questions de mise en scène. Le cliché a évacué depuis longtemps tout ce qu'il pouvait avoir de documentaire. Il est devenu un symbole. Et les symboles ont leur propre vérité.

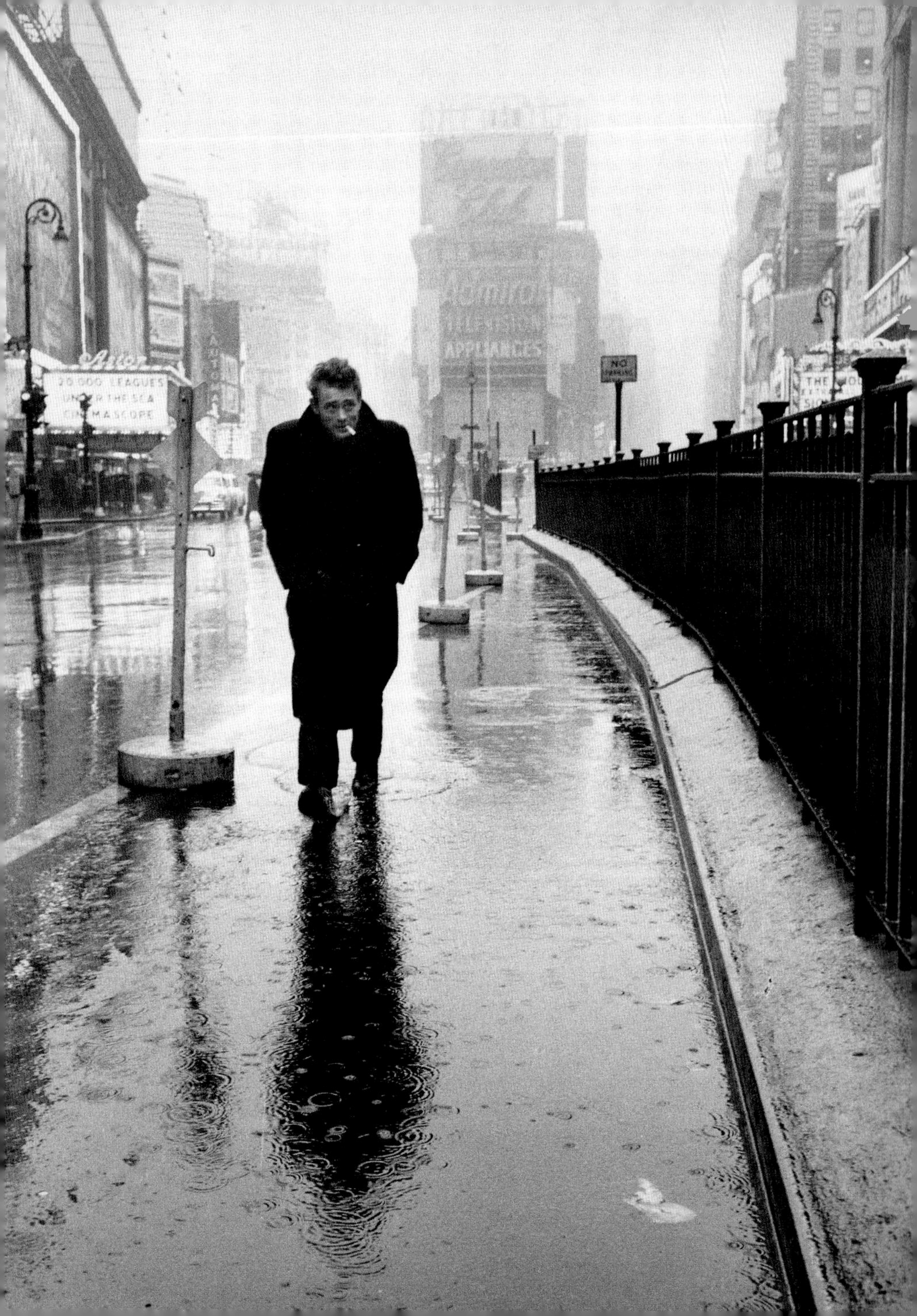
20,000 LEAGUES
UNDER THE SEA
CINEMASCOPE
APPLIANCES
NO

Dennis Stock
James Dean à Times Square

1955

Un mythe au petit matin

C'était une commande et c'est devenu un testament. Début 1955, le jeune photographe de Magnum Dennis Stock accompagna la future star de l'écran James Dean à Fairmont, dans l'Indiana, et à New York. Les portraits auxquels donnèrent lieu ces voyages, les plus intimes que nous ayons de l'idole d'une nouvelle jeunesse, sont restés ses meilleures photos. Quelques jours plus tard, James Dean devait trouver la mort dans un accident d'automobile.

Le décor n'est pas dû au hasard. Le temps, déjà plus. Mais que serait cette photo sans la pluie qui oblige le protagoniste à marcher légèrement courbé et à rentrer la tête dans les épaules ? De toute façon, les grands font souvent ça. Un mètre soixante-treize, lit on dans son passeport. Pas vraiment ce qu'on appelle un grand échalas. Et il se pourrait du reste que sa taille lui ait posé parfois autant de problèmes que sa myopie. Dans la vie privée, il devait porter des lunettes. Mais c'est peut-être justement le flou dans lequel il percevait son environnement qui lui permettait de rentrer en lui-même et donnait à son jeu cette fameuse intensité. New York. Times Square. Pour quelques instants, Broadway lui sert de théâtre. Mais le théâtre est en réalité partout où il se trouve. Il ne joue pas, il vit sa vie. Face au public, ou à une caméra. La frontière entre le rêve et la réalité s'annule. Il ne doit pas simuler, mais se concentrer au maximum afin d'exacerber une nouvelle fois les sentiments, les rêves, les angoisses, les névroses et les phobies qui sont en lui. Là aussi, durant ces quelques instants, il est à la fois un homme public et privé. Ce n'est pas un hasard s'il flâne dans Times Square – bien qu'il ait certainement traversé l'endroit des centaines de fois. Ce n'est pas un hasard s'il a une Chesterfield négligemment plantée au coin des lèvres – bien qu'il fume aussi en privé. Il joue. Il joue son propre rôle. Pour le magazine *Life*, pour le photo-

graphe. Pour la gloire et pour une image dont il ne veut pas laisser l'architecture au hasard.
Bien sûr qu'il est vaniteux. Un narcisse. Même sur les photos, il lui arrive de se regarder dans le miroir, dont peut faire office une flaque d'eau gelée. Cette fois, c'est une rue trempée. La façon dont Dennis Stock utilise cette flaque pour redoubler en quelque sorte la figure de son héros n'est pas mal trouvée. Celui-ci devrait en réalité disparaître entre les gratte-ciel de New York. Mais les immeubles s'estompent dans les brumes et les vapeurs de l'arrière-plan, tandis que lui, malgré sa constitution plutôt râblée, gagne en taille. Un géant aux épaules rentrées. Si, c'est tout à fait ainsi qu'il se voit. Et la façon dont le photographe a su traduire cette conscience de soi est un petit coup de génie. Henri Cartier-Bresson avait l'habitude de regarder les photos à l'envers pour éprouver les lignes de force d'une composition. Dans le cas qui nous occupe, l'intérêt pour la personne se déplacerait plutôt sur son reflet, flou, mouvant, et qui se délite sur les bords. Ce qui peut se lire facilement comme une métaphore de l'existence nerveuse, impatiente et trépidante de notre héros, de son caractère rebelle et de l'ambivalence de son être, qui concentre de façon exemplaire toutes les contradictions d'une époque provisoirement repue. « Je ne sais pas qui je suis », aurait-il affirmé dès l'âge de dix-sept ans, alors qu'il était encore au lycée. Mais ce n'est pas très important.

Avec l'instinct d'un animal sauvage

Depuis, il a vingt-quatre ans, et à cette époque de sa vie, il est à peu près à l'apogée de sa carrière, ce qui fait un drôle d'effet quand on sait qu'il ne vivra pas son 25e anniversaire. Il a fait du théâtre et offert ses services à la télévision, dont c'étaient les débuts, en jouant dans de petits rôles. Mais c'est le cinéma qui le rendra célèbre, cet art relativement jeune et populaire qui, mieux que la scène traditionnelle, vous garantit – et il le sait très bien – une sorte d'immortalité. Un film est déjà tourné. Deux autres le seront dans les mois à venir. La première de sa *Fureur de vivre* aura lieu en octobre 1955 dans ce cinéma Astor qu'on aperçoit au fond à gauche. Non loin de là, dans la 68e rue ouest, il a un modeste appartement. L'Actor's Studio, l'école mythique de Lee Strasberg, n'est qu'à quelques pas de Times Square. Il y avait été admis fin 1952. Ce fut très certainement la confirmation la plus éclatante que reçut son talent, avant même les ovations du grand public. Peut-être qu'à l'époque, Times Square n'était déjà

plus ce qu'il avait été. Si l'on en croit Dennis Stock, « ce carrefour était le quartier préféré [de James Dean] avant son départ à Hollywood. Il y évoluait avec l'instinct d'un animal sauvage. Il étouffait entre les quatre murs de son petit appartement. Aussi sortait-il déambuler dans les parages, depuis le crépuscule jusqu'au petit matin. »
Tout est susceptible de devenir un mythe, a dit Roland Barthes. Par mythe, il n'entendait pas nécessairement un objet, un concept ou une idée, mais un message. Le siècle de la bourgeoisie est le siècle des images produites par la technologie. La photographie, le cinéma et la télévision sont les instruments qui servent à véhiculer les mythes modernes. Les images animées les créent, les images fixes contribuent à les entériner. James Dean fait partie des grands mythes qu'a produits l'Amérique du 20e siècle. Un génie qui touchait en même temps le point sensible de son époque. Un rebelle qui faisait de la révolte de la jeunesse le basso continuo de son travail artistique, et qui restera toujours crédible dans la mesure où il lui a été épargné de vieillir. On dit qu'il lui arrivait de citer ce dialogue des *Ruelles du Malheur*, de Nicholas Ray : « Vis à toute vitesse, et meurs jeune pour avoir un beau cadavre. » Cela a l'air abscons mais faisait bien plutôt partie de cette mise en scène de sa propre existence qui ne laissait rien au hasard, et dont relevait également cette stylisation de soi, même si en l'occurrence il n'y avait pas très loin de l'être au paraître. « L'identification de James Dean à ses personnages était totale », écrit David Dalton, biographe de James Dean en même temps que l'un des plus grands spécialistes de la légende de l'acteur.

Une demande d'images de la part des magazines et des fans

James Dean aurait, dit-on, toujours eu une aversion pour les photos, ce qui n'est certainement vrai qu'en partie. En tout cas, son attitude envers le médium était plutôt ambivalente. On sait qu'il a pris à un moment des cours pratiques auprès du photographe Roy Schatt. Des clichés le montrent avec un Leica ou un Rolleiflex, sans toutefois qu'il en soit ressorti quelque chose de présentable. Ce qui est plus important, c'est la relation qu'il entretenait avec sa propre image. « Nous étions justement en train de faire des portraits », raconte Schatt, « lorsque Jimmy s'écria tout à coup : ‹ Attends, je voudrais essayer quelque chose. › Il tourna légèrement la tête à gauche et se mit à regarder par terre. Je lui demandai alors ce que diable il pouvait bien y avoir. Il répliqua : ‹ Tu ne vois donc pas ? Je suis

Dennis Stock

Né en **1928** à New York. S'engage dans la Navy à 16 ans. Après la guerre s'intéresse à la photographie. **1947–51** apprentissage chez Gjon Mili. **1951** premier prix du concours de jeunes photographes organisé par *Life*. Contacts avec Robert Capa. Membre de Magnum depuis **1954**. S'installe à Hollywood. Se lie d'amitié avec James Dean. A partir de **1957** s'intéresse au monde du jazz. **1960** publication du livre *Jazz-Street*. **1962** se retire à la campagne. Impressionné par les travaux d'Ernst Haas se tourne vers la photographie de la nature. A la fin des années **60** passe plusieurs mois dans les communautés hippies du Sud-Ouest des Etats-Unis. **1970** publication du livre *The Alternative*. Se préoccupe ces derniers temps de cinéma et de vidéo. Vit à Centerbrook/Etats-Unis

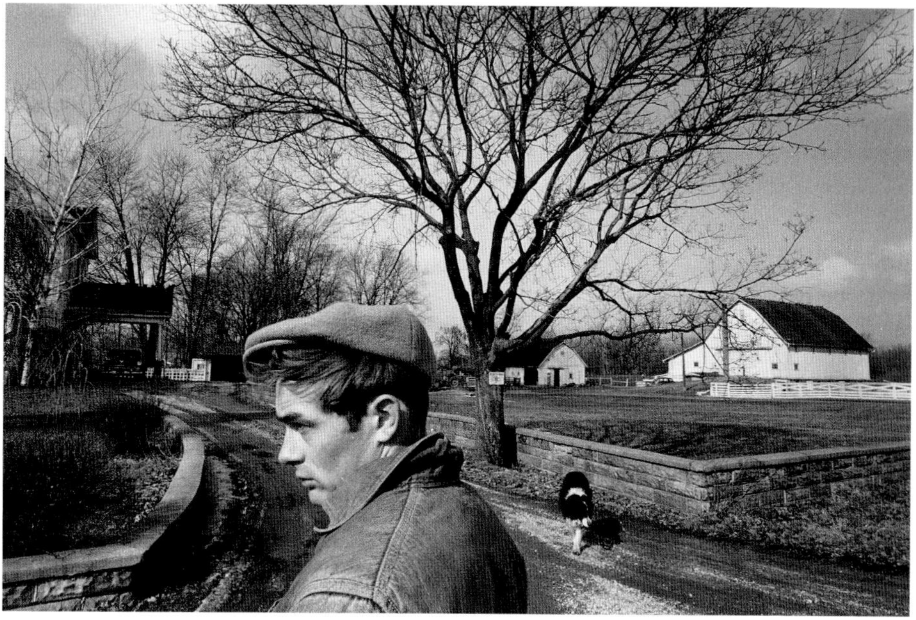

Dennis Stock: In front of the driveway to Winslow Farm

Une star mondiale aux racines campagnardes : en février 1955, James Dean retourna encore une fois à Fairmont pour une séance de photos.

le David de Michel-Ange. › » James Dean n'avait certainement rien contre le fait d'être photographié. A condition que cela flatte son ego et serve à sa carrière. Les photos de stars faisaient en réalité partie d'Hollywood comme les stars faisaient partie des films, même lorsque fut révolue la grande époque de la photographie glamour, qui faisait grand cas des spots et de la retouche. Depuis, ce sont les photo journalistes, les photographes de presse qui s'en sont chargés, répondant ainsi à la demande d'images des magazines et des fans. Dans le cas de James Dean, ils s'appellent Roy Schatt, Sanford Roth ou Dennis Stock. Autrement dit, il existe une quantité industrielle d'effigies de James Dean. Et quand David Dalton écrit que l'image que nous avons de lui est un « assemblage de plusieurs bouts », cela n'exclut pas que quelques photos sortent du lot pour façonner d'une certaine façon l'idée que nous nous faisons de James Dean.

Dennis Stock et James Dean s'étaient rencontrés à Hollywood en 1954 par l'intermédiaire de Nicholas Ray. Ce dernier projetait de confier à James Dean le rôle principal de son prochain film, *La Fureur de vivre*. Le film d'Elia Kazan *A l'Est d'Eden* était terminé, mais on ne pouvait pas encore le voir en salle. Ce qui veut dire que James Dean était encore un parfait inconnu, en tout cas pour ceux qui n'avaient pas eu l'occasion de le voir sur les scènes new-yorkaises. Les idoles de la jeunesse d'après-guerre, qui avait une conscience de plus en plus prononcée d'elle-même et ne considérait plus le fait d'être jeune comme un signe d'immaturité, mais comme le seul état qui pût être qualifié de vraie vie, s'appelaient encore Marlon Brando ou Elvis Presley. Mais à la fin, c'est James Dean qui devait donner son ultime visage à ce culte adolescent, celui des « teenagers », même si rigoureusement parlant, lui-même appartenait, avec ses vingt-trois ans, à la tranche d'âge supérieure. « A travers lui », écrit Dalton, « la jeunesse a trouvé sa gestuelle. » James Dean serait donc une sorte de héros baudelairien qui concentre en les transcendant les contradictions de l'adolescence, à savoir l'impatience et l'agressivité conjuguées à la fragilité, l'arrogance et la nervosité à la timidité. A l'époque, Stock avait environ vingt-cinq ans. C'est un jeune photographe, élève de Berenice Abbott et de Gjon Mili, et depuis 1951, il est membre de l'agence Magnum. Et bien entendu, toujours en quête de bonnes histoires. « Jimmy », se souvient-il, « m'invita à une avant-première d'*A l'Est d'Eden*. J'avais fait sa connaissance dans le bungalow de Nick Ray, mais je ne savais pas vraiment qui il était. Mais quand j'ai vu cette scène du champ de haricots, j'ai su qu'il deviendrait une vraie star et j'ai voulu faire quelque chose avec lui. » Stock propose au magazine *Life* un essai sur James Dean. En février 1955, ils partent tous les deux à Fairmont, et plus tard à New York où sera réalisée, entre autres clichés, l'image clé *James Dean. New York City. Times Square*.

L'idéal d'un matérialisme joyeusement vécu

Fairmont, Indiana. Les biographes de James Dean ont toujours voulu voir dans cet endroit le véritable Est d'Eden. Une bande de terrain plat, des champs à perte de vue, et des hommes dont le puritanisme représente pour ainsi dire l'antipode de l'idéal américain d'un matérialisme joyeusement vécu. C'est ici, plus exactement dans la petite ville de Marion, qu'est né James Byron Dean le 8 février 1931. « Byron » est un clin d'œil de la mère qui, comme toutes les mères du reste, attend de grandes choses de son fils, mais sait toutefois donner du poids à ses espérances en glissant une allusion au grand poète. C'est à Marion qu'il passe ses premières années. Plus tard, la famille s'installe à Fairmont où, après la mort prématurée et marquante de sa mère, Jimmy est élevé par son oncle Marcus et sa tante Ortense, qui possèdent une petite exploitation agricole, Winslow Farm. Ce n'est pas un hasard si Stock et Dean y retournent en février 1955. La petite cabane de Back Creek symbolise en quelque sorte les racines rurales du futur demi-dieu. Son origine modeste, voire très modeste, est éloquente, elle donne pour ainsi dire espoir et fait partie du mythe, de la formation de la légende au même titre que sa mort prématurée. Stock et Dean visitent le cimetière où un ancêtre a trouvé sa dernière demeure. Pour son photographe, le futur monstre sacré prend place une fois encore sur le banc de l'école. Il flâne dans Fairmont, les mains dans les poches de son pantalon et la Chesterfield au coin des lèvres, se regarde, indifférent à son entourage, dans une flaque d'eau gelée, ou se couche dans un cercueil dans un magasin de pompes funèbres. La fascination de la mort que ressentait James Dean a donné lieu à toutes sortes d'hypothèses. Ce qui est sûr, c'est que Stock a trouvé une métaphore visuelle tout à fait judicieuse des tendances nécrophiles de son héros, tout comme il a su traduire son exil intérieur. James Dean au milieu de vaches, avec un chien, à côté d'un porc : l'affinité qu'il avait avec les animaux peut certainement se lire aussi comme une métaphore de sa solitude.

Dean et Stock restent une semaine à Fairmont. Ce sont des retrouvailles et un adieu en même temps. « Jimmy savait qu'il ne reverrait plus la ferme », raconte Stock. « C'était pour cela qu'il fallait que je fasse une dernière photo de lui devant le corps d'habitation. Il regarde droit devant lui, et son chien Tuck détourne la tête. C'était sa façon à lui de dire : ‹ Tu ne reviendras plus jamais à la maison › ». Fairmont l'a marqué. New York l'a transformé. « Les trois années qu'il a passées à New York ont fait de Jimmy un autre homme », écrit Dalton. « New York était son laboratoire : des parties de lui s'y sont disloquées pour se ressouder ensuite arbitrairement. » C'est New York qui a fait de cet enfant de la campagne un futur dieu. Elia Kazan, le réalisateur de *A l'Est d'Eden*, l'a découvert. New York fut la rampe de lancement de la future star, même s'il fut réservé à Hollywood de façonner son image définitive : le blue-jean, le t-shirt et la veste de cuir font partie du mythe de James Dean au même titre que la cigarette et les cheveux en arrière. « James Dean de retour à Times Square », a écrit Dennis Stock sous sa photo de l'acteur qui est peut-être la plus célèbre. « Pour un jeune comédien des années 50, cet endroit était une

Dennis Stock: In the old schoolhouse of Fairmont

Ce sont des photos comme celle-ci qui contribuèrent à renforcer le mythe James Dean.

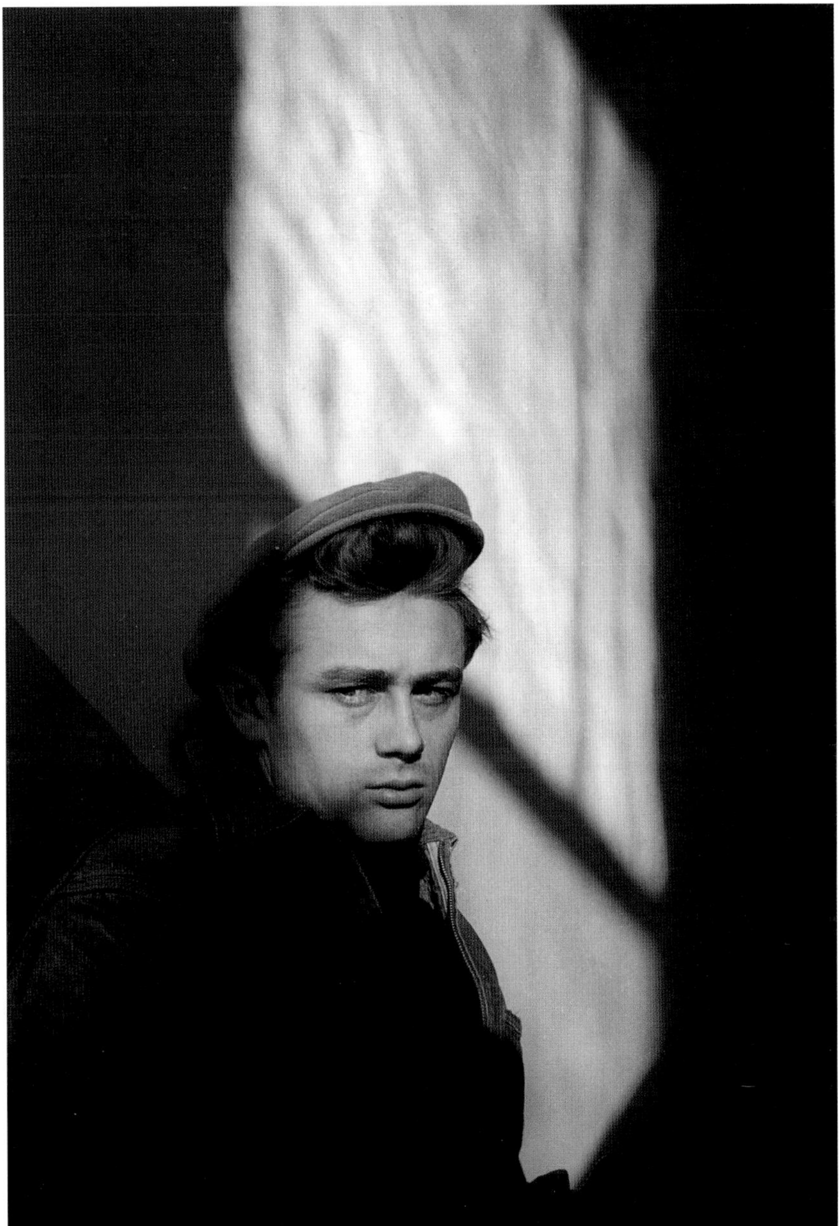

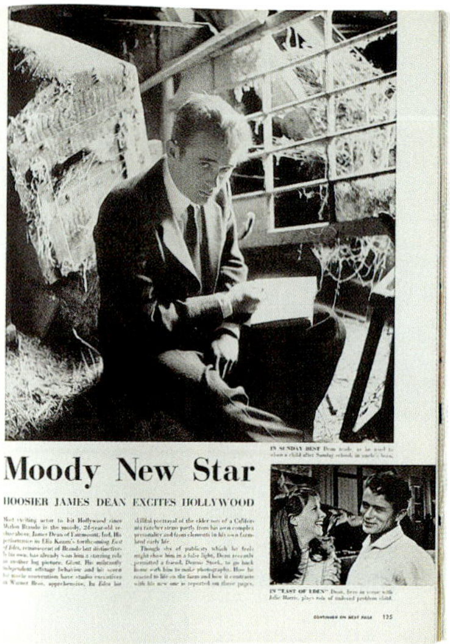

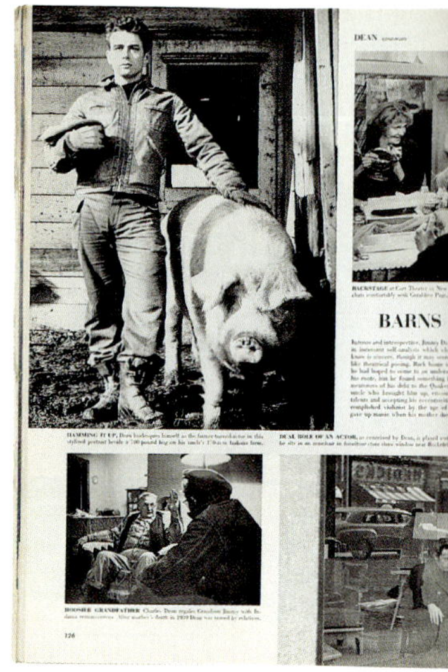

« Moody New Star » (« Une nouvelle star lunatique »), Life, *7 mars 1955 : le cliché de Stock,* James Dean à Times Square, *fut publié pour la première fois dans ce magazine qui n'hésita pas à le découper.*

nécessité absolue. L'Actor's Studio de Lee Strasberg, dont c'étaient alors les riches heures, était à un pâté de maisons plus loin. » James Dean porte un manteau sombre, ce qui est bien sûr dû au temps. Mais on peut lire aussi dans la façon qu'il a de s'y dissimuler une allusion à sa vulnérabilité. Un cocon, en somme, même noir. Mais il ne faudrait peut-être pas donner trop d'importance à cette couleur, même si l'on sait que James Dean ne verra pas la première de *La Fureur de vivre*. Le 30 septembre 1955, à 17h45, sa nouvelle Porsche Speedster heurte de plein fouet une Ford Sedan sur la route nationale 466. On ne saurait dire qu'il fut « un beau cadavre ». Mais il aura vécu vite. Et il sera mort jeune, à 24 ans. Pour Dennis Stock, sa courte amitié avec James Dean reste l'épisode peut-être le plus important de sa vie de photographe. S'il est connu pour quelque chose, c'est pour ses photos de l'acteur qui circulent sous forme de cartes postales et d'affiches et figurent dans chacune de ses monographies rétrospectives. Sans trop se soucier de copyright, Gottfried Helnwein a donné sa propre interprétation, qui en souligne l'aspect quasi universel, de notre motif clé. On ne peut plus évoquer l'iconographie de l'acteur sans penser à *James Dean à Times Square*, qui rappelle un peu le portrait de Giacometti par Cartier-Bresson (il pleut dans les deux clichés).

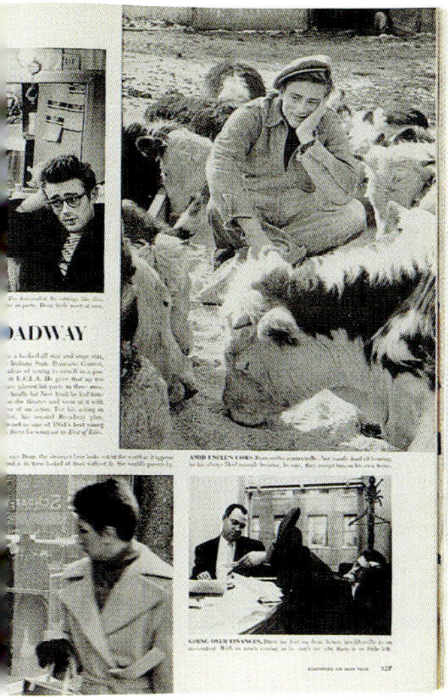

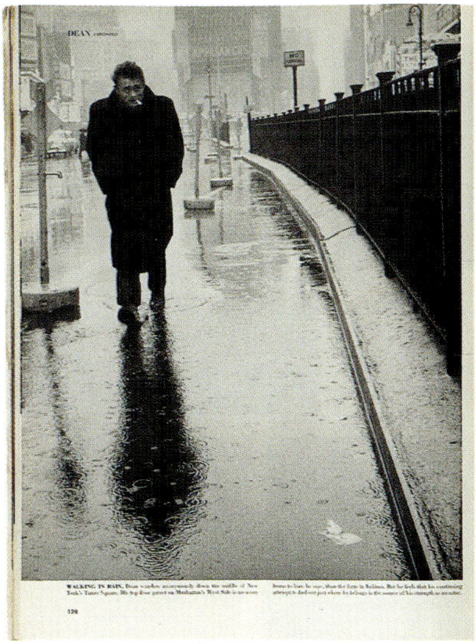

Cette photo de l' « irrévocable demi-dieu d'Hollywood » est l'une de celles qu'aujourd'hui encore, on reproduit le plus souvent. « Ce que Dean a légué à Stock », écrit Richard Whelan, « c'est une certaine indépendance financière qui lui a permis de se consacrer à des travaux qui l'intéressaient vraiment. » Réciproquement, un film sera l'hommage du photographe à son ami. En 1991, Dennis Stock tourne *Comme une image, James Dean ?*, un documentaire de 38 minutes. « Bien que je sois un des derniers amis de Dean encore vivants », se demande Stock vers la fin, « pas un seul des fans que j'ai rencontrés au cours de mon voyage ne m'a posé la question de savoir qui était James Dean, quelle sorte d'homme il était. Pourquoi ? Parce que tout le monde se fait son propre James Dean, comme ça l'arrange et en fonction de ses besoins personnels, un héros d'un monde compliqué qui est assez différent de ce garçon de 24 ans dont je peux dire : Je l'ai connu. »

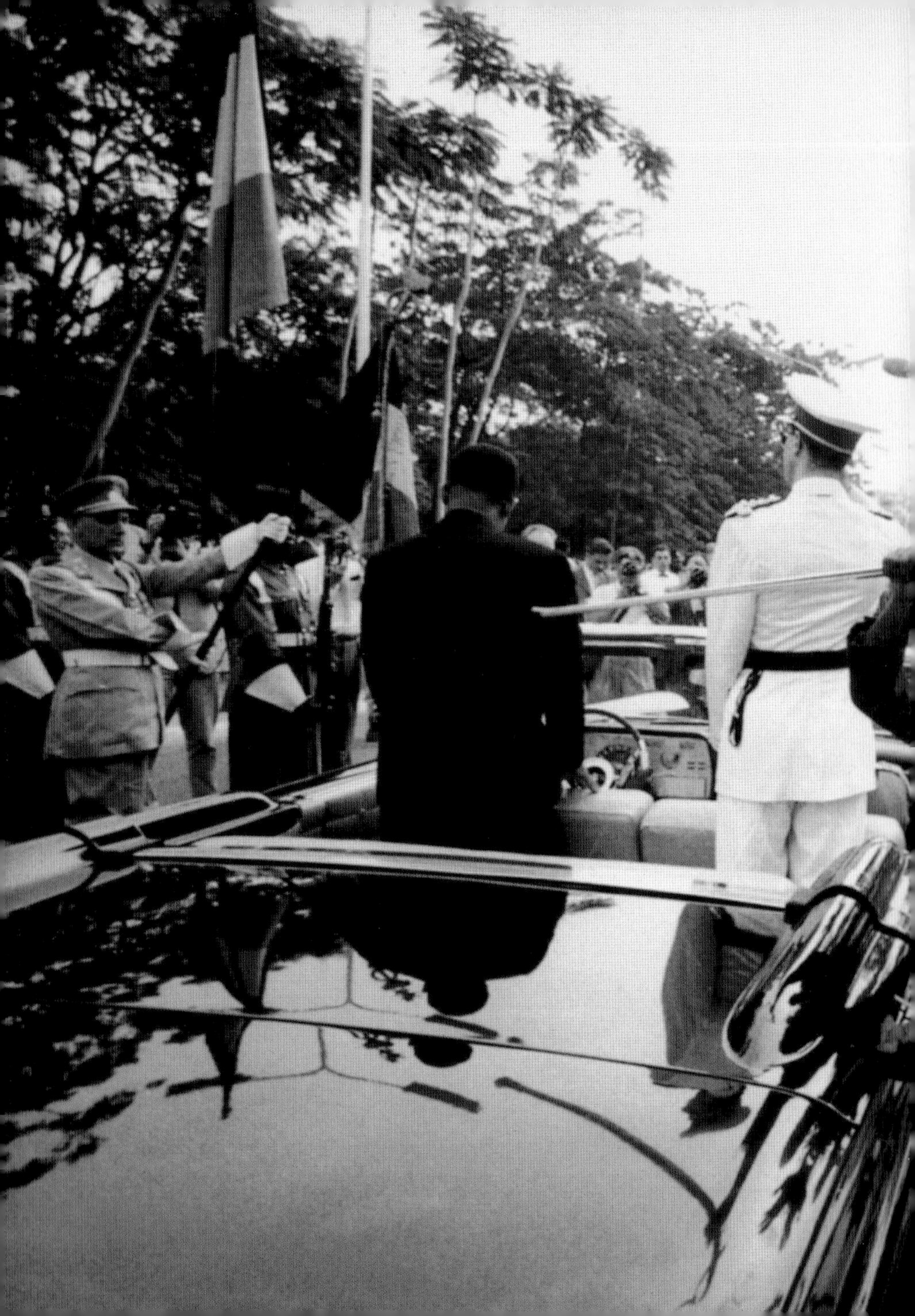

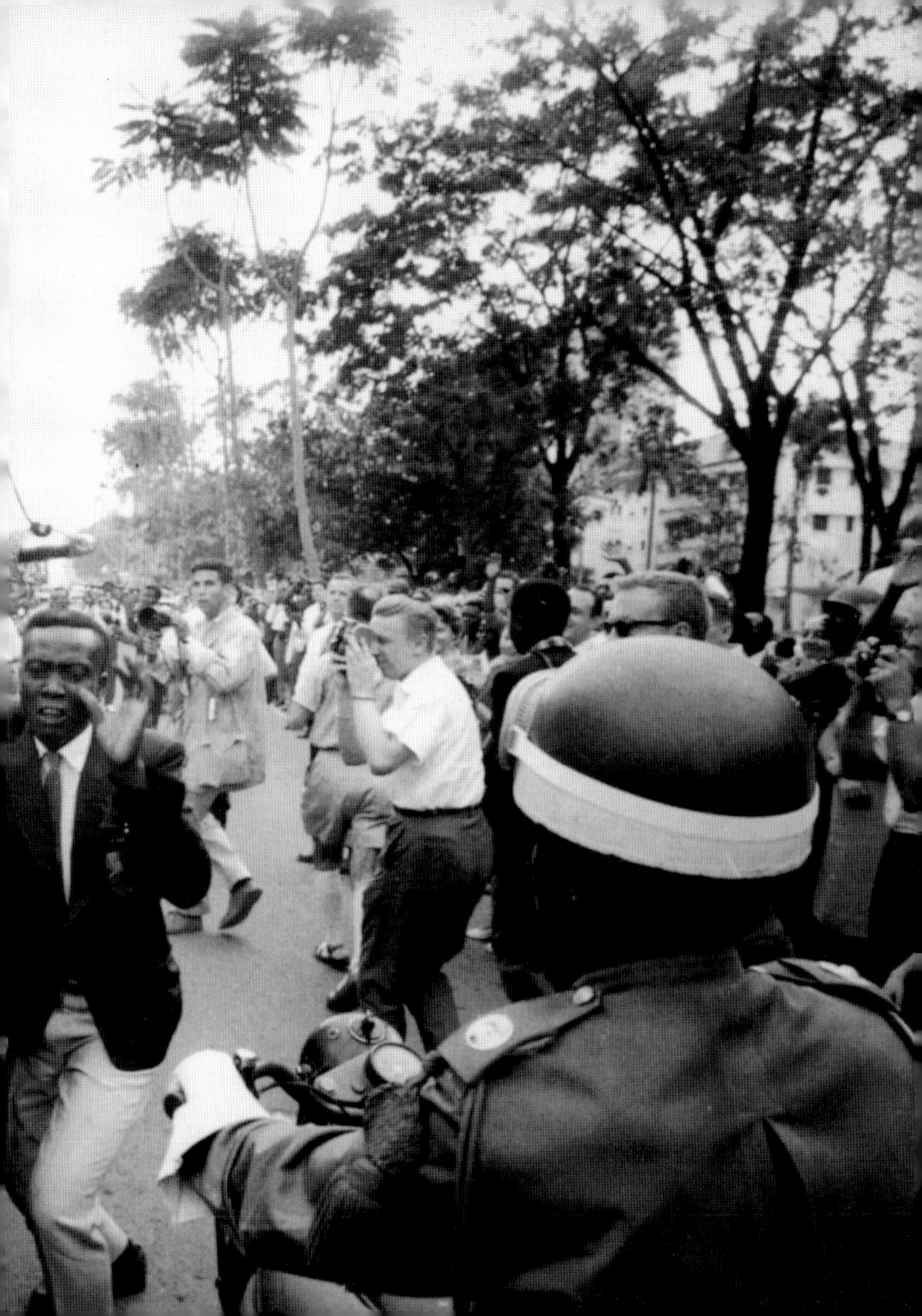

1960 Robert Lebeck
Léopoldville

Le sabre du roi tombé en main noire

Cette image a fait le tour du monde. Un jeune noir dérobe le sabre du roi Baudouin. Robert Lebeck, qui effectuait alors un voyage en Afrique pour le magazine *Kristall*, a pris cette photo à caractère symbolique en juin 1960, pendant les cérémonies qui accompagnaient la proclamation de l'indépendance du Congo belge.

On peut se trouver au bon endroit au bon moment, avoir en main le type d'appareil idoine équipé de l'objectif adéquat et de suffisamment de pellicules, ce n'est pas pour autant qu'on fera « la photo du siècle », pour laquelle il n'existe, à supposer bien sûr qu'elle ne soit pas mise en scène, ni recette ni procédé breveté. Même si les méthodes professionnelles font leurs preuves et que « l'outil de travail » fonctionne, il subsiste toujours cette part non expliquée que le « chasseur d'images » appellera la chance, le laconique le hasard et le romantique le destin. Léopoldville, 1960. Robert Lebeck n'est pas le seul photo journaliste à être venu en Afrique pour suivre l'indépendance du Congo avec son appareil. On reconnaît sur une photo Hilmar Pabel, équipé de deux Leica munis de différents objectifs. L'escorte est déjà passée devant Robert Lebeck, sur sa droite. D'autres ont pris les devants, anticipant le passage de la limousine qui contient le président Kasavubu et le roi de Belgique Baudouin. Ils cadrent les protagonistes de front, sans savoir ni même se douter qu'à ce moment-là, la scène principale se joue ailleurs. Quelques pas plus loin, sur la gauche, le « destin » est en train de faire passer la photo décisive à Robert Lebeck. Un jeune noir comprend que sa chance est venue. Cela faisait déjà un bon moment qu'il courait à côté de la limousine noire décapotée. Sur la banquette arrière, il a découvert le sabre du roi. Il s'en saisit et se précipite sur Lebeck, lequel réussit alors cette image clé, « point culminant » en quelque sorte d'une séquence qui tient compte aussi bien de l'avant que de l'après. « Le sabre du roi tombé en main noire. »

L'heure zéro du continent noir

Le reportage de Lebeck paraît pour la première fois dans le numéro 587 de *Paris Match* (9 juillet 1960). Deux jours plus tard, Life publie la photo sous le titre « Le roi abandonne une colonie ... et son sabre ». C'est ensuite au tour de *Kristall* et du magazine italien *Epoca*. Sans parler de tous les livre, anthologies, expositions et catalogues qui n'ont cessé de graver cette image dans les esprits, lui assurant pour ainsi dire un statut d'icône, de métaphore visuelle de la fin du colonialisme, de l'éveil de l'Afrique et de son entrée dans une ère nouvelle.

1960 est une année particulière pour le continent africain, qui apporte leur indépendance à toute une série d'Etats, principalement d'Afrique centrale et occidentale, tels que le Cameroun et le Togo, le Mali, le Dahomey, le Niger et la Haute-Volta, la Côte d'Ivoire, le Gabon et la Mauritanie. Le Congo belge, de loin la plus grande des colonies énumérées, reçoit lui aussi son indépendance. On parle déjà de « l'année de l'Afrique », de « l'heure zéro » du continent noir, ce qui marque bien la confiance qu'on a dans l'avenir politique et traduit l'espoir d'une Afrique forte et disposant d'elle-même.

Un beau territoire, riche en ressources minières

Le Congo était lié à la Belgique depuis la fin du 19e siècle. Le roi Léopold II s'était efforcé d'en faire une colonie, soutenu en cela par Bismarck qui cherchait à faire reculer la présence anglaise et française sur le continent noir. A l'issue de la conférence de Berlin de 1884/85, toute la partie qui s'étend à gauche du fleuve Congo est attribuée à la Belgique. C'est ainsi que commence l'histoire du Congo belge, un beau territoire, riche en ressources minières, et dont la superficie d'un bon million et demi de kilomètres carrés fait à peu près quatre-vingts fois celle de la « mère patrie ». En 1960, le Congo belge compte environ 2,5 millions d'habitants, dont 80 000 Européens. A cette époque, pas plus de 15 autochtones n'ont de formation universitaire, ce qui montre clairement à quel point le pays est peu préparé à l'indépendance. Pendant longtemps on supposa que l'indépendance aurait lieu dans les années 80, au plus tôt dans les années 70. En 1957, le chercheur anversois A. A. van Bilsen avait encore présenté un « plan d'émancipation politique de l'Afrique belge sur trente ans ». Mais à la fin, tout alla beaucoup plus vite. Ce furent les émeutes de janvier 1960 qui mirent le feu aux poudres. La Belgique, telle est du moins

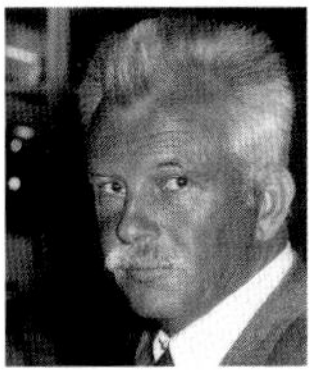

Robert Lebeck

Né en **1929** à Berlin. **1944–45** est envoyé sur le front oriental. Prisonnier de guerre jusqu'en été **1945**. Baccalauréat. Etudes à Zurich et New York. **1951** retourne en Allemagne. A partir de **1952** premiers travaux photographiques. La même année, publication de ses photos. Photo journaliste pour différents journaux de Heidelberg. A partir de **1955** dirige l'annexe de *Revue* à Francfort. **1960** va travailler chez *Kristall*. **1966–77** reporter photographe pour *Stern*. **1977–78** rédacteur en chef de *Geo*. A partir de **1979** travaille de nouveau pour *Stern*. Plusieurs prix, dont dernièrement le prix Dr-Erich-Salomon de la DGPh. Vit à Port de Richard/France

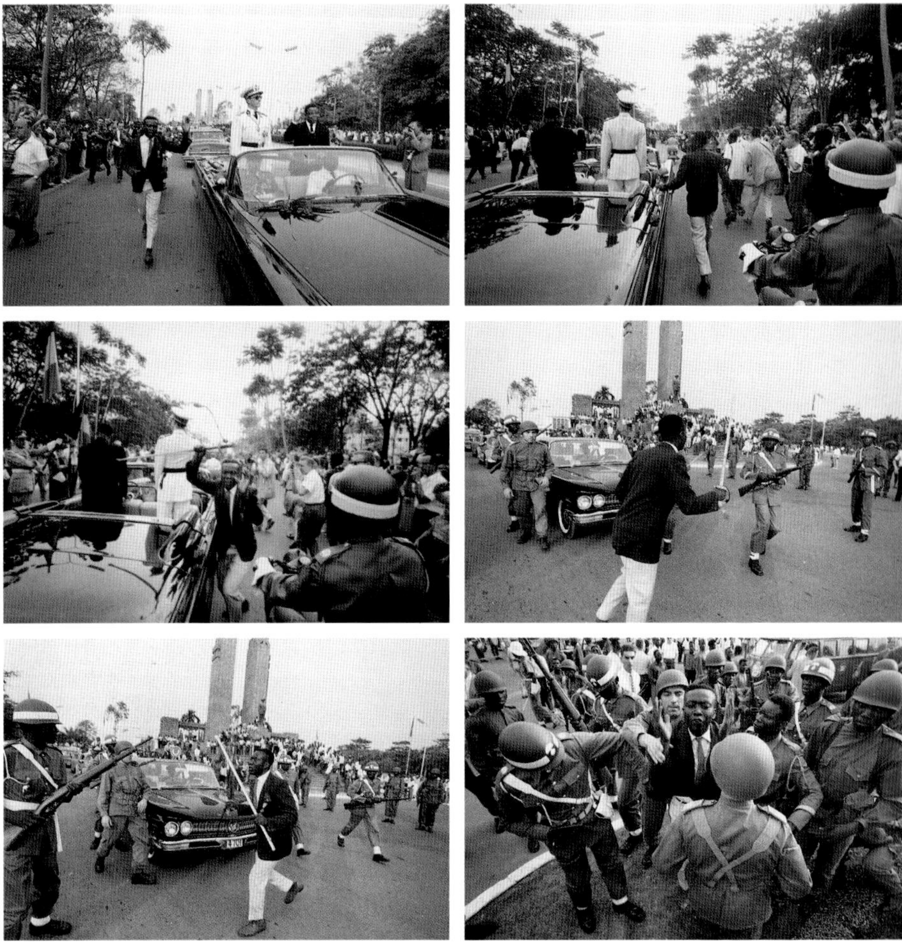

La séquence complète montre clairement les avantages de l'appareil photo petit format avec lequel on peut réaliser toute une série de clichés dynamiques.

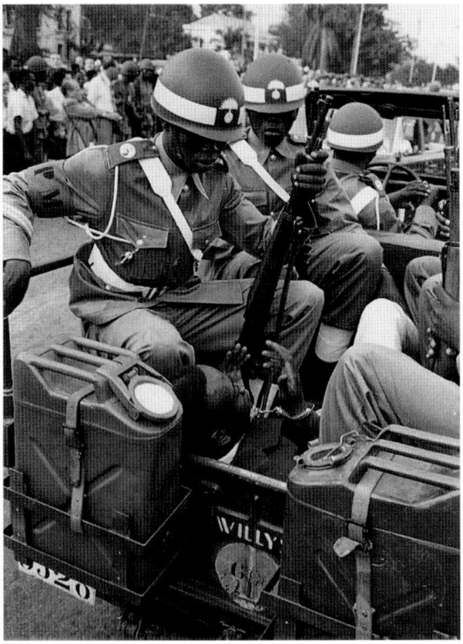

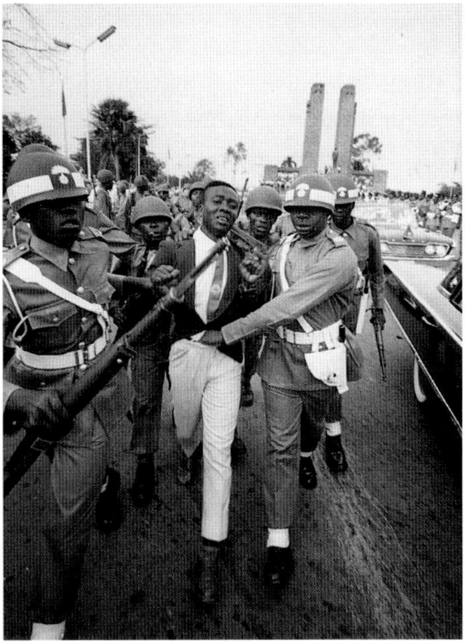

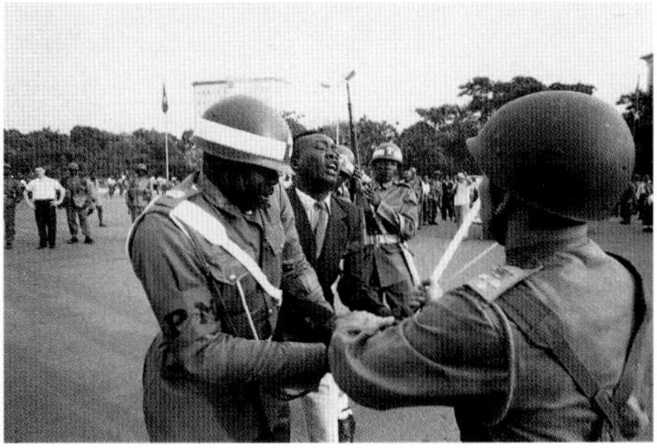

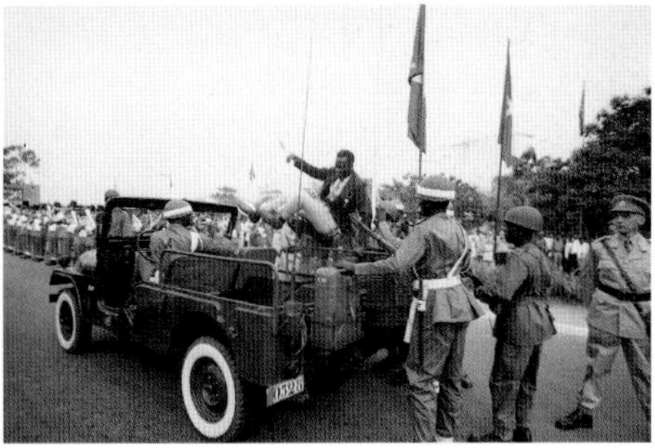

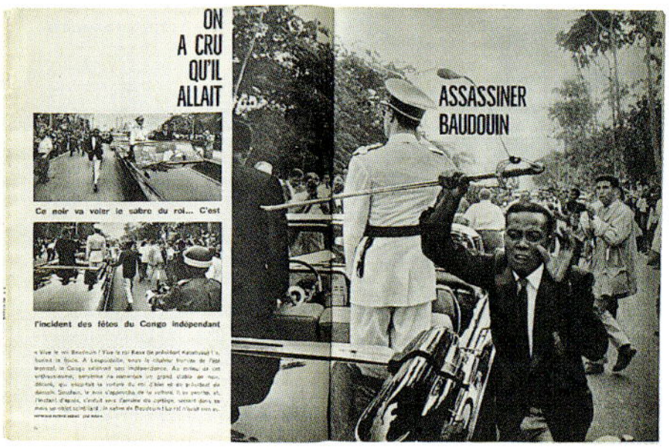

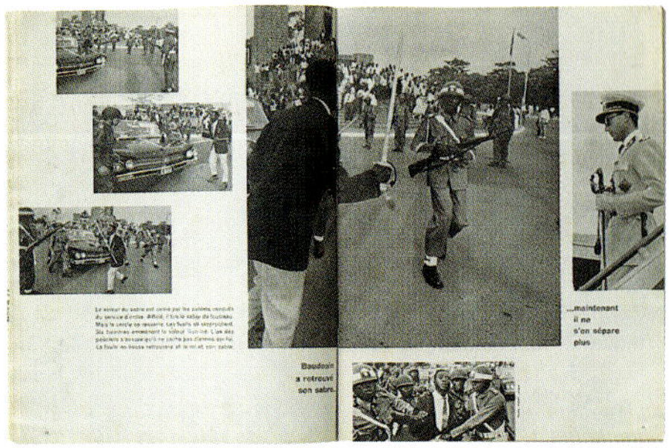

Paris Match, *9 juillet 1960: Le magazine français fut le premier à publier le reportage sensationnel de Lebeck.*

l'impression qu'on a aujourd'hui, ne put pas se défaire assez rapidement de son ancienne colonie. Le roi Baudouin fixa la date de l'indépendance au 30 juin 1960. Dès début juillet, on assiste à de premières mutineries dans certaines catégories de la force publique, à savoir l'armée du Congo, forte de 23 000 hommes. Suivent des mises à sac et des attaques contre des officiers blancs, à la suite de quoi des milliers de Belges quittent précipitamment le pays. Tandis qu'interviennent des parachutistes belges, Moïse Tshombé profite de l'occasion pour proclamer l'autonomie de la province du Katanga et prendre la tête du nouvel « Etat » et de ses richesses minières. Les troupes de l'O.N.U. débarquent à Léopoldville. Exploitant la rivalité entre le président de la république Kasavubu et le premier ministre Lumumba, le général Mobutu s'empare du pouvoir par un putsch et livre Lumumba au Katanga, où il est retrouvé mort peu de temps après. Le Congo sombre dans le chaos, titre la presse internationale. Mais pour l'instant, rien de tout cela ne se laisse deviner. Nous sommes le 29 juin 1960, c'est un mercredi matin chaud et ensoleillé. Le pays attend fiévreusement son indépendance. Les gens se rassemblent dans les rues. Les cloches des églises sonnent. Partout, ce ne sont que drapeaux. Le roi Baudouin ne va pas tarder à arriver à l'aéroport de Léopoldville, la capitale. Et puis le lendemain, le jeudi, il y aura un « Te Deum » solennel à l'église Notre-Dame du Congo. Des observateurs du monde entier seront présents pour rendre compte de l'événement et de son importance historique. A l'issue de l'office religieux aura lieu une cérémonie au cours de laquelle le président de la république Kasavubu évoquera « la lente émergence d'un sentiment national au Congo » et fera l'éloge de « la sagesse de la Belgique », qui n'aurait « pas cherché à entraver la marche de l'Histoire ». Puis ce sera au tour du premier ministre, Patrice Lumumba, de prendre la parole. Le chef du gouvernement parlera des « souffrances des indigènes pendant l'époque coloniale », allant presque jusqu'à provoquer un incident diplomatique. L'histoire coloniale du Congo belge se terminera à 11 heures. Sur les mots « Que Dieu protège le Congo », le roi Baudouin remet le sort du pays, désormais indépendant, entre ses propres mains. « Au cœur de l'Afrique », écrit le correspondant de la *Süddeutsche Zeitung*, commence « la plus passionnante des expériences liées à la création d'un Etat ».

Le symbole désormais pétrifié d'une époque qui s'achève

Voilà pour le 30 juin, le jeudi. Mais nous sommes encore mercredi et l'avion du roi n'a pas encore atterri. Robert Lebeck est en train de déjeuner dans un restaurant belge avec des confrères. Certains s'en vont pour ne pas rater l'arrivée de Baudouin. Lebeck prend son temps : que pourrait-il bien se passer de tellement important à l'aéroport ? Il se rend directement en ville, sur le boulevard Albert, là où est attendu le cortège qui doit accompagner le roi et le président de la république. Les gens se pressent en une foule compacte dans la rue principale où se dresse le monument de Léopold II, symbole désormais pétrifié d'une époque qui s'achève définitivement. Lebeck parvient à franchir les barrages. C'est tout près de la garde d'honneur et du drapeau, là où le cortège devrait ralentir, qu'il veut attendre. Enfin, le cortège s'approche. Debout dans l'automobile décapotée, Baudouin et le président de la république Kasavubu reçoivent les ovations de la foule. Un jeune noir élégamment vêtu accompagne le véhicule au pas de course. Robert Lebeck suit la chose à travers le viseur de son Leica M3 équipé d'un très grand angulaire 21 mm. Devinant la présence d'un agent de la sécurité, le photographe s'attend à être chassé aussitôt. Mais le jeune homme passe à côté de lui en courant, suivi d'une escorte de policiers en moto. Lebeck déclenche à nouveau. Il semble à présent que le jeune homme ait avisé le sabre posé sur le siège arrière de la voiture. En quelques secondes, il l'intercepte.

Les acquis du photo reportage moderne

Interrogé par un éditeur britannique sur l'idée qu'il avait de lui-même en tant que photographe, Robert Lebeck répondit de façon aussi brève qu'éloquente : « Je suis un journaliste. » Lebeck se considère comme un

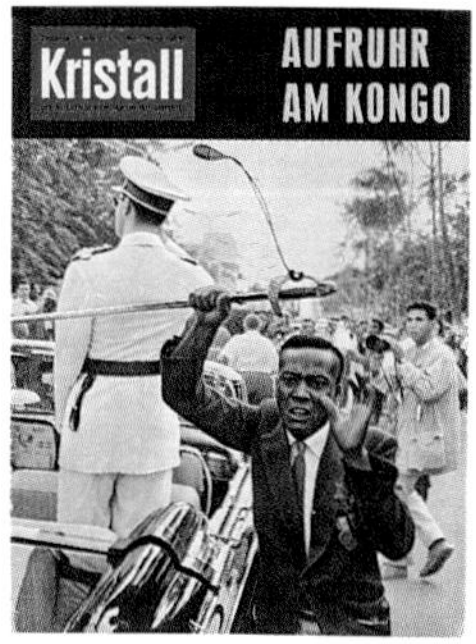

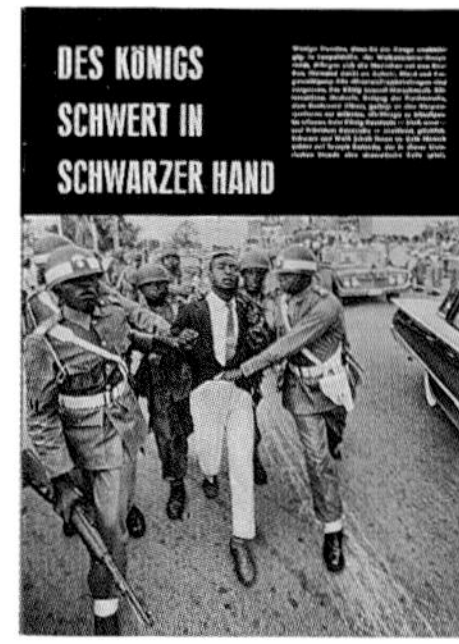

« Aufruhr am Kongo » (« Effervescence au Congo ») : Kristall *a consacré au reportage de Lebeck le plus long article jamais paru dans un magazine.*

artisan, comme quelqu'un que l'on envoie un peu partout dans le monde et qui revient avec des clichés qui donneront lieu à exploitation. En ce sens, Alfred Eisenstaedt, l'homme de toutes les situations, a toujours été pour lui un modèle. Mais il y a aussi d'autres photographes auxquels Robert Lebeck se sent lié, comme par exemple Felice Beato, Robert Capa, Eugène Smith ou encore Erich Salomon, dont la façon d'opérer sans se faire remarquer a en fin de compte toujours eu valeur de précepte pour Lebeck.

Né à Berlin en 1929, Robert Lebeck se situe dans la tradition de ce photo journalisme « classique » qui, avec l'apparition de la presse illustrée vers 1920, a revendiqué la production d'une information de type visuel. Rigoureusement parlant, Lebeck, qui a publié ses premiers reportages au milieu des années 50 dans La *Revue* avant de passer à *Kristall* et finalement au *Stern* en 1966, appartient à la génération intermédiaire des grands noms du photo reportage. Après la guerre, intrigué et impressionné par les grands magazines, en particulier américains, Robert Lebeck a eu tout le loisir d'intégrer les acquis du photo reportage moderne sans avoir à redouter le concurrence de la télévision, aujourd'hui toute puissante.

Lebeck est quelqu'un qui raconte des histoires en images. Il n'aime pas se laisser enfermer dans un style, une stratégie ou une esthétique et ne se veut pas non plus un théoricien du reportage. On pourrait à la rigueur évoquer à son endroit une démarche cinématographique qui structure, découpe, tourne autour du sujet, le décrit de différents points de vue. Son reportage sur le Congo est à cet égard emblématique. En une dou-

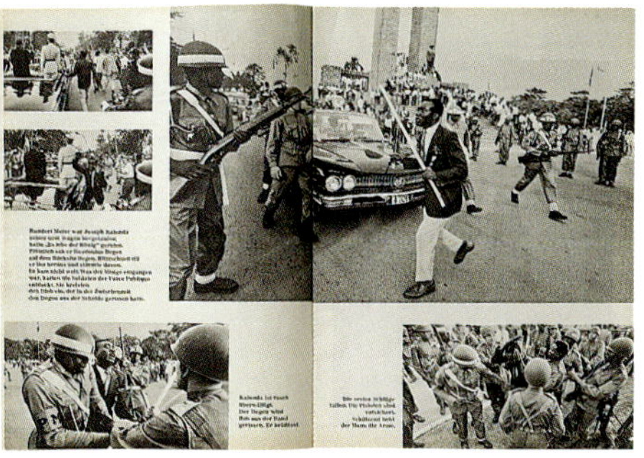

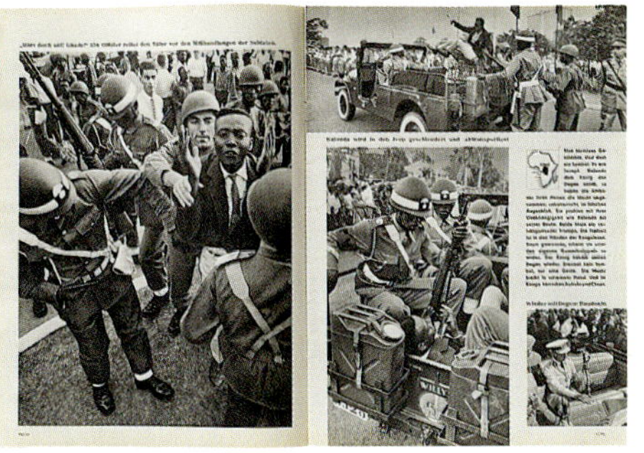

zaine d'images à peine, il raconte l'histoire d'un jeune exalté auquel la rédaction de *Kristall* a, depuis le moment de son apparition jusqu'à celui de son arrestation, donné le nom imaginaire de « Joseph Kalonda ».
Il ne faut certainement pas voir dans l'intérêt que Lebeck, au-delà du reportage proprement dit, porte aux gens et à leurs conditions de vie, quelque chose qui va de soi dans le métier de reporter, mais bien plutôt le style personnel d'un photographe qui compte parmi les photo journalistes les plus marquants de l'après-guerre. Au cours d'un voyage ultérieur en Afrique, Robert Lebeck s'est enquis auprès du chef d'Etat Mobutu de l'endroit où se trouvait le jeune homme, qui avait été emmené à l'époque sous surveillance militaire. On a fait des recherches, mais on n'a rien pu trouver. Le sort de Joseph Kalonda se perd dans la nuit de l'Histoire.

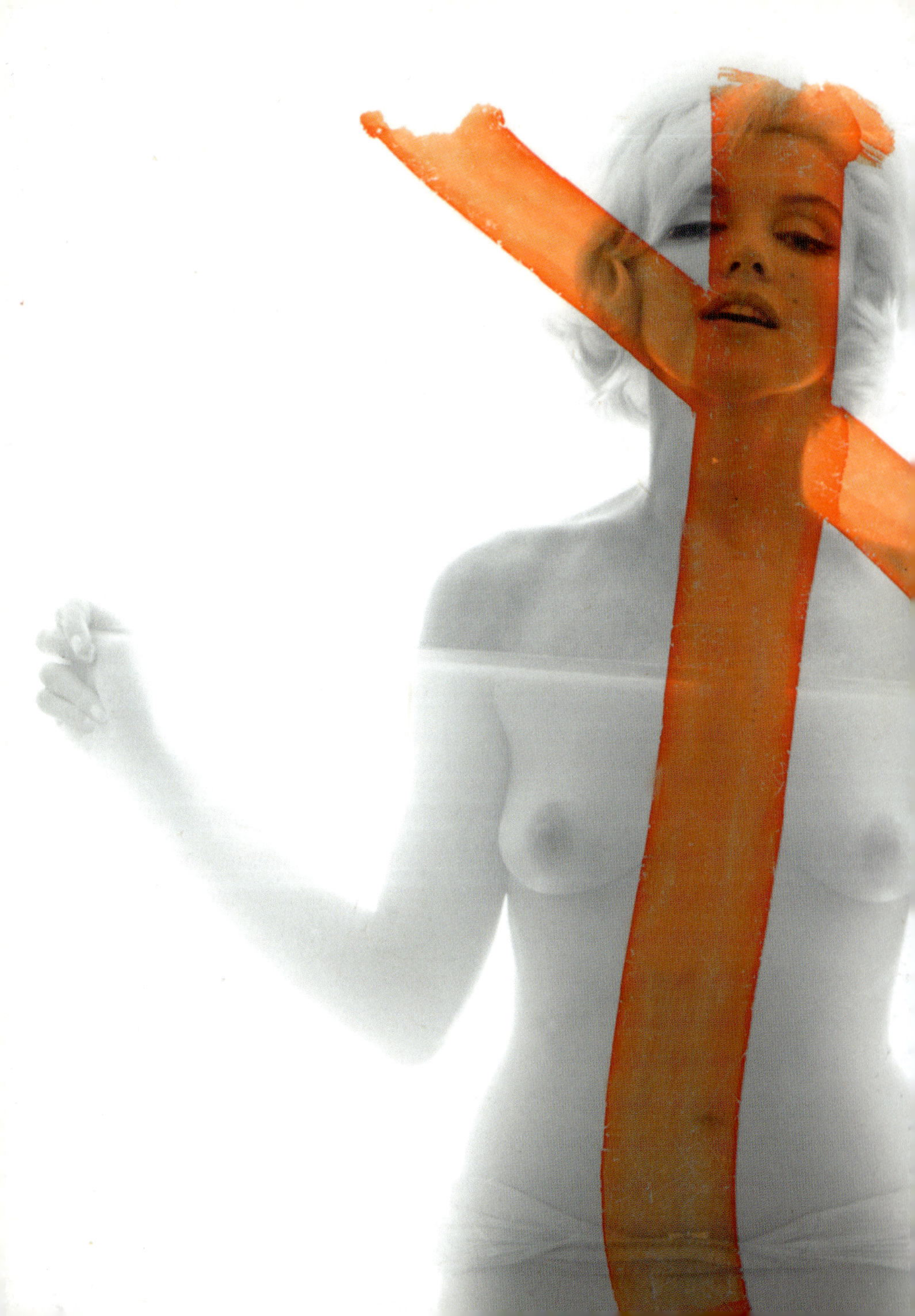

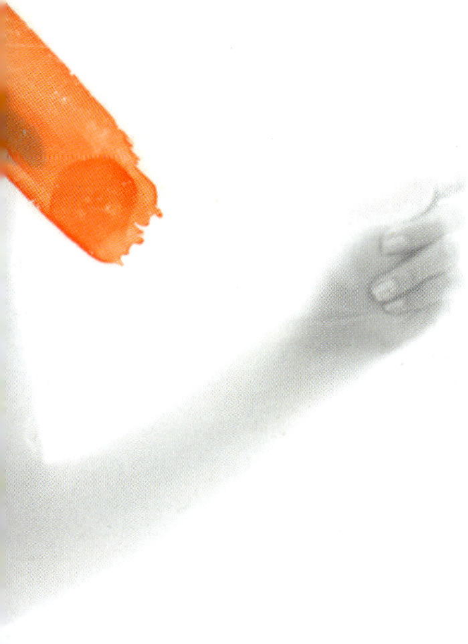

1962 Bert Stern
Marilyn's Last Sitting

Epitaphe en ekta-chrome

Il ne fut pas le premier à la photographier, mais il fut le dernier. En juillet 1962, le jeune Bert Stern réussit à faire surgir les multiples facettes d'une Marilyn qu'on avait rarement vue aussi détendue, enjouée, proche et directe. Quelques semaines plus tard, elle était morte. Ce qui se voulait, de la part du magazine *Vogue*, un hommage de huit pages à la star du grand écran, devint un éloge funèbre qui entra dans l'histoire de la photographie sous le titre de *Marilyn's Last Sitting*.

Ce qu'il lui a dit la première fois qu'ils se sont rencontrés était aussi simple que bref: « Vous êtes belle. » Ce n'est peut-être pas ce qu'il y a de plus original pour entamer une conversation. Mais il ne semble pas avoir été un homme à faire de belles phrases. Du reste, que peut-on dire quand on se trouve tout à coup en face d'une femme dont le charme et le sex-appeal font littéralement perdre la tête à des millions d'hommes dans le monde ? Un « vrai Stradivarius du sexe », c'est ainsi que l'a appelée un jour Norman Mailer. En tant que tel, elle aurait pu tout aussi bien être une simple invention du cinéma, une création du maquillage et des bigoudis, de la lumière et de la mise en scène. En ce sens, l'entrée en matière de Stern n'était rien d'autre que la transposition d'un mythe dans la réalité. La phrase était du reste sincère et spontanée, et il semblerait qu'elle ait fait plaisir à Marilyn. « C'est gentil, comme vous dites ça », aurait été sa réponse. Ce qui d'un autre côté était le signe d'une assurance et d'une confiance en soi. Non pas « ce qui vous dites », mais « comme vous dites ça ». Elle savait très bien qu'elle était séduisante, tout comme elle savait que son apparence était son capital dans un monde qui, à part cela, ne l'avait pas foncièrement gâtée. D'abord une enfance malheureuse dans une famille d'accueil bigote, plus tard trois mariages qui furent trois échecs, une douzaine d'avortements et de fausses couches, et pour finir une liaison malheureuse avec le Président américain. Elle avait essayé de tenir tête à la toute-puissance des studios, et elle avait perdu. Toujours est-il que, si on fait son bilan artistique, elle a quinze films à son actif, même s'il faut dire que pour les critiques, pas une de ces productions ne mérite d'entrer dans les annales de l'art cinématographique. Ses cachets eux non plus n'étaient pas en rapport avec ses prestations. Sur le tournage de *Cléopâtre* par exemple, la brune Liz Taylor, qui d'une certaine façon aura été son ennemie durant toute sa vie, gagnait en une semaine ce que Marilyn Monroe touchait sur un film entier. Peut-être un coup d'œil au miroir l'indemnisait-il de beaucoup de choses. Elle était belle, effectivement, et personne ne pouvait lui enlever cela. Si ce n'est le temps, l'alcool et les somnifères qui à ce stade, formaient un cocktail désastreux. Et peut-être les choses se sont-elles réellement passées comme l'écrivit Clare Booth Luce dans son article nécrologique pour *Life*, à savoir que c'était la peur de vieillir et de devenir laide qui aurait amené Marilyn Monroe à absorber ce mélange de Dom Pérignon et de barbituriques qui, dans la nuit du 4 au 5 août 1962, la fit basculer de l'état de somnolence dans le sommeil éternel. A moins que, comme le veut une rumeur persistante, il se soit agi d'un assassinat ordonné par des instances supérieures, voire suprêmes, pour étouffer quelque scandale. La mort de Marilyn Monroe reste aujourd'hui encore un des grands mystères du 20e siècle. Mais pour l'instant, nous sommes encore en juillet. Et nous nous trouvons au Bel Air Hotel à Los Angeles, une adresse pas mauvaise et probablement l'endroit qui se prête le mieux à la réalisation de ce dont le photographe Bert Stern ose à peine rêver. A trente-six ans, il est déjà l'un des photographes les mieux payés de New York, autant dire « du monde entier ». Depuis le moment surtout où sa photo publicitaire insolite a fait faire à la marque de vodka Smirnoff un chiffre d'affaires sensationnel – ce qui n'est pas rien en période de Guerre Froide –, il fait partie des gens les plus recherchés de la branche. De plus, il est lié par un contrat lucratif à l'édition américaine de *Vogue*, qui à l'époque était en quelque sorte l'Olympe de tous ceux pour qui l'appareil photo était un moyen de conférer une certaine durée à la beauté d'un corps ou d'un visage. Il était tombé à l'âge de 18 ans sur une nature morte d'Irving Penn, ce qui lui avait montré la voie à suivre. Mais en fin de compte, ce n'est pas la nature morte qui le stimule et le pousse à faire de la photo, c'est la vie elle-même, surtout là où elle est sensuelle et pleine, érotique et excitante, là

Bert Stern

Né en **1929** à Brooklyn/New York. Photographe autodidacte. **1946–47** employé à la Wall Street Bank, New York. **1947** travaille chez *Look*. A partir de **1948** assistant du directeur artistique Herschel Bramson. **1951** directeur artistique de la revue *Mayfair*. Puis travaille comme photographe à New York. Campagnes pour Smirnoff, DuPont, IBM, Pepsi-Cola, Volkswagen. Photographie d'éditorial pour *Vogue, Esquire, Look, Life, Glamour* et *Holiday*. **1974** cède son studio new-yorkais et par pour l'Espagne. Depuis **1976** de nouveau photographe publicitaire à New York. Travaille entre autres pour Polaroïd et Pirelli. Travaux de rédaction pour l'édition américaine de *Vogue* et d'autres revues new-yorkaises. **1982** publication du livre *The Last Sitting*. Vit à New York

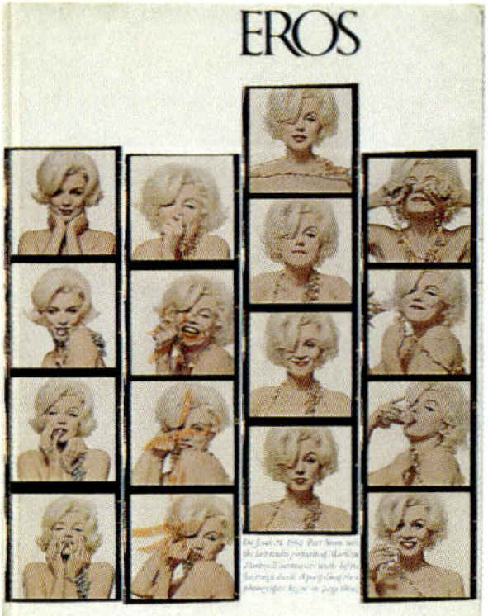

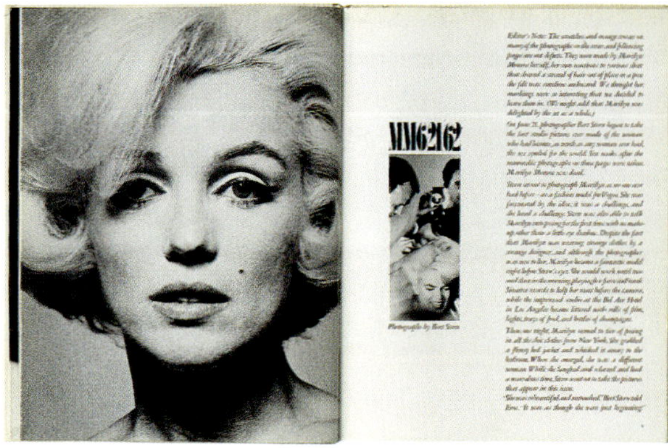

*Même si elle n'est pas la première, cette publication du cycle de Bert Stern est assurément la plus belle avec ses photos faisant la une d'*Eros*, dans le numéro d'automne 1962.*

où elle répond exactement à ce modèle dont Michelangelo Antonioni a fait l'idéal des années 60 dans son film *Blow up*. On peut dire en ce sens que Bert Stern rêve son rêve, même s'il n'a pas attendu Antonioni pour découvrir dans l'appareil photo ce que, depuis David Hemmings mais déjà avant, il représentait pour une génération au moins de photographes, à savoir une « machine à rêves » idéale. « C'est étonnant tout ce que j'ai pu avoir et qui j'ai pu avoir tant que je l'avais sur moi. Certains de mes rêves les plus osés se réalisaient progressivement. »

Un phare à l'horizon des fantasmes masculins du monde entier

Et le plus osé des plus osés ? Photographier nue Marylin Monroe. Il faut déjà se transporter dans les années 50 et au début des années 60 et faire preuve d'une bonne dose d'imagination et d'intuition pour pouvoir apprécier toute l'audace d'une telle exigence. A cela s'ajoute le fait que, malgré une carrière qui s'annonçait dans la photographie, Stern n'était encore personne. En comparaison du moins avec Monroe, qui pouvait en tout cas revendiquer le fait d'être « le plus grand sex-symbol de l'Amérique » (Joan Mellen). Ce qui est certainement encore en dessous de la vérité. Elle était depuis longtemps une idole internationale, une pin-up à l'échelle planétaire et un phare à l'horizon des fantasmes masculins du monde entier. Elle était, pour reprendre l'expression de Norman Mailer, « l'adorable ange du sexe. Sur les cinq continents, elle était désirée par les hommes les plus instruits des choses de l'amour, et le jeune homme boutonneux qui mettait pour la première fois le tuyau d'essence dans le réservoir de sa voiture se consumait après cela à la pensée de mettre aussi quelque chose en elle ; car Marilyn, c'était la Rédemption. » D'innombrables photographes l'avaient portraiturée dans des poses plus ou moins aguichantes. Et ce n'étaient pas les plus mauvais. André de Dienes par exemple, qui peut se vanter d'être un de ceux qui l'ont découverte. Ou Cecil Beaton, le maître de la photo de mode glamour. Ou Alfred Eisenstaedt, Ernst Haas, Henri Cartier-Bresson, c'est-à-dire la première garde des photo journalistes internationaux. Elle a posé pour Richard Avedon et Milton Greene. Philippe Halsman a fait son portrait. Sans oublier Frank Powolny ou Leonard McCombe. Elle aimait être photographiée. Elle savait prendre des poses. Mais il y avait quelqu'un qui, au début, l'avait photographiée « sans rien ». C'était en 1949, et lorsque plus tard, la photo de Tom Kelley refit surface en mars 1952 dans un catalogue de pin-up, il s'en est fallu de peu pour que cela mette un terme à sa carrière hollywoodienne. Ses films pétillaient d'érotisme. Et la superbe scène de *Sept ans de réflexion* où l'on voit Marilyn au-dessus de la bouche d'aération du métro est peut-être l'une des plus fameuses de toute l'histoire du cinéma. Mais il se trouve que les années 50, qui n'en sont pas à une contradiction près, ont une attitude ambivalente par rapport au sexe. Bert Stern avait exactement 26 ans lorsqu'il rencontra pour la première fois Marilyn Monroe. Et ce fut le début d'une idée fixe qui devait, dans le plus beau sens du terme, « prendre corps » en ce jour de la fin juillet 1962. Après Dienes et Beaton, Avedon et Greene, il devait, il avait le droit, lui, Bert Stern, de photographier Marilyn Monroe. Cette Marilyn qui occupait ses pensées depuis 1955 au moins, et que depuis lors il « désirait », comme il l'a lui-même un jour avoué. Cette année-là, lui et un ami avaient reçu une invitation à une soirée à l'Actors Studio. « Et quand nous sommes arrivés, elle était là : Marilyn Monroe », se souvient Bert Stern. « Tous les hommes étaient autour d'elle, et toute la lumière de la pièce semblait braquée sur elle. A moins que ce fût d'elle qu'émanât la lumière ? C'était l'impression qu'on avait, car elle rayonnait. Elle avait ces cheveux blonds, cette peau claire, et elle portait un chemisier satiné vert émeraude qui collait à son corps comme une couche fraîche de peinture verte. ‹ Regarde la robe ›, ai-je dit à mon ami. ‹ Pour autant que je sache, ils la cousent sur elle ›, répondit-il. Je me suis demandé comment alors on pouvait la retirer, avec une lame de rasoir ? Quelques instants avaient suffi pour que je m'imagine déjà en train de déshabiller Marilyn. »

Pages 106–107: *Pages doubles d'*Eros *(automne 1962) : même les photos rejetées par Marilyn Monroe furent publiées – pour la première fois – dans cette revue.*

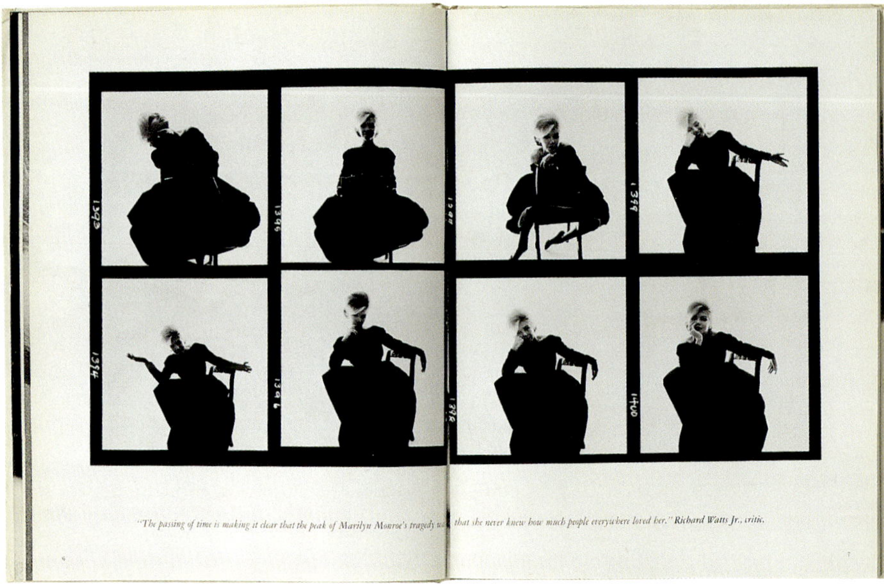
"The passing of time is making it clear that the peak of Marilyn Monroe's tragedy wa[s] that she never knew how much people everywhere loved her." Richard Watts Jr., critic.

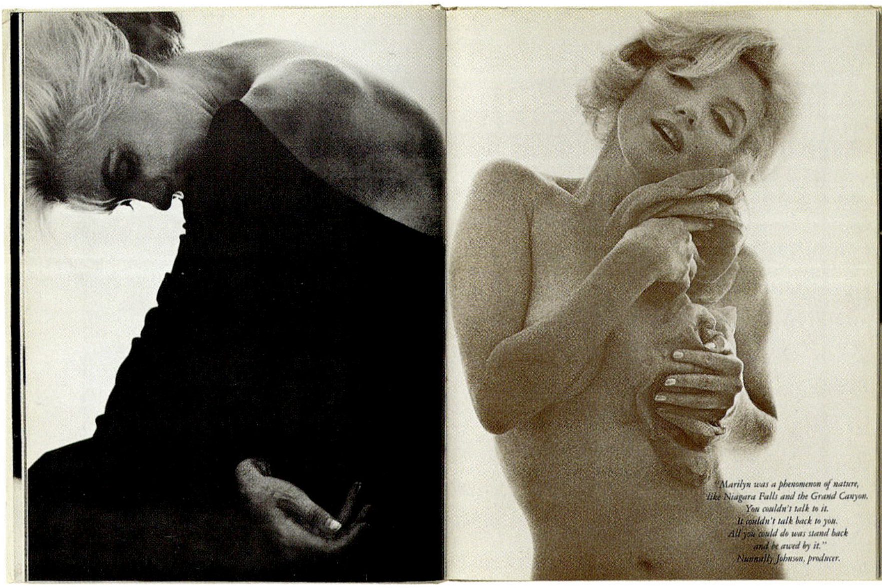
"Marilyn was a phenomenon of nature,
like Niagara Falls and the Grand Canyon.
You couldn't talk to it.
It couldn't talk back to you.
All you could do was stand back
and be awed by it."
Nunnally Johnson, producer.

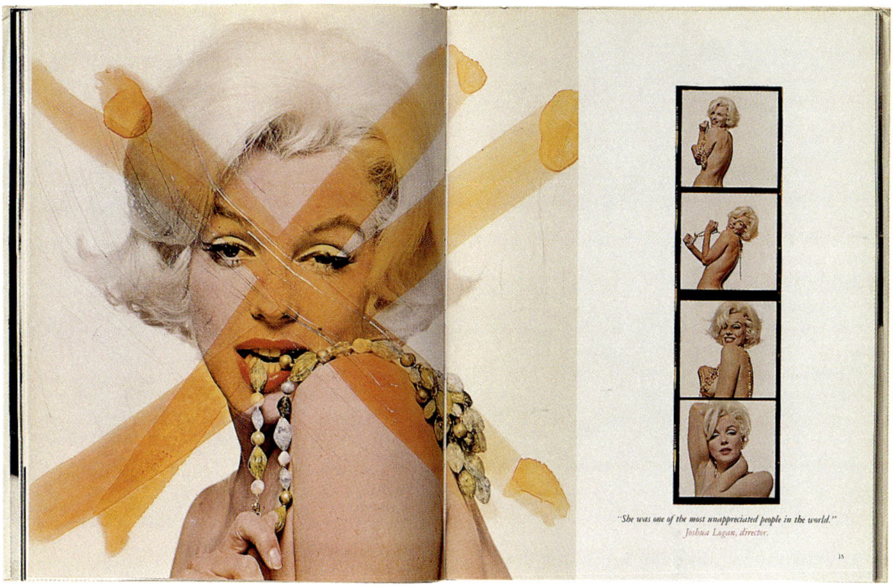
"She was one of the most unappreciated people in the world."
Joshua Logan, director.
15

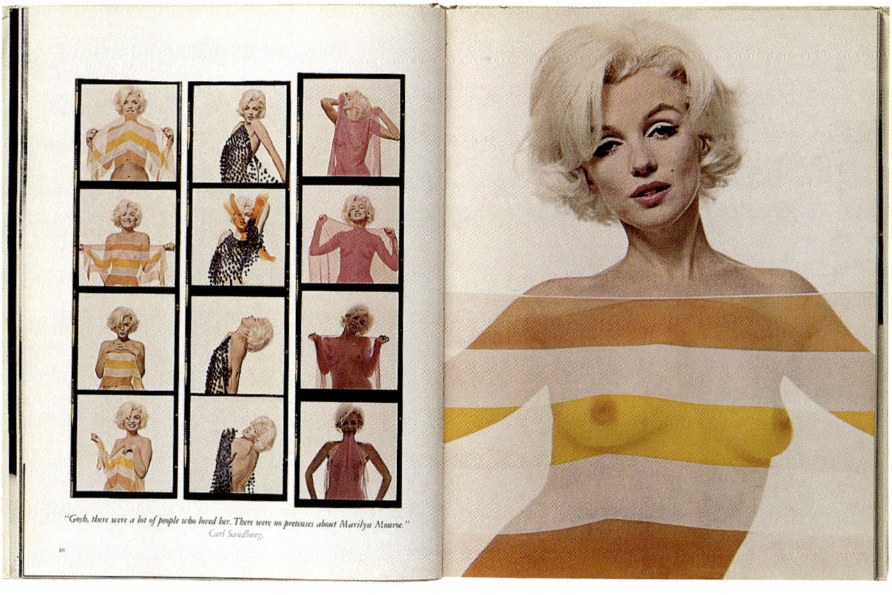
"Gosh, there were a lot of people who loved her. There were no pretenses about Marilyn Monroe."
Carl Sandburg.
10

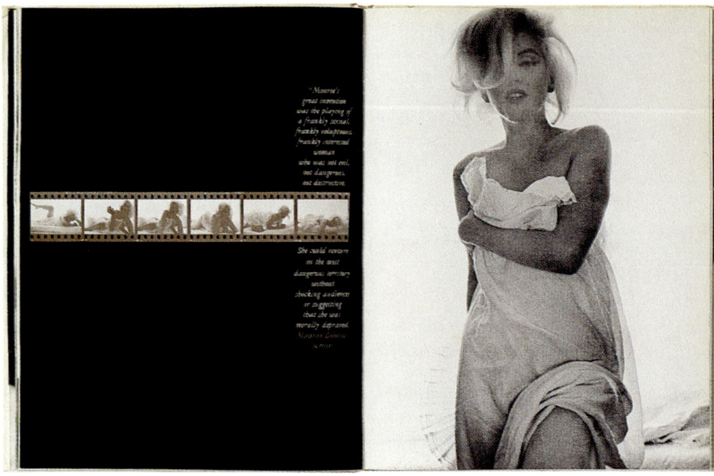

Trop osé pour l'époque : le numéro d'Eros valut à l'éditeur Ralph Ginsburg d'être accusé et condamné pour propagation de matériel pornographique – « The last thing the magazine was about » (David Hillman).

Le but de ses rêves et de ses fantasmes les plus secrets

Depuis, nous sommes en 1962, et Bert Stern touche pour ainsi dire le but de ses rêves et de ses fantasmes les plus secrets. Le Dom Pérignon millésime 53 est au frais. La suite numéro 261, au dernier étage du Bel Air Hotel, est provisoirement transformée en studio. L'éclairage est réglé, la chaîne hi-fi portable installée. « Je ne voulais pas seulement créer un espace de lumière », dit Bert Stern, « mais aussi un environnement sonore. » Ce qui dans le cas présent ne voulait pas dire Sinatra comme chez Avedon, mais les Everly Brothers. Les gens de *Vogue* avaient bien voulu lui procurer quelques tissus très fins. Le fait que la rédaction ait accepté sa proposition de faire un portrait de Marilyn Monroe n'avait pas été moins surprenant que le « oui » spontané de l'actrice elle-même. La Rolls des magazines de luxe n'avait encore jamais publié quelque chose sur Marilyn, de son vrai nom Norma Jean Baker, enfant illégitime et originaire de milieux sociaux auxquels *Vogue* n'avait pas pour habitude d'accorder son attention ni d'ouvrir ses pages. Mais celle-ci faisait entre-temps si bien partie de l'inventaire du rêve américain que même *Vogue*, où le rêve était en fin de compte chez lui, ne pouvait plus passer à côté de Marilyn. Ce devait être son entrée chez Condé Nast. Ce fut son épitaphe. La pendule allait bientôt marquer sept heures. Et Bert Stern commençait à s'agiter. Marilyn Monroe n'était pas quelqu'un de ponctuel, il le savait, c'était

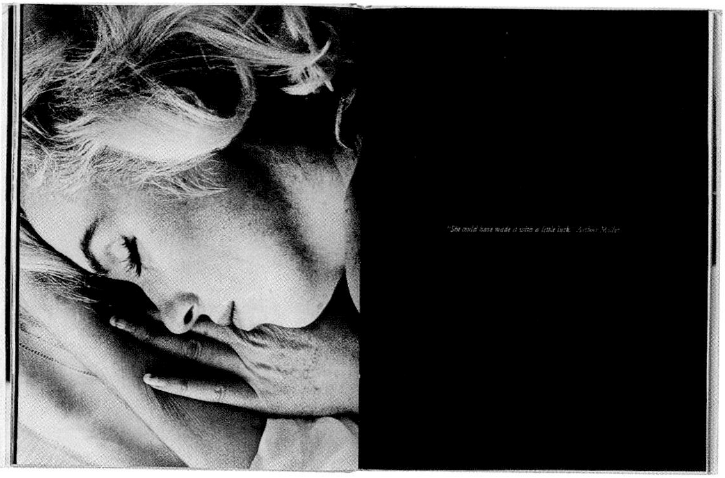

de notoriété publique. Mais cela faisait déjà cinq heures bien sonnées qu'il attendait. Que ferait-il si elle n'avait que très peu de temps à lui consacrer, commençait-il à se demander. Que se passerait-il si le rêve Marilyn n'avait que peu à voir avec la vraie Miss Monroe ? Le fait était qu'elle avait « déjà à peu près trente-cinq ans » et que, quand il l'avait vue dans *Les Misfits*, « elle était déjà un peu grassouillette ». La veille encore, tandis que Stern était seul dans le jardin du Bel Air, les choses les plus folles lui étaient passées par la tête, des choses auxquelles un homme marié et père d'une petite fille ferait mieux de ne pas penser. « C'est comme un amant », raconte-t-il, « que j'ai préparé l'arrivée de Marilyn. Pourtant si j'étais là, c'était pour faire des photos, pas pour lui faire la cour. Je devais la transformer en teintes, en plans, en formes, bref en faire une photo pour magazine. » Le photographe reprend contact avec la réalité lorsqu'enfin le téléphone sonne. Miss Monroe est là. « J'ai reposé lentement l'écouteur, et inspiré profondément. »

Mieux que la fille forte, presque en trop bonne santé

Il va la chercher dans le hall de l'hôtel. Elle était venue seule, à sa grande surprise. Son attachée de presse elle-même, Pat Newcomb, n'était pas là. Il remarqua qu'elle avait maigri, « ça l'avait changée. Elle était mieux », raconte Stern, « que la fille forte, presque en trop bonne santé, que j'avais vue au cinéma. Dans son pantalon vert pâle et son pull en cachemire, elle était mince et souple, avec juste ce qu'il faut de rondeurs aux bons endroits. Elle avait un foulard noué autour des cheveux et ne portait pas de maquillage. Rien. Elle était renversante. Je m'étais attendu à – ou plutôt j'avais craint – une somptueuse imitation. Mais non. C'était l'original. » Il lui demandera tout de suite si elle pressée. « Non », répondra-t-elle, « pourquoi ? » – « Je pensais que vous n'auriez peut-être que cinq minutes. » – « C'est une plaisanterie ? », demandera-t-elle en souriant, très pro. – « Bon », cherchera-t-il prudemment à savoir, « de combien de temps disposez-vous ? » – « D'autant que vous voulez. »

A la fin, ce seront presque douze heures. Et Stern, Bert Stern, cet « enfant d'une famille de la petite bourgeoisie de Brooklyn », ainsi qu'il se présente lui-même quelque part, aura ce qu'il veut. Tout. Ou presque tout. Pour lui faire plaisir, elle renoncera au maquillage. Tout au plus un peu d'eye-liner. Et de rouge à lèvres. Sous sa direction, elle se couvre de strass. On trouve même un emploi aux tissus transparents. « Voulez-vous faire des photos de nu ? », avait-elle demandé. « Euh, c'est-à-dire que je ... », avait bredouillé Stern pour expliquer aussitôt : « ... pas tout à fait de nu. Vous auriez le tissu. » – « Et qu'est-ce qu'on verrait dessous ? » – « Ça dépend de la façon dont je dirige l'éclairage. » – « Et la cicatrice ? », fait-elle remarquer. – « Quelle cicatrice ? » – Six semaines plus tôt, on lui a enlevé la vésicule biliaire. Pour Bert Stern, ce n'est pas un problème, ça se retouche facilement. Et il se souvient d'une phrase de Diana Vreeland : « Ses cicatrices rendent une femme belle. » Il fait de Marilyn tout ce qu'il veut. On pourrait formuler les choses autrement et dire qu'elle est la partenaire idéale de ce dialogue visuel. « Je n'avais pas besoin de lui dire ce qu'elle devait faire », se souvient Bert Stern. « Nous parlions à peine. Nous faisions ressortir simplement des choses. J'avais déjà photographié beaucoup de femmes, mais c'est avec Marilyn que ça se passait le mieux. Elle suivait une idée, je le voyais, et vite, je me précipitais, on voyait jaillir l'éclair du flash, et en une fraction de seconde c'était dans la boîte. »

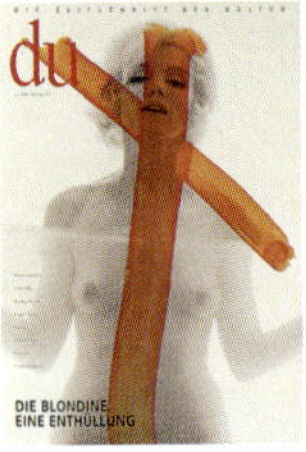

« Die Blondine ... Eine Enthüllung » (« La blonde ... Une révélation »). Titre du magazine suisse Du, *juillet 1999, avec la photo de Bert Stern*

Chez *Vogue*, on est enchanté par les photos. Alexander Libermann, qui était encore le tout-puissant directeur artistique du magazine, les trouve « merveilleuses ». D'habitude, c'est toujours « divines », se dit Stern. Mais cette fois, ça a l'air de devenir sérieux. Ils lui octroieraient huit pages. C'était une victoire. Chez *Vogue*, on avait flairé le filon – et on en voulait davantage. On se disait enchanté par les photos. Mais on fit savoir au photographe qu'on avait besoin de plus de clichés en noir et blanc. « Ça voulait dire des photos de mode », comme l'a aussitôt supposé Stern. « Ça voulait dire qu'ils ne voulaient pas seulement montrer des nus. Ils allaient probablement apporter un tas de vêtements et la faire disparaître dessous. » Il y a effectivement deux autres rendez-vous au Bel Air Hotel. Et cette fois *Vogue* envoie sa meilleure rédactrice. « Un signe qu'ils prenaient la chose au sérieux. » Une fois de plus, le flash crépite et s'abat sur une Marilyn dont le poids sera estimé par le coroner de Los Angeles à 115 livres. « Une femme de 36 ans bien nourrie, mesurant 166 centimètres », comme le constate trois semaines plus tard le médecin légiste Tomas Noguchi. Babs Simpson, la rédactrice de *Vogue*, avait apporté des montagnes de robes et de manteaux de fourrure. Il y a aussi du Dom Pérignon en abondance. Et Bert Stern fait des photos, avec à la fin « la toute grande photo en noir et blanc pour l'éternité, comme la Garbo de Steichen ». – « Je suis entré dans cette pièce », se souvient Bert Stern, « dans laquelle tout s'était tu, à l'exception du cliquetis des flashs. Elle a jeté la tête en arrière en riant, les bras levés, comme si elle faisait un signe d'adieu. Je voyais ce que je voulais avoir, j'ai appuyé, et elle a été à moi. Ce fut le dernier cliché. »

Elle ne se contente pas de barrer les photos

Chez *Vogue*, on allait se décider finalement pour une publication en noir et blanc. Début août, les photos étaient choisies et la maquette était prête. Le texte était écrit. Le lundi 6 août, tout devait partir à l'imprimerie. Stern avait envoyé à Marilyn Monroe un jeu de photos dont les deux tiers lui étaient revenus barrés. « Sur les planches-contacts, elle avait tracé la croix avec un feutre transparent. Ça allait », rapporte Stern rétrospectivement. « Mais elle avait aussi rayé les diapositives couleur, avec une épingle à cheveux, directement sur le film. Elles n'étaient plus utilisables. Détruites. » Quelques semaines plus tard il est invité chez des amis pour le brunch. C'est le samedi 4 août. Et du téléviseur on peut entendre : « Marilyn Monroe s'est suicidée hier soir. » « J'étais comme paralysé, choqué au plus profond de moi », se souvient Bert Stern. Et *Vogue* ? On arrêtera l'impression le week-end même. Ils créeront un autre gros titre et feront écrire un nouveau texte. Et cet « hommage » se transformera en un « dernier hommage à Marilyn ».

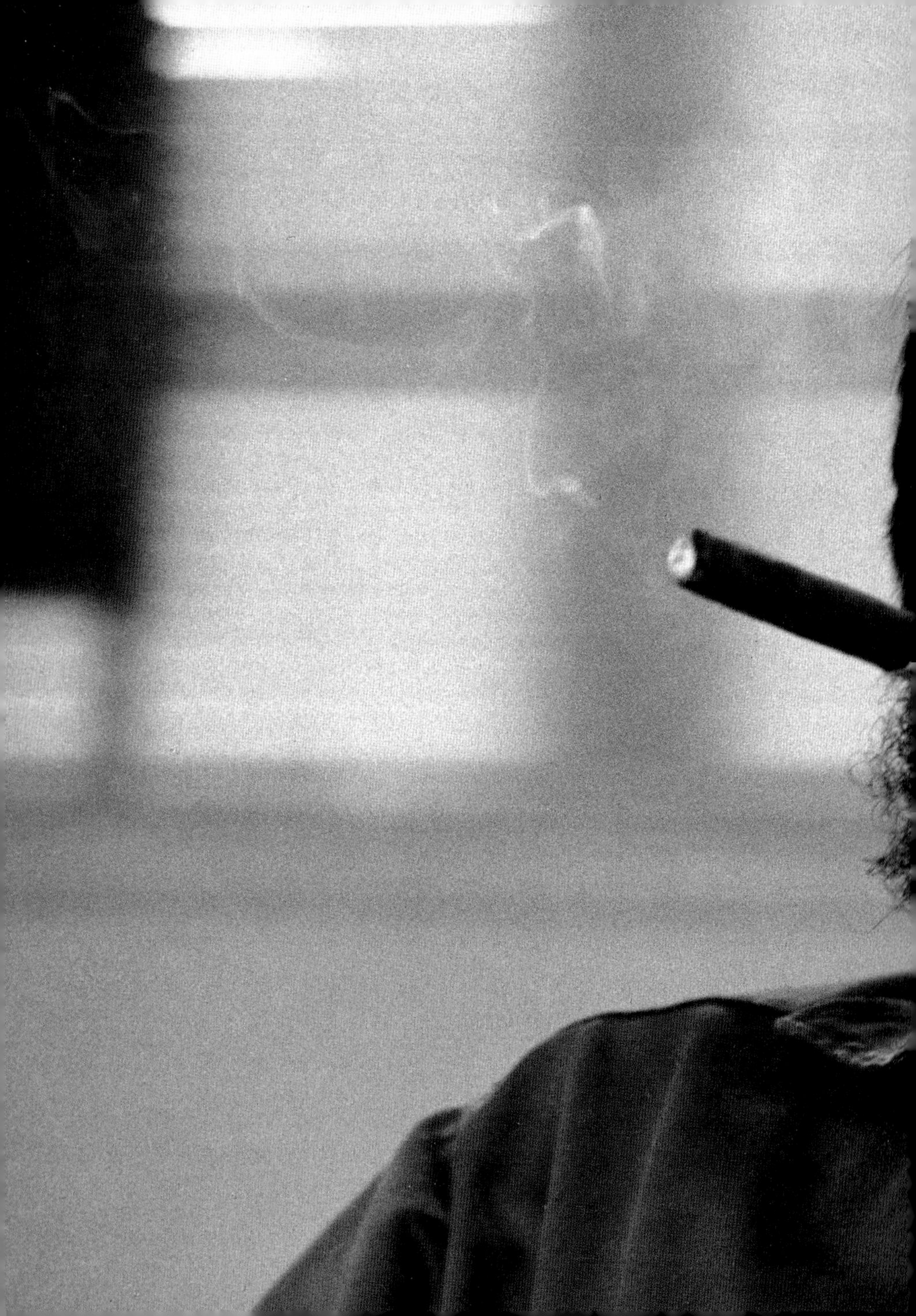

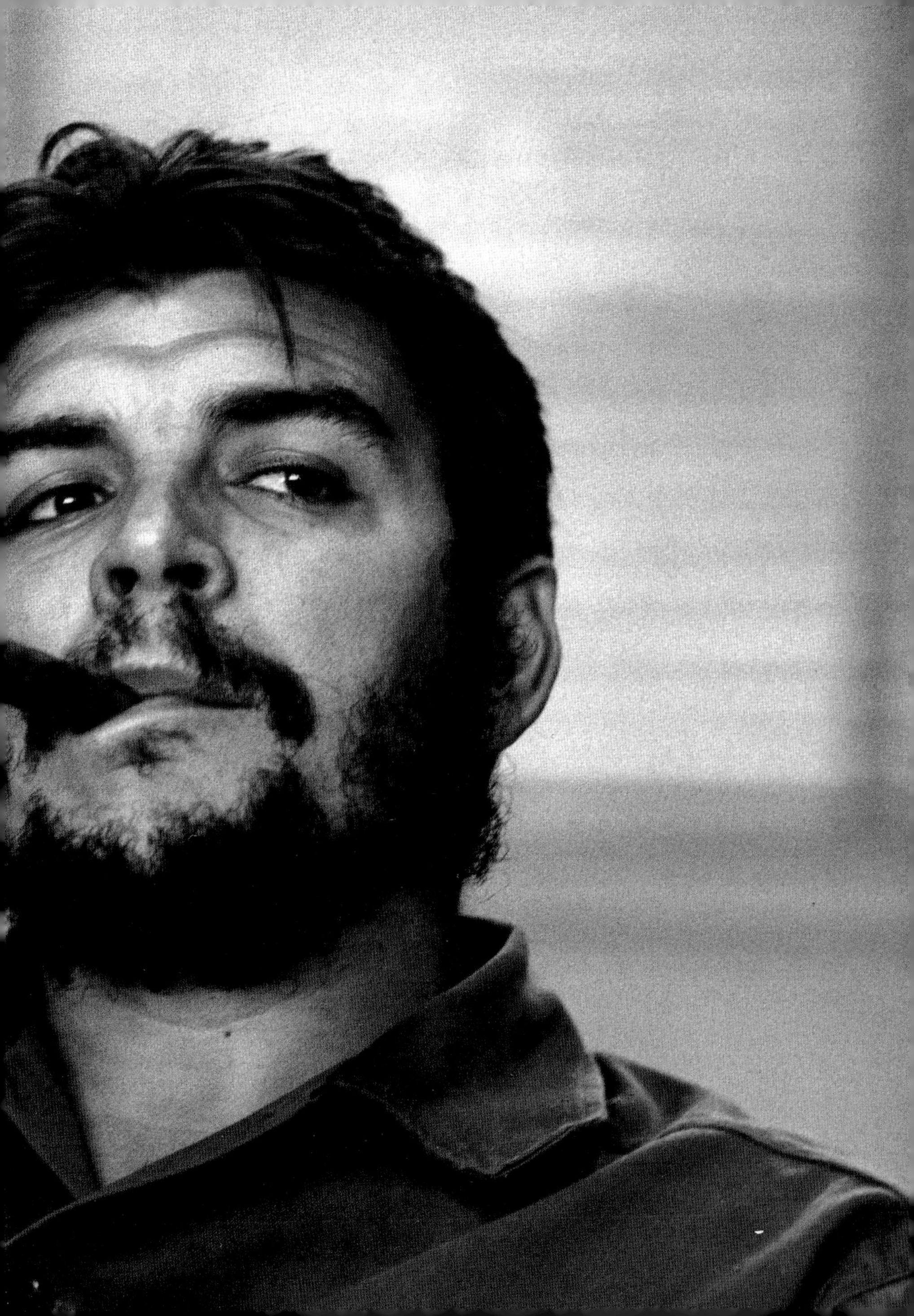

1963 René Burri
Che

Les moments d'un mythe

Depuis son assassinat par les militaires boliviens en octobre 1967, et même avant, Ernesto (Che) Guevara fait l'objet d'un culte. Quatre ans plus tôt, René Burri avait fait ce portrait qui, avec la photo d'Alberto Korda, est certainement l'icône d'un martyre des temps modernes qui a le plus souvent donné lieu à reproduction.

Les deux hommes qui se rencontrent en ce mois de janvier 1963 ne pourraient pas être plus différents. Même si, là encore, il est toujours possible d'énumérer quelques points communs, l'origine bourgeoise par exemple, la solide formation scolaire et universitaire, l'amour de la littérature allemande qui se situerait plutôt du côté de Goethe chez l'un, de Brecht chez l'autre, ou encore l'entregent mâtiné de curiosité et d'un goût prononcé des voyages. Et enfin un scepticisme plus ou moins marqué pour tout ce qui touche à l'Amérique du Nord. Il y aurait donc là matière à un entretien, qui se ferait en français dans la mesure où René Burri ne parle pas l'espagnol et où Ernesto Guevara n'a qu'une connaissance imparfaite de l'allemand. Mais ceci n'est pas le problème du jeune photographe suisse. C'est la journaliste, très connue à l'époque, Laura Bergquist, qui est chargée de diriger l'interview et, comme s'en souvient René Burri, elle démarre aussitôt de façon énergique, pour ne pas dire provocante. Elle sait ce que les lecteurs de la revue Look attendent d'elle. N'est-elle pas assise, en fin de compte, en face de l'homme d'Amérique du Sud qui, après ou avec Fidel Castro, est le plus haï des Etats-Unis ?

Un homme comme les autres

Nous nous trouvons au Ministère de l'Industrie de La Havane, à Cuba, dans les bureaux d'Ernesto Guevara que ses amis, partisans et compagnons de route ne sont pas les seuls à appeler le « Che ». C'est un jour de janvier 1963, un après-midi, il y a du soleil. Si on regardait par la fenêtre, on aurait une vue paisible sur les toits de la capitale. Mais les stores restent baissés. De l'extérieur pénètre une lumière laiteuse, renforcée par celle de plusieurs plafonniers qui somme toute, évitent à Burri, qui par principe n'utilise pas de flash, d'avoir à travailler à contre-jour. Il a apporté avec lui deux Leicas et un Nikon, équipés d'objectifs 35, 50 et 85 mm. Pendant les trois heures que durera l'entretien, il fera en tout six pellicules. Mais ce n'est pas la seule fois où il aura l'occasion de photographier le Che. Quelques jours plus tard, Burri rencontre à nouveau Ernesto Guevara lors d'une cérémonie organisée en l'honneur d'ouvriers et d'ouvrières particulièrement méritants. Il donne à présent l'impression d'être plus en train, il fait un clin d'œil au photographe. A ces moments-là, il est un homme comme les autres, à part entière. Mais c'est une autre photo que les circonstances destineront à devenir l'icône « officielle » du mythe du Che. Pas tout de suite cependant, car dans le cadre du reportage publié le 9 avril 1963 dans *Look*, l'image, qui paraît en page 27, n'est reproduite qu'en petit et de plus, elle a subi un recadrage important. Sur la page de titre elle-même figure un cliché, dû également à Burri, de Fidel Castro, qui demeure pour les Etats-Unis le spectre numéro un. Ce n'est que plus tard que cette photo horizontale d'un Che très sûr de lui gagnera son autonomie et qu'elle deviendra le portrait emblématique d'un martyr.

René Burri

Né en **1933** à Zurich. **1949–53** études à l'Ecole des arts décoratifs de Zurich. **1953–54** service militaire. Se tourne à cette époque vers la photographie petit format. **1955** première parution de photographies dans *Life*. La même année, membre honoraire de Magnum, depuis **1959** membre à part entière. **1962** publication du livre *Die Deutschen*. **1963** voyage à Cuba. Rencontre Fidel Castro et Che Guevara. Nombreuses parutions de photographies, entre autres dans *Life, Look, Bunte, Stern, Paris-Match, Schweizer Illustrierte, Du.* Plusieurs films, dont *The Two Faces of China* et *Jean Tinguely*. **1984** grande rétrospective à la Kunsthaus de Zurich. **1998** prix Dr-Erich-Salomon de la DGPh. Vit à Paris

Le modèle de société communiste sans classes

Le Che fume. La fumée monte en volutes vers le plafond. Ernesto Guevara se penche en arrière. C'est avec assurance et presque un air de défi qu'il regarde son interlocutrice qui, à ce moment précis, lui pose certainement une question. Si quelque chose est absent de ce visage, c'est bien le doute de soi. D'autres clichés de cette séquence montrent le Che fatigué ou excité, en train d'expliquer des choses ou de faire des gestes avec les mains. Sur celui-ci, il a l'air parfaitement détendu. C'est presque avec arrogance que, écoutant les questions de son vis-à-vis assis à côté de l'appareil, il plante son regard dans le sien. On est ici en présence de quelqu'un qui est fermement décidé à tenir tête au reste du monde. La photo est en ce sens programmatique, et c'est bien ainsi que l'ont comprise ceux qui, par la suite, n'ont cessé de la reproduire.

Comme d'habitude, Che Guevara porte un uniforme, ou plus exactement cette tenue de combat de peu d'apparence qui fait du puissant ministre

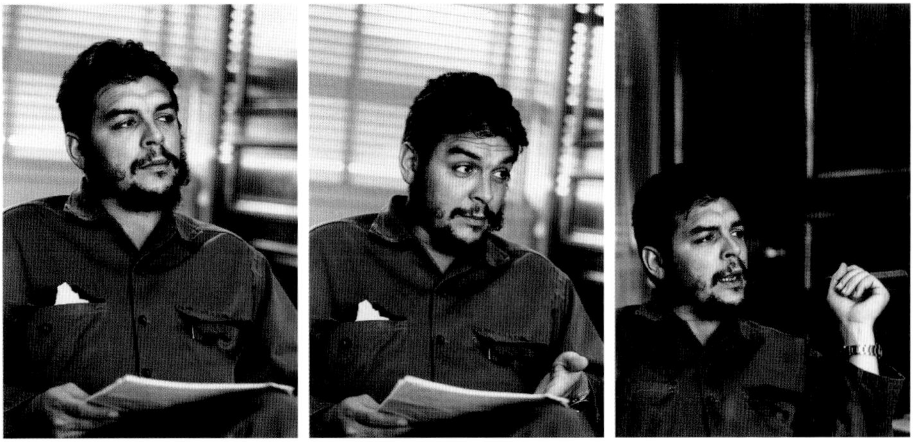

Une interview durant laquelle les stores restent baissés: René Burri: Che, 1963. *Variantes rarement publiées*

de l'industrie qu'il est pour l'instant un rebelle prêt à intervenir à tout moment. Ses cheveux sont plus courts que sur d'autres photos, sa barbe plus longue. Elle a presque recouvert les deux endroits à peu près glabres à gauche et à droite du menton. Au fond, on reconnaît nettement, même s'ils sont flous, les stores tirés. René Burri demandera aussitôt s'il peut les relever un peu, et il découvrira alors un Che acrimonieux qu'il ne connaissait pas. Les stores restent baissés. De quoi a-t-il peur? A moins que ce ne soient les questions acerbes d'une non moins sûre d'elle Laura Bergquist qui le contrarient?

On s'était rencontré pour la première fois au cours de l'année 1962. Che Guevara est à New York pour une visite à l'O.N.U. A 34 ans, il est déjà une légende. Avec Fidel Castro, il a contribué à faire triompher une révolution à la porte même des Etats-Unis d'Amérique. La débâcle, entrée dans l'histoire sous le nom de « débarquement de la baie des Cochons », par laquelle s'est soldé en 1961 le soutien que ces derniers ont tenté d'apporter à une contre-révolution, ne rend que plus éclatante la position du Cubain Castro et d'Ernesto Guevara. Médecin d'origine argentine, celui-ci a tourné le dos à l'existence bourgeoise pour imposer dans le monde son modèle de société communiste sans classes. Que ce soit dans le rôle du révolutionnaire, celui du président de la Banque Nationale qu'il est devenu à Cuba dès la fin de la révolution, ou celui du ministre de l'industrie qu'il est depuis février 1962. Politiquement, Che Guevara est pendant ces quelques mois au sommet de sa puissance.

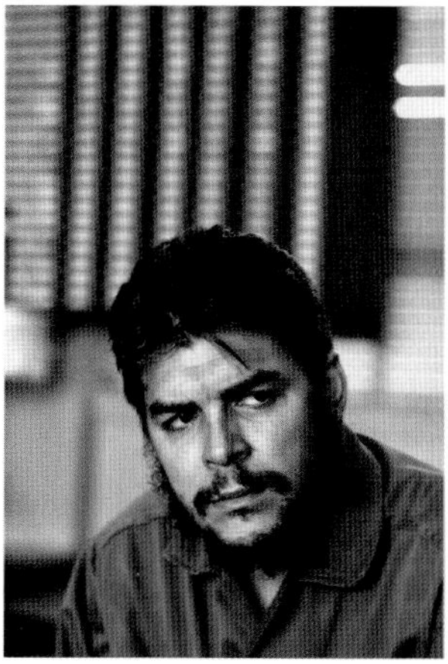 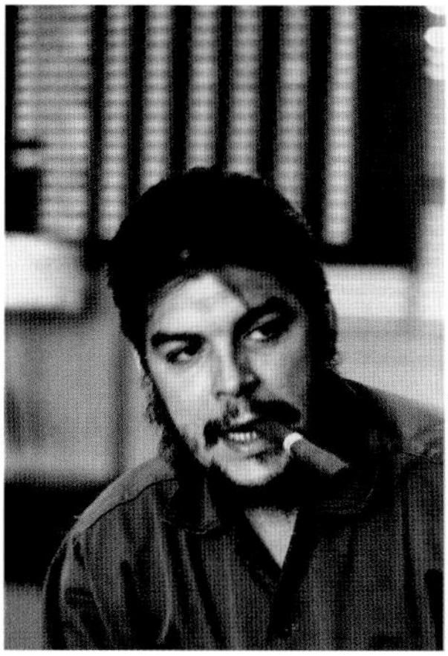 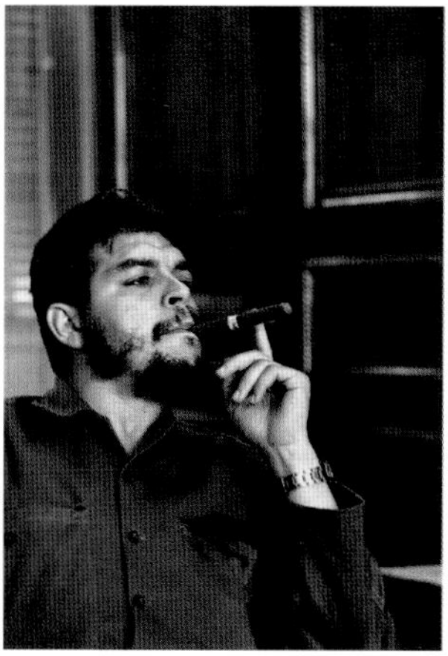

Une journaliste « yankee » dans l'île sucrière

Blonde, bien de sa personne, critique et intelligente, Laura Bergquist, une des journalistes présentes à New York, semble avoir produit avec l'aspect inhabituel de ses questions directes, pour ne pas dire agressives, une impression particulière sur le Che. Toujours est-il qu'elle reçoit immédiatement une invitation à aller s'informer sur place des résultats positifs de la révolution. Notons qu'on se trouve tout juste quelques mois après la dite « crise des fusées », qui avait amené le monde au bord d'une nouvelle guerre mondiale. Ce qui rend ces 28 jours de recherche d'une journaliste « yankee » dans l'île sucrière d'autant plus remarquables. Le résultat de ce voyage, un voyage « sans conditions préalables », comme le constate Bergquist, sera publié dans *Look*. Avec un tirage de 7,3 millions d'exemplaires, cette revue est toujours, avec *Life*, le plus gros magazine américain. René Burri, un jeune photo reporter qui, en sa qualité de ressortissant suisse, a l'avantage de n'éveiller aucun soupçon d'ordre idéologique, doit accompagner la journaliste en tant que photographe.
Burri, né en 1933, élève du légendaire Hans Finsler à la Kunstgewerbeschule de Zurich, auteur d'un album très remarqué, publié en 1962, sur *Les Allemands*, avait débuté sa carrière à la fin des années 50 avec un reportage sur les enfants sourds-muets. Un travail mené de l'intérieur, dans la tradition du photo journalisme humaniste, qui lui avait valu d'être immédiatement publié dans *Life* et accueilli au sein de la célèbre agence Magnum. On le trouve plus tard, en tant que reporter, dans pratique-

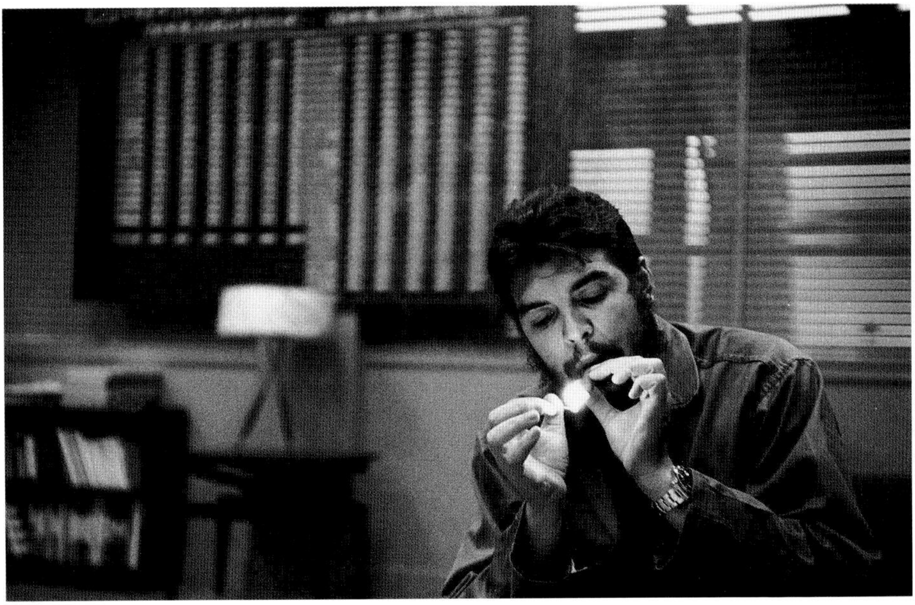

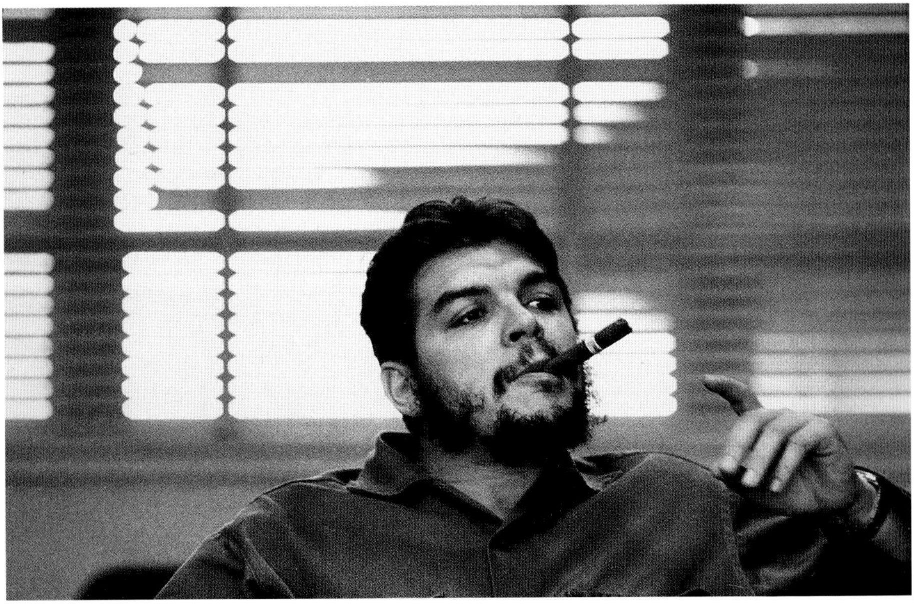

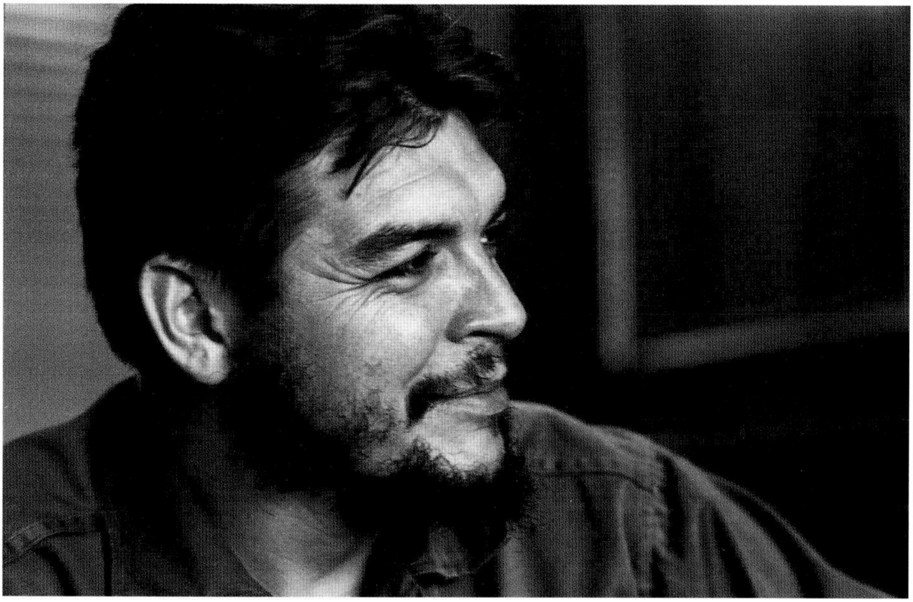

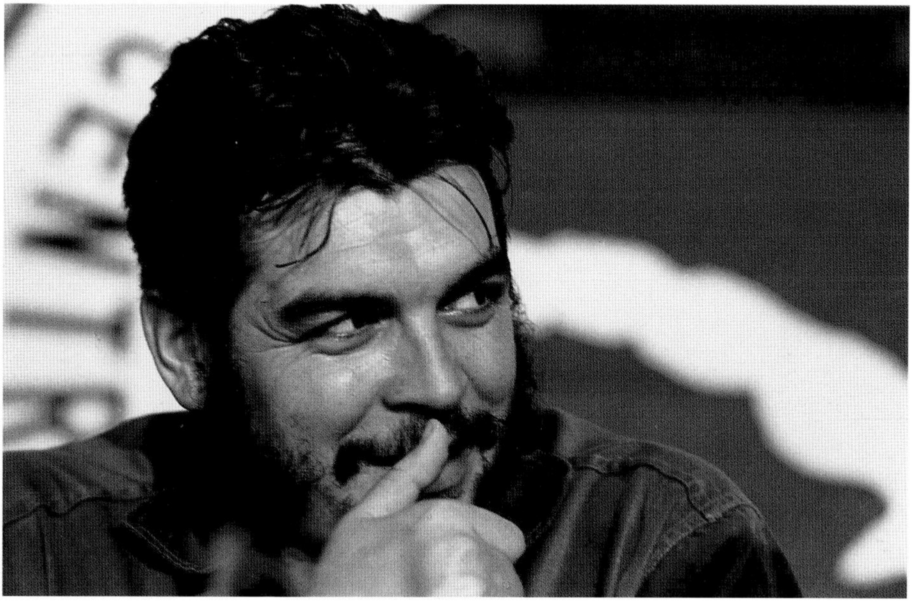

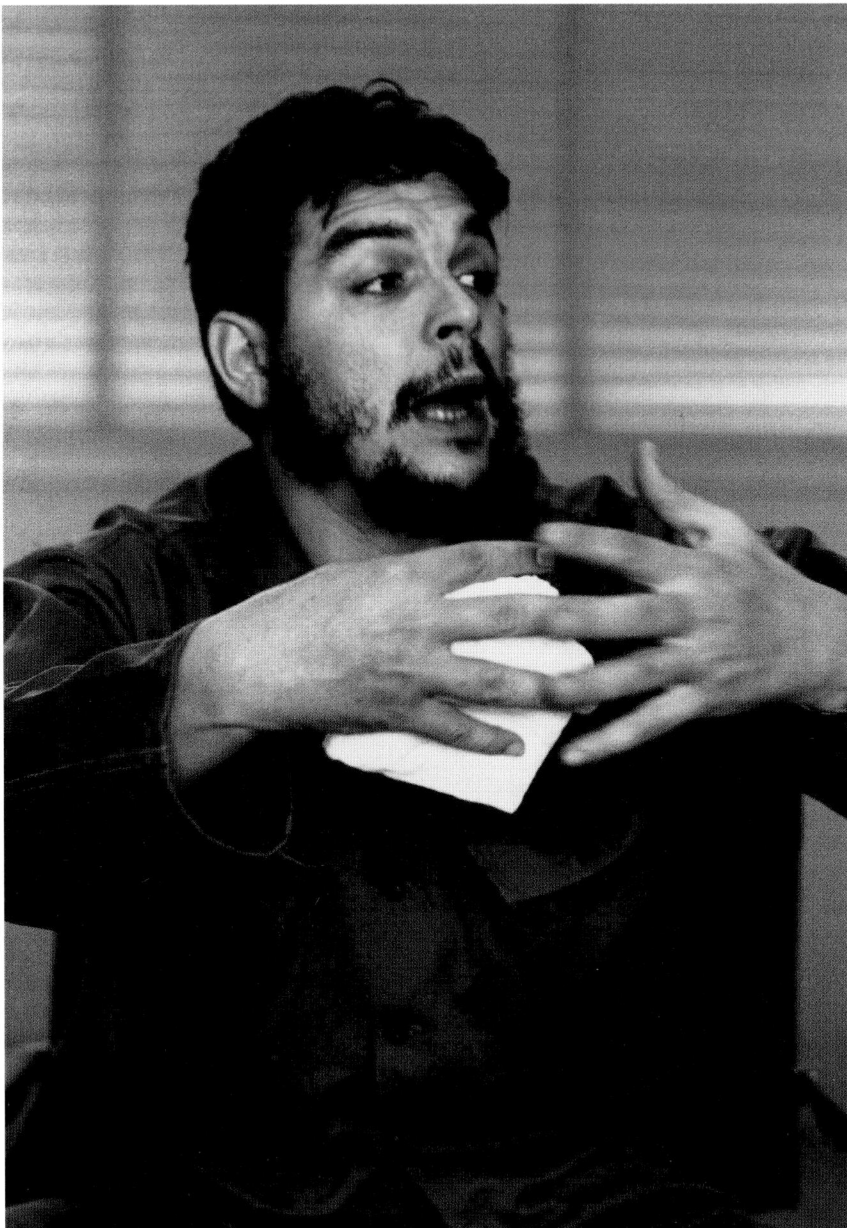

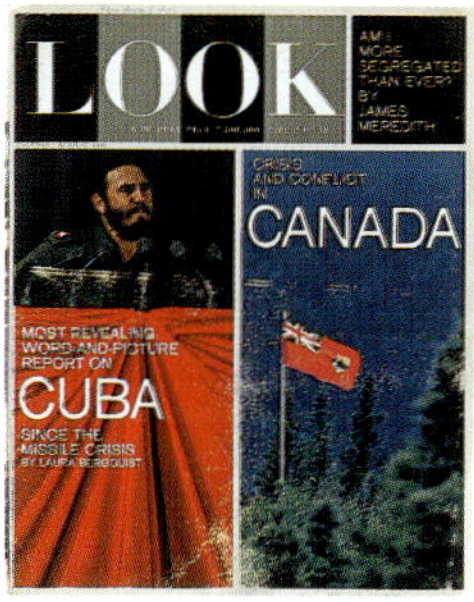

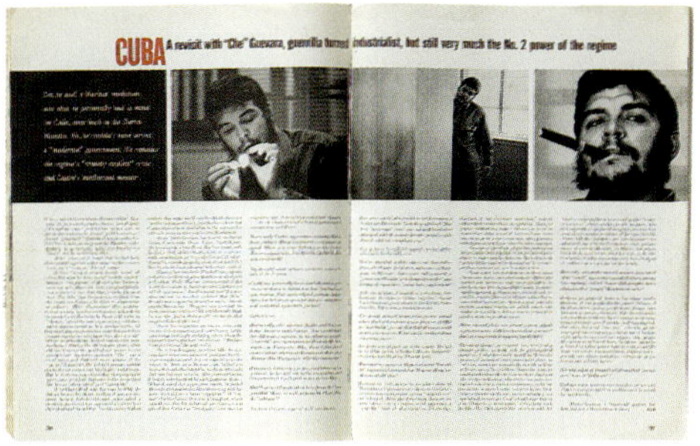

Look, *numéro du 9 avril 1963. Couverture et page double. La photo clé parut ici en petit et subit un recadrage important.*

ment tous les foyers de crise de la planète. Il fait des illustrations pour des essais et des reportages d'actualité, mais aussi des portraits d'amis artistes et des photos individuelles d'une rigueur formelle à laquelle on reconnaît l'école de Finsler. Un critique a un jour parlé de lui comme d'un « photographe complet ». Le portrait horizontal de Che Guevara est son travail le plus connu.

Burri avait atterri à Cuba la veille au matin. De la voiture qui le conduisait de l'aéroport à l'hôtel, il avait déjà photographié le retour d'une unité de chars. Depuis lors, Cuba allait s'imposer à lui et devenir un sujet qui l'occuperait toute sa vie. Mais le moment le plus fort demeura sa rencontre personnelle avec Ernesto Che Guevara, même si celui-ci ne fit qu'à peine attention au photographe dans le cadre de son travail. Le Che avait d'ailleurs l'air nerveux, comme traqué. Burri le comparera plus tard à un animal en cage, et les stores baissés trouvent là leur explication. Le Che considère que sa place est dans la lutte armée, et non devant la table de travail. Il ne va du reste pas tarder, à la suite d'un discours critique à l'adresse de l'URSS, à prendre ses distances par rapport à la politique intérieure du pays et à décider par conséquent de quitter Cuba. Mi-mars 1963, il fait sa dernière apparition publique. Le Che disparaît et en novembre 1966, il entre sous un faux nom en Bolivie. Tout juste un an plus tard, en octobre 1967, Ernesto Guevara est débusqué dans le maquis par des militaires boliviens, fait prisonnier et abattu. Ce ne sont pas les photographies du révolutionnaire assassiné qui retiendront le plus longtemps l'attention. Avec la révolte étudiante de 1968, ce sont d'autres images, à savoir les portraits de René Burri et surtout d'Alberto Korda, qui deviennent les icônes de référence de la contestation. C'est en tant que mythe, et à ce titre immortel, que le Che a opéré son retour.

Che : La dernière grande interview. *Photographie : René Burri*

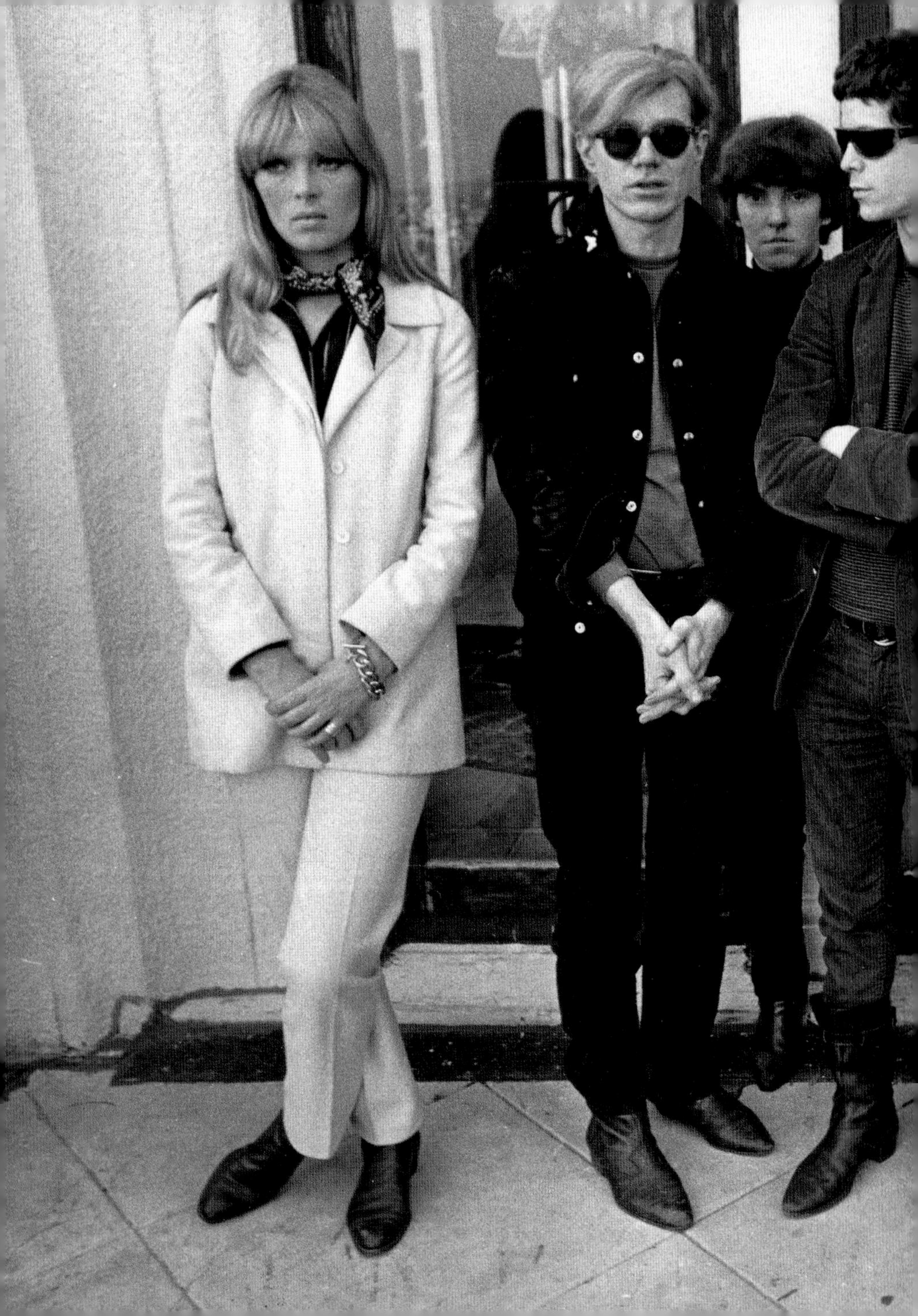

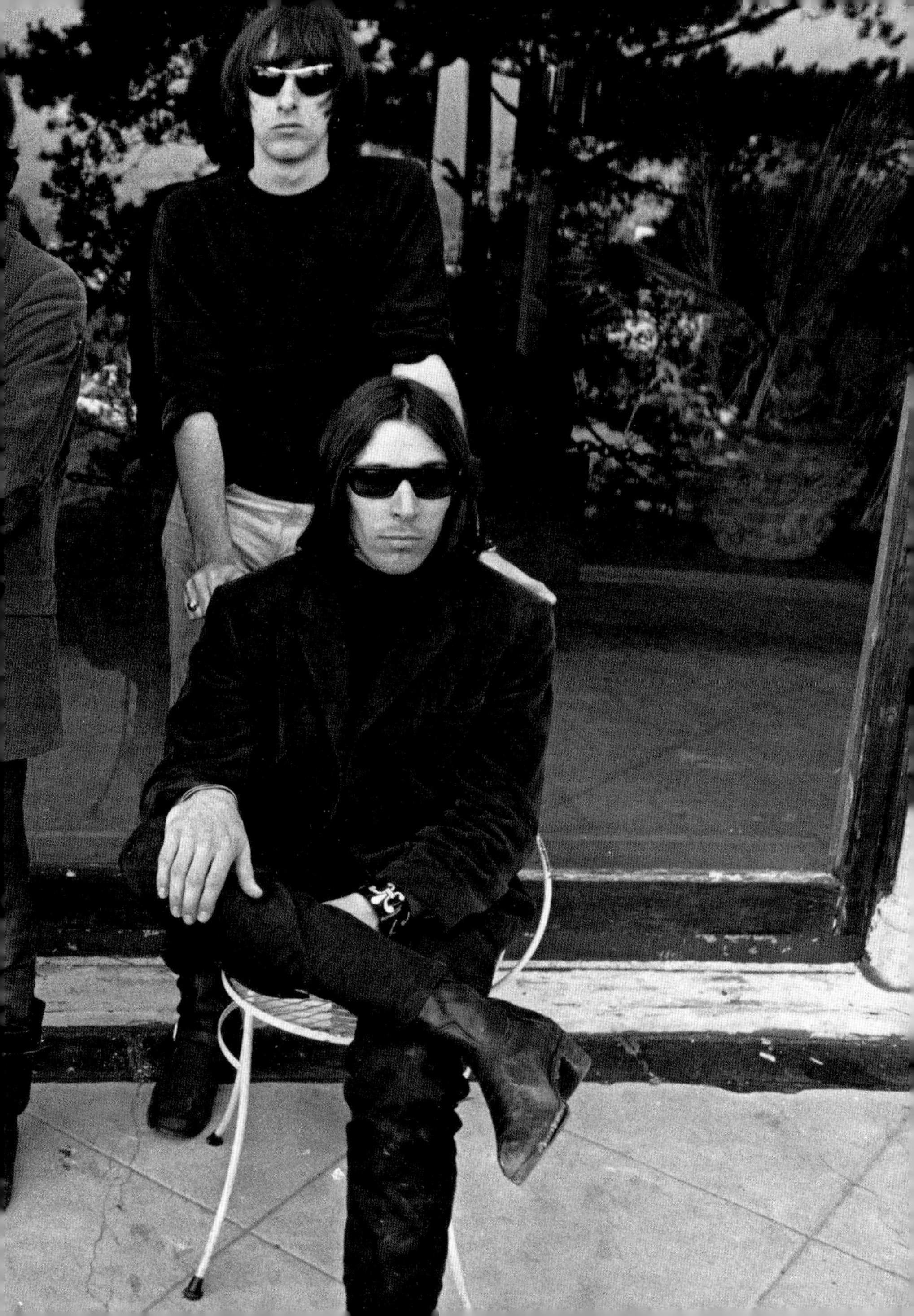

1966 Gerard Malanga
Andy Warhol et le Velvet Underground

Photo de groupe avec Nico

Mai 1966. Andy Warhol se produit avec le groupe pop Velvet Underground et Nico à Los Angeles. Ce n'est pas la première fois qu'il s'y rend. Mais c'est la première fois qu'il est là en tant que « membre » d'un groupe. Est également de la partie Gerard Malanga, qui ne se doutait certainement pas que cette photo de groupe, qu'il fit de façon plutôt spontanée, allait un jour entrer dans l'histoire de la photographie comme preuve de la brève, mais intense incursion d'Andy Warhol dans la musique rock.

La disposition est, si l'on veut, historiquement correcte, c'est-à-dire qu'elle répond à la dynamique du groupe. Même si l'auteur de la photo, Gerard Malaga, insiste sur le fait que rien n'a été arrangé ou mis en scène. « Cette photo a failli ne pas voir le jour », dit Malanga, laissant entendre par là que le cliché s'est en quelque sorte imposé à lui. Un instantané sans la moindre prétention artistique. Mais c'est sans doute aussi ce qui en fait le charme. De gauche à droite, on voit Nico, Andy Warhol et le Velvet dans une atmosphère décontractée. On est cool, détendu, parce qu'on sait qu'on pose pour un ami et le Pentax qu'il a emprunté, et non pour l'éternité. Gerard Malanga prétend avoir fait en tout et pour tout un film 24 x 36. Le poète, artiste de performance et collaborateur de la Factory d'Andy Warhol ne se sent pas encore une vocation de photographe. Il est plutôt exceptionnel qu'il se serve d'un appareil photo, obéissant peut-être en cela à un principe du grand Henri Cartier-Bresson : « On ne peut pas photographier un souvenir. » Autrement dit, quand alors, si ce n'est maintenant.

Faire carrière au pays de tous les possibles

Nous sommes en mai 1966. Ils se sont réunis sur la terrasse du Castle. Lou Reed est le seul à ne pas regarder l'objectif. Derrière lui, presque cachée, on aperçoit la silhouette androgyne de Maureen Tucker. A la droite de Lou, debout, Sterling Morrison. John Cale a pris place. On ne peut pas ignorer que lui et Lou Reed sont les deux grandes personnalités opposées du groupe. Le conflit ressort très nettement de cette photo qui, sans vraiment l'avoir voulu, reflète de façon quasi géniale les dissensions internes du groupe. A l'extrême gauche et toute en blanc, la belle Nico, la chanteuse du Velvet Underground. Andy Warhol a parlé de sa découverte comme de quelqu'un de « bizarre et de taciturne ». « Tu lui demandes quelque chose, et elle te répond peut-être cinq minutes plus tard. » Warhol lui-même joue une fois de plus le petit garçon. « Andy se complaisait dans ce rôle », souligne Gerard Malanga. On pourrait qualifier sa pose d'empruntée, d'inhibée. Mais il ne faut pas se leurrer. Chez Andy Warhol, tout est étudié, même sa façon de se comporter avec ses mains. D'après Malanga, il aurait appris cela en regardant Cocteau. « Andy était très conscient de cela. »

Andy était conscient de tout. Aussi avait-il commencé très tôt à polir son image. Et la première chose qu'il fit fut de modifier son nom, Andrei Warhola. Avec un nom pareil, inutile d'espérer faire carrière au pays de tous les possibles, ce que la « meilleure star médiatique du monde », ainsi que l'avait qualifié un jour John Lennon, avait vite compris. Warhola, ce nom renvoyait à ses racines slaves, le cataloguait comme étranger et bouffon et mettait l'accent sur ses origines, à savoir une famille d'immigrés pauvres. Et c'était justement de cela qu'il voulait sortir, de ce milieu. Et de la ville de son enfance, Pittsburgh, ville pieuvre, noire de poussière et de suie, grand centre sidérurgique et métallurgique qui avait à peu près autant de charme que les grandes cités industrielles de la Ruhr. Partir de là, se fondre dans la grande nation américaine, voilà ce qu'il voulait. Il voulait avoir sa part du « rêve américain », faire que pour lui aussi il se réalise, devenir riche et célèbre. Peu importait (en fait) comment.

Symptômes du comportement des classes défavorisées

Lorsqu'il y fut parvenu, qu'il fut devenu une star et eut beaucoup d'argent, il accusa les symptômes typiques du comportement des classes défavorisées lorsqu'elles parviennent à la réussite sociale, et joua les provo-

Gerard Malanga

Né en **1943** dans le Bronx à New York. Collaboration étroite avec Andy Warhol dans les années **60**. Qualifié par le *New York Times* comme « Warhol's most important associate ». **1964–66** collaboration dans plus de 500 Screen Tests de 3 minutes. **1967** parution d'un livre sous ce titre. Publication de son œuvre photographique dans quatre monographies, les plus récentes étant *Resistance to Memory* (**1998**) et *Screen Tests, Portraits, Nudes 1964–1996* (**2000**). Ecrit une douzaine d'œuvres littéraires et réalise deux CD. **1999** grande rétrospective à Bruxelles. Travaille à New York comme photographe et spécialiste de Warhol

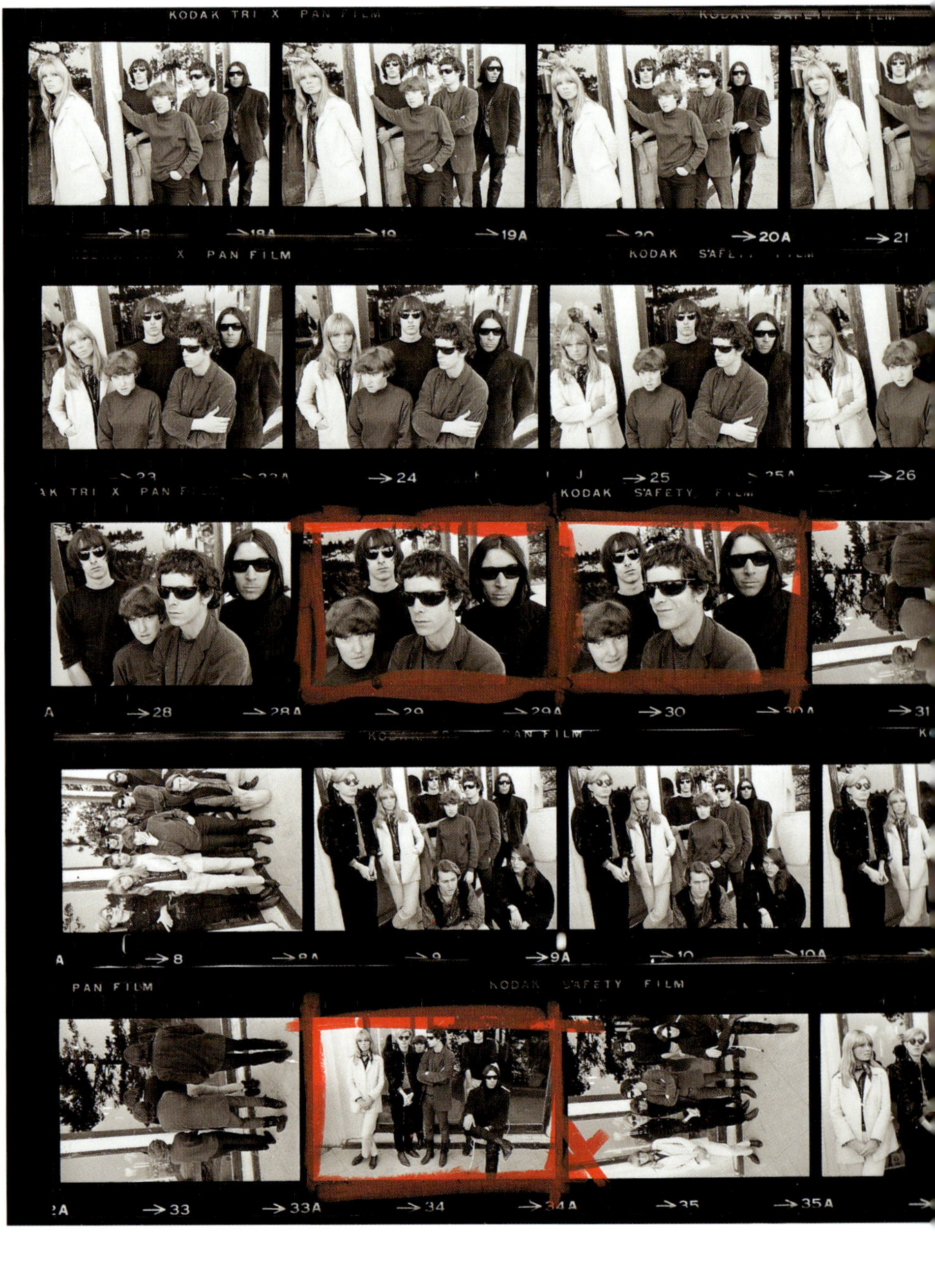
KODAK TRI X PAN FILM
→18
→19A
→20A
→21
X PAN FILM
KODAK SAFETY
→24
→25
→26
KODAK SAFETY
→28
→30
→31
→8
→9A
PAN FILM
KODAK SAFETY FILM
→33
→33A
→34
→35A

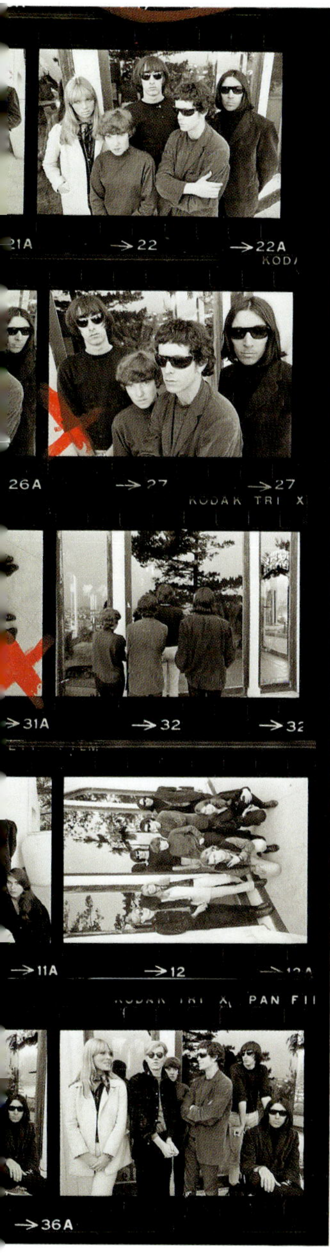

cateurs. Il se faufilait à la messe le dimanche, distribuait des aumônes, bref s'assurait une place au paradis, mais se débrouillait en même temps pour ne pas payer ses employés et ses assistants. C'était un radin hors pair, qui n'aimait rien tant que le crissement d'un billet d'un dollar tout neuf; un artiste qui aimait tellement l'argent qu'il le peignait ; un petit-bourgeois qui dormait sur un oreiller rempli de dollars froissés ; quelqu'un qui stockait tout et ne pouvait se départir de rien, allant jusqu'à conserver la dernière des babioles de peur qu'elle puisse donner lieu à un commerce de fétiches et de reliques ; un nouveau riche qui se faisait promener en Rolls Royce tout en se plaignant sans arrêt de sa propre misère financière. Mais c'était aussi un esprit d'une créativité monstrueuse, qui n'a laissé pratiquement de côté aucun champ de l'activité artistique. Il était écrivain, poète. Il était cinéaste et photographe. Il était l'éditeur d'une revue aujourd'hui mythique, Interview. A travers son engagement pour le Velvet Underground, il avait réalisé son rêve d'avoir un groupe « à lui ». Il a fait – avec quelque succès – des pochettes de disques, pour le Velvet mais aussi pour les Rolling Stones, dont il a conçu le fameux album *Sticky Fingers*. Il était, si l'on considère comme de l'art le fait qu'il était en permanence en représentation, un acteur, un artiste de performances

Gerard Malanga : Andy Warhol et le Velvet Underground & Nico, *The Castle, 1966 (épreuves par contact, détail)*

qui duraient 24 heures. Et bien entendu, il était surtout « peintre ». Disons toutefois que, quelle que fût la chose qu'il abordât, celle-ci était systématiquement traitée à contre-emploi. Chaque discipline à laquelle il se soumettait – ou à laquelle justement il ne se soumettait pas, était d'abord expérimentée avec la naïveté d'un enfant, avant de donner lieu à une pratique arbitraire et désinvolte qui malmenait toutes les règles du jeu. Ainsi le livre qu'il a écrit devait-il être mauvais, et intentionnellement truffé de fautes d'orthographe et autres incorrections. Les nombreux films underground qu'il a tournés allaient à l'encontre des règles de la narration cinématographique. A propos du groupe de rock qu'il avait rejoint, Cher déclara à l'époque qu'il n'était « le succédané de rien du tout – si ce n'est peut-être du suicide ». Jugement dont, bien entendu, le Velvet s'empressa de tirer parti au niveau de ses relations publiques. Quant à son travail en matière d'art plastique, lui non plus ne devait plus rien avoir affaire avec la peinture de chevalet traditionnelle et le génie créateur de la main de l'artiste.

L'inclination pour les objets banals et quotidiens

Andy Warhol a créé en premier lieu un nouveau type de motif modulable. Pour le début des années 60 encore très fortement marqué par l'expressionnisme abstrait (Pollock, de Kooning), l'inclination de Warhol pour les objets banals et quotidiens, son intérêt pour les mythes ordinaires de l'Amérique, de Coca-Cola aux soupes Campbell's, était quelque chose de véritablement révolutionnaire. Mais le Pop, c'est-à-dire l'appropriation par l'art d'objets populaires, a été pratiqué par d'autres avant lui. Le véritable intérêt de Warhol du point de vue de l'histoire de l'art récente se trouve ailleurs, à savoir dans le fait qu'il nous a appris à redéfinir les notions d'artiste, de génie et d'art. C'est ainsi que lui-même ne se voyait pas du tout comme une individualité artistique de génie, mais comme le patron d'une troupe en effervescence constante. Qu'il ait entretenu non un atelier, mais une « factory », une usine, est à cet égard révélateur. Et ce qui en sortait comme d'une chaîne de montage, les Marylin, les Elvis Presley ou les billets d'un dollar, avait davantage à voir avec la reproduction photomécanique qu'avec le talent d'un coup de pinceau. Lawrence Guiles décrit en détail la façon de travailler de Warhol : « Le procédé était simple. Andy découpait dans un magazine ou un journal une photo qui lui convenait, il la faisait reproduire et la reportait, dans les dimensions voulues, sur la soie préalablement enduite d'une émulsion photosensible. Elle était développée, et on obtenait la matrice nécessaire à la sérigraphie. Dans tous les cas, il y avait une photographie à l'origine. »

La photographie en tant que forme d'expression artistique

Tant pour Andy Warhol que pour son « élève » et collaborateur Gerard Malanga, la photographie en tant que forme d'expression artistique n'entrait pas encore, en ce mois de mai 1966, en ligne de compte. Certes, Malanga, enfant, avait déjà photographié, avec un Kodak Box, son cher métro aérien new-yorkais, sur la Troisième Avenue, peu avant sa démolition. Plus tard, en 1965 exactement, il avait travaillé avec Andy Warhol aux « screen tests ». Mais ce n'est qu'en 1969 que Malanga commence à s'intéresser de très près à la photographie comme art, avec un portrait de l'écrivain Charles Olson, qui fera aussitôt l'objet de multiples reproductions. Quant à Warhol, ce fut au début des années 70, c'est-à-dire dans la foulée de ses travaux de commande pour Jimmy Carter, Willy Brandt ou Golda Meir, qu'il se mit à faire de plus en plus de clichés au polaroïd, d'après lesquels étaient fabriquées des copies selon le procédé décrit plus haut. De plus, Warhol avait toujours avec lui son petit Minox 24 x 36. « Mais si on voulait se servir du Minox », rapporte le photographe Christopher Makos, « cela voulait dire qu'il fallait faire la mise au point, ce qui ne l'intéressait pas le moins du monde. C'est sur ce point que je suis entré en jeu, avec des appareils autofocus. »
Warhol se procura donc un Canon moderne. Il possédait en outre un petit Minox à objectif pivotant. Selon l'historien de l'art David Bourdon, « il put grâce à cet appareil réaliser des clichés indiscrets », comme par exemple celui de Truman Capote dans le cabinet d'un chirurgien esthétique ou de Liza Minelli à la sortie de sa douche. Ce sont en fin de compte une centaine de clichés qui ont été pris à la dérobée et que Warhol n'a pas hésité à publier dans son livre Exposures. En d'autres termes, Andy Warhol était lui aussi, au début des années 70, un photographe assidu. Pourtant, ce n'est pas vraiment dans ce premier travail que réside son importance par rapport à l'histoire du médium. Son importance par rapport à la photographie comme art, aussi paradoxal que cela puisse paraître, c'est à son art de peintre qu'il la doit. En effet, en procurant à une image élaborée de façon mécanique et produite, tirée pour ainsi dire à un grand nombre d'exemplaires, une reconnaissance dans le contexte de

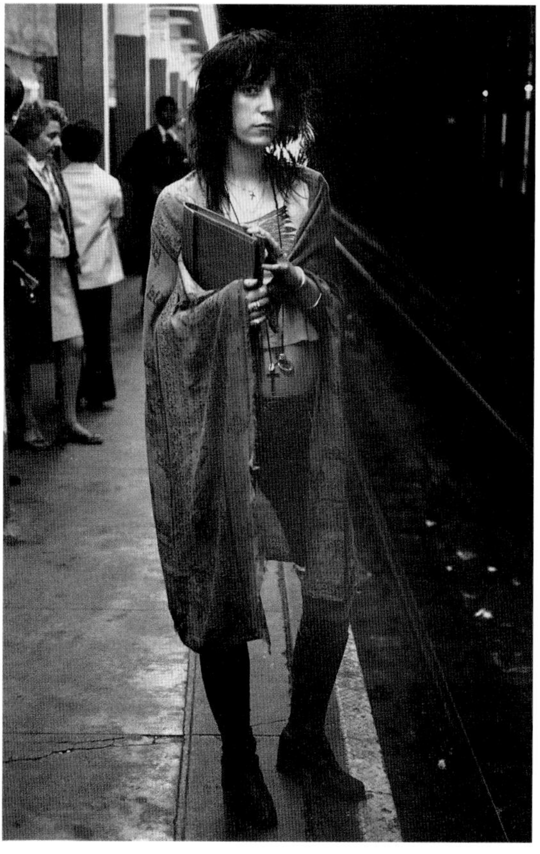

Gerard Malanga: Patti Smith on platform in the 68th Street/Lexington Ave. subway station, New York City, *1971*

l'art, il a en fin de compte brisé la glace qui entourait la photographie, produite elle aussi par des moyens mécaniques et reproductible « à l'infini ».

Comme chacun sait, Andy Warhol a commencé au début des années 50 comme graphiste et dessinateur publicitaire. Ses productions de cette époque, pour Condé Nast (*Vogue*) ou I. Miller (des chaussures) entre autres, font partie de ce qu'il a fait de mieux. Mais Andy voulait être davantage qu'un assistant anonyme. Il était attiré par l'art, sans avoir pour autant de thème de prédilection, à plus forte raison de « message ». Des messages, il n'en aurait pas non plus par la suite. Pour bon nombre de critiques, ses images sont vides, mais d'un vide fascinant. Un néant aux couleurs de bonbons acidulés. Mais comme le souligne Guiles, le biographe de Warhol, il présentait ce rien, ce néant « d'une façon si audacieuse que personne ne l'ignorer ». A la fin des années 50, Warhol décida de se mettre au Pop Art, c'est-à-dire de faire de l'art à partir d'objets populaires. De bandes dessinées par exemple. Mais Roy Lichtenstein s'était déjà essayé aux bandes dessinées. C'était donc trop tard. « Je ne sais pas ce que je dois faire », déclara-t-il avec résignation à une amie. « Tu n'aurais pas une idée ? » Si, Muriel Latow en avait une. « Tu devrais peindre quelque chose que tout le monde voit tous les jours, quelque chose que tout le monde connaît ... du genre boîte de soupe en conserve. » « Ce soir-là, pour la première fois », écrit Victor Bockris, « Andy sourit. »

Et Andy Warhol se mit à peindre : de la soupe Campbell's aux vermicelles, de la soupe Campbell's à la tomate, du bouillon de poule Campbell's. Ce qui le rendit célèbre, mais en même temps, lui interdit encore longtemps d'être reconnu en tant qu'artiste. Nombreux furent ceux qui, jusqu'à la fin, le considéraient comme un charlatan doublé d'un roublard, un graphiste de talent, certes, mais en tant qu'artiste une nullité, et en tant que personne, le rebut de l'humanité. C'est ainsi par exemple que le Museum of Modern Art de New York s'opposa pendant longtemps à ce que lui soit consacrée une rétrospective. Ce n'est qu'à titre posthume que fut présentée au MoMA, et ensuite à Chicago, Londres, Cologne, Paris et Venise cette exposition que l'artiste avait si longtemps appelée de ses vœux. Autrement dit, la carrière d'Andy Warhol fut loin d'être fulgurante et linéaire. Ses tentatives d'entrer dans des galeries reconnues furent longtemps vaines. « Andy, va-t-en », scandait régulièrement le *New York Times*, « tu es bidon. » Représentant de l'expressionnisme abstrait et à ce titre, antithèse pour ainsi dire de Warhol, Willem de Kooning était encore plus explicite. « Vous êtes un tueur de l'art », lança-t-il au visage de l'artiste au cours d'une soirée. « Vous êtes un tueur de la beauté, et vous êtes aussi un tueur du rire. Je ne peux pas supporter votre travail. »

Tout y est en plastique, mais j'aime le plastique

Quelle que fût la chose à laquelle Andy s'attaquât, il avait l'art de provoquer des réactions diamétralement opposées, ce qui fut également le cas pour son incursion, relativement brève, dans le rock. Dès la fin 1965, Warhol s'était mis à la recherche d'un groupe. Le producteur de théâtre Michael Myerberg, qui était sur le point d'ouvrir un nouveau club dans un hangar d'avions désaffecté de Queens, se déclara prêt à baptiser la boîte « Andy Warhol's Up », à condition que l'artiste pop s'occupât de la musique. Peu avant Noël, Warhol, suivant un conseil de Barbara Rubin, entendit pour la première fois un groupe du nom de Velvet Underground au Café Bizarre, à New York. D'emblée, il s'était entendu « superbement » avec Lou Reed, ainsi que le rapporte le biographe de Warhol Victor Bockris. Et c'est ainsi que, quelques jours plus tard, on entama les premiers pourparlers à la Factory. « Les ‹ sniffeurs de coke › qu'étaient les membres du Velvet se sentaient attirés par Warhol presque comme par magie », écrit Bockris. « Lou Reed surtout était très fortement touché, car tout comme Billy Linich et Gerard Malanga, il n'avait attendu que cela, être formé par un maître. » Andy fournit à Lou des idées de chansons. Il lui inculque que « le travail est tout » (Bockris). Il organise leurs premiè-

res apparitions sur scène, lesquelles, sous sa direction, se transforment en événements multimédia. Bref, il professionnalise le Velvet, et le rend célèbre. « La question de savoir qui était la véritable star du spectacle ne se posait pas », confirme Victor Bockris. « Le Velvet Underground et Nico étaient quasiment inconnus. Les gens venaient à cause d'Andy qui, assis tout en haut sur la gauche de la rampe, passait le film, actionnait le projecteur de diapositives et changeait les filtres. »
Début mai, un contrat conduit le groupe à Los Angeles. Du 3 au 15, Warhol et le Velvet doivent se produire au Trip avec Nico. Le groupe loge au Castle, une maison particulière d'inspiration médiévale. « J'aime L. A. », a-t-il un jour fait savoir. « J'aime Hollywood. Ce sont deux endroits merveilleux. Tout y est en plastique, mais j'aime le plastique. J'aimerais bien être moi-même en plastique. » Notre photo a été prise sur la terrasse du Castle. Gerard Malanga a posé le Pentax qu'on lui avait prêté sur un trépied, ce qui lui permet, dans quelques variantes, d'apparaître lui-même sur la photo. Outre ceux-ci, il existe des clichés antérieurs sur lesquels les membres du Velvet rient ou du moins sourient. Ici, ils fixent gravement l'appareil, presque avec mauvaise grâce. Au bout de quelques concerts, le Trip avait déjà été fermé sur ordre du shérif de la ville. L'hostilité avec laquelle avait réagi la presse ne visait pas seulement le Velvet. Le *Los Angeles Times* écrivait ainsi que « l'arrivée d'Andy, le hippie des hippies, au Sunset Trip, le paradis des hippies, représentait la plus parfaite des combinaisons depuis que les frites avaient découvert la mayonnaise ».

L'entrée en scène de l'extrémiste Valerie Solanas

Au moment de la prise de vue, Andy Warhol a 37 ans et, célèbre dans le monde entier, il est presque au sommet de sa gloire, terme qu'il ne faut pas confondre avec popularité. Sa façon de s'auto-styliser, ses manières d'homosexuel, son côté diaphane et vitreux, son allure d'albatros boutonneux à perruque de nylon, son charme quasiment inexistant conjugué à une éloquence qui n'allait guère au-delà d'un petit « hm » ou « génial » ou « super », tout cela ne faisait pas précisément de lui l'enfant chéri de la nation. Autrement dit, il avait des ennemis, et parmi ceux-ci, tous ne s'en tenaient pas à des attaques verbales. C'est ainsi que le 1er juin 1968, soit tout juste deux ans après qu'eut été prise notre photo, eut lieu à la Factory, à New York, cette scène mémorable au cours de laquelle, folle furieuse, la féministe extrémiste Valerie Solanas tira sur l'artiste. Bien que condamné par les médecins, Warhol survécut. Robert Kennedy, victime lui aussi d'un attentat, mourut. Ce qui inspira à cet autre artiste qu'est Frank Stella la réflexion qu' « ainsi va le monde ».

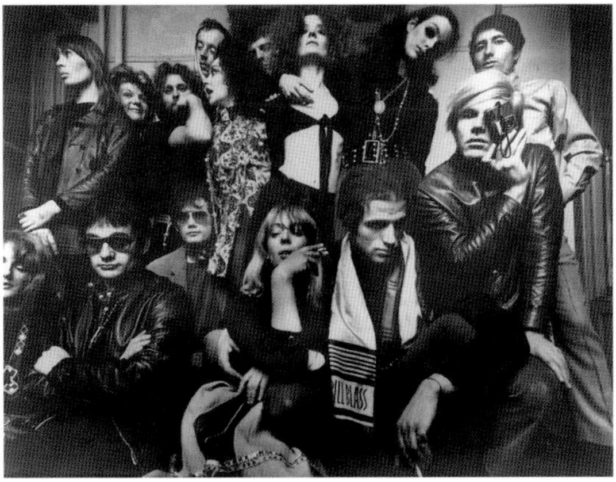

Gerard Malanga : Andy Warhol/« Factory » *photo de groupe, New York City, 1968*

Rangée du haut (de gauche à droite) : Nico, Brigid Polk, Louis Waldon, Taylor Mead, Ultra Violet, Paul Morrissey, Viva, International Velvet, un inconnu.
Rangée du bas (de gauche à droite) : Ingrid Superstar, Ondine, Tom Baker, Tiger Morse, Billy Name, Andy Warhol

Deux balles décochées par une féministe devenue folle, voilà qui, sans conteste, aurait été une fin plus digne de cet artiste toujours avide de publicité. Plus médiatique en tout cas que cette simple opération de la vésicule biliaire dont mourut Warhol en février 1987, à l'âge de 59 ans. Quelques jours après son décès, on le transporta à Pittsburgh où il fut inhumé. La ville de son enfance le récupérait. Et le fossoyeur du coin avait, comme il disait, son « premier enterrement de marque ».

Mais le chapitre Warhol n'était pas clos pour autant. Cette homme qui avait réussi, mais qu'assiégeait en permanence la peur du lendemain, avait accumulé dans ses différents domiciles une gigantesque montagne de tableaux, d'antiquités, de bibelots qui attendait de nouveaux propriétaires. L'héritage de Warhol fut mis en vente le 23 avril 1988 chez Sotheby's, à New York. Plus de 6 000 personnes cherchèrent à entrer. Le catalogue, en cinq volumes, comptait 3 429 numéros. « Le produit de la vente », écrit Victor Bockris, « fut largement supérieur à tout ce qu'on avait espéré. Pendant les dix jours qu'ont duré les enchères, presque tous les objets furent vendus considérablement plus cher que ce qu'on avait supposé. La Rolls Royce d'Andy, estimée à 15 000 dollars, partit à 77 000, une bague estimée à 2 000 dollars en rapporta 28 000, un Cy Twombly monta jusqu'à 990 000 dollars, un prix record pour cet artiste. Quand le dernier fut appelé et que le commissaire-priseur laissa retomber son marteau, c'étaient au total 247 830 dollars qui avaient été dépensés sur ce poste. Les experts de Sotheby's avaient estimé que la collection Warhol atteindrait les 15 millions. Or, on était arrivé à 25,3 millions. » Et Warhol, qu'est-ce qu'il aurait dit, lui, de tout ça ? Après avoir levé les yeux au ciel, Fran Lebovitz, une amie collaboratrice d'Interview, fut d'avis qu' « Andy [devait] être furax d'être mort ».

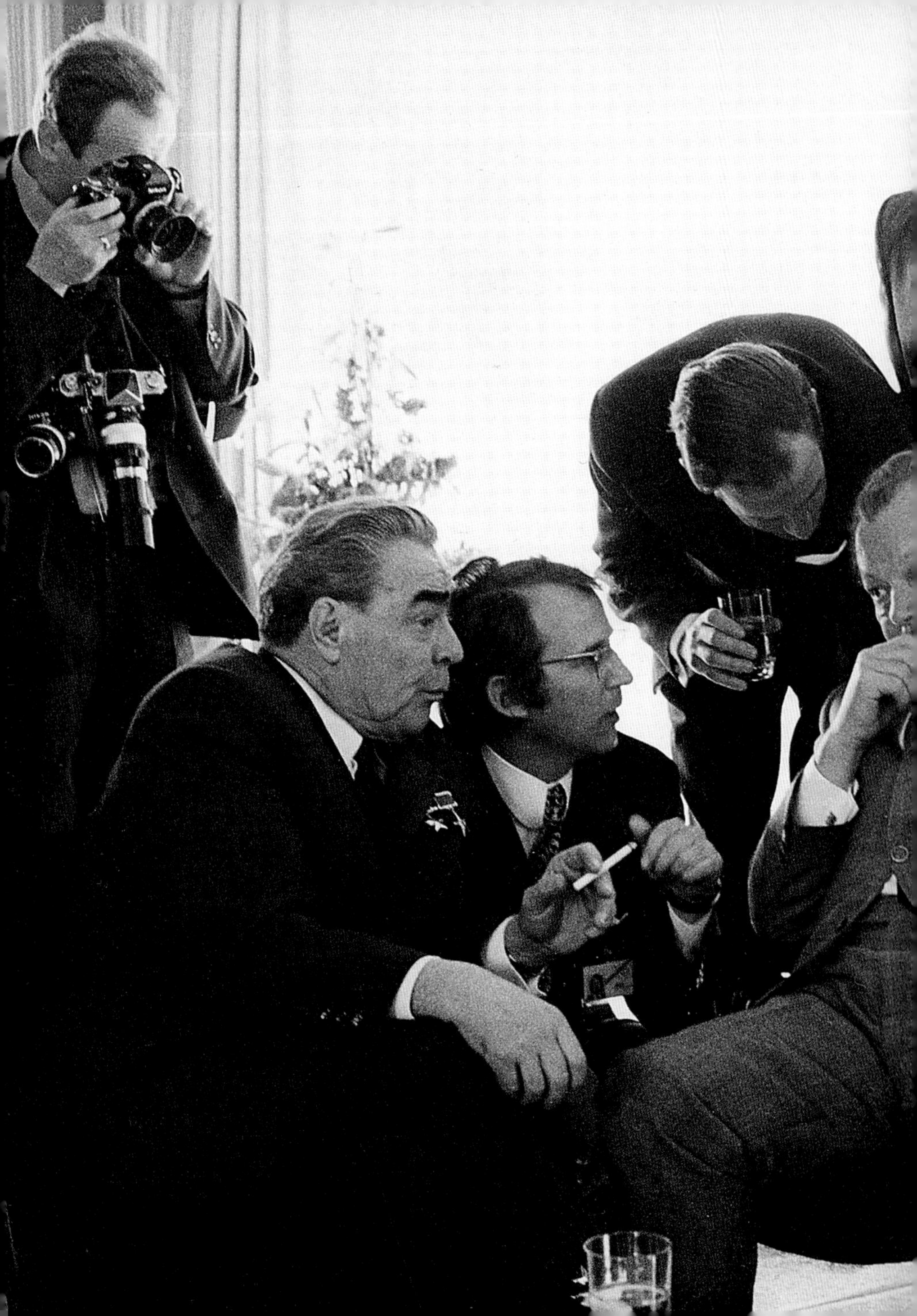

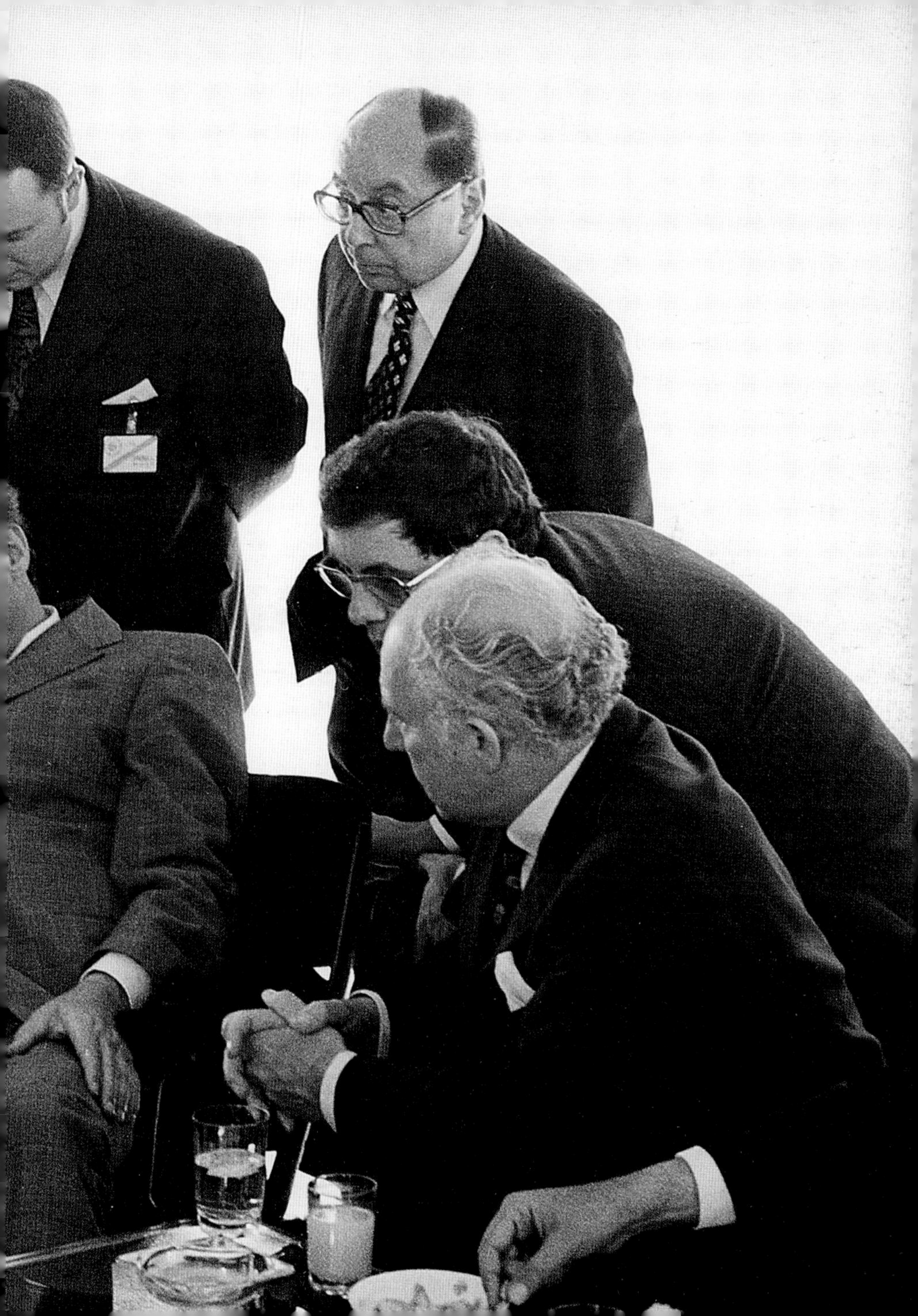

1973 Barbara Klemm
Léonide Brejnev, Willy Brandt, Bonn

Une visite sur le Rhin

En mai 1973, le leader soviétique Léonide Brejnev se rendit à Bonn. Cette première visite d'un dirigeant du Kremlin après la guerre avait été précédée de visites de Willy Brandt en Union Soviétique. Après plusieurs années de guerre froide, on s'acheminait, selon l'expression de Valentin Falin, vers des relations de bon voisinage.

Le petit groupe s'est retiré dans une pièce de la chancellerie de Bonn. Nous sommes le samedi 19 mai 1973. Il aurait dû en fait y avoir un cocktail avant le déjeuner, mais les circonstances ont fait qu'on s'est mis à l'aise dans le salon, à l'ombre. On reconnaît aisément, de gauche à droite, le leader soviétique Léonide Brejnev, le chancelier allemand Willy Brandt ainsi que le ministre fédéral des Affaires étrangères Walter Scheel. Il y a bien entendu d'autres personnes dans la pièce, mais l'appareil se concentre sur les protagonistes d'une rencontre qui, à ce moment-là, semble être entrée dans une phase critique. La situation a l'air tendue, même si aucun des participants ne manifeste sa nervosité par de grands gestes, au contraire. Le Russe a l'air pensif, Willy Brandt, dont le veston est remonté, le considère d'un regard scrutateur tandis que le ministre des Affaires étrangères et président du FDP fait plutôt figure de spectateur. C'est des interprètes et des conseillers, des « souffleurs », a-t-on envie de dire, qu'émane l'agitation. Debout ou accroupis, ils sont cinq à entourer les protagonistes.

Représentants de la politique, de l'économie et de la culture

Il est de tradition dans la presse de parler de ce qu'on a servi à manger et à boire. Ici, on ne voit que de l'eau, et vraisemblablement du jus d'orange. Quelqu'un sur la droite trouve l'occasion de grignoter des petits fours. On avait goûté la veille les plaisirs de la table, quand le chancelier

avait invité plus de 60 représentants de la politique, de l'économie et de la culture à un banquet donné en l'honneur de Brejnev au Palais Schaumburg. Helmut Kohl s'était décommandé, officiellement parce qu'il était mécontent de n'avoir pas été invité par le président du parti en fonction Rainer Barzel, ni par celui de la commission des Affaires étrangères du Bundesrat, Gerhard Stoltenberg. Mais la presse allemande ne porta qu'un intérêt secondaire à ces questions de politique intérieure.
Les manchettes des journaux sont consacrées à une visite que l'on considère comme historique, même s'il n'est pour l'instant pas du tout évident de savoir quelles en seront les retombées politiques concrètes. Du 18 au 22 mai, le secrétaire général du parti communiste d'Union Soviétique, Léonide Brejnev, est à Bonn. Il s'agit là de la première visite officielle d'un leader soviétique depuis la Deuxième Guerre mondiale. Khrouchtchev n'avait jamais pu réaliser son projet de se rendre en Allemagne. Sur le plan politique (et aussi sur celui de la politique intérieure), le voyage de Brejnev avait été mieux soutenu. Du côté allemand, on s'était là aussi soigneusement préparé. Il fallait surtout qu'un dialogue décrispé avec la puissance soviétique ne fasse pas naître de dissensions parmi les alliés occidentaux. A cela s'ajoutèrent, en provenance des milieux diplomatiques, des réserves quant à la pertinence de la présence de Brejnev qui, en tant que chef du parti mais non du gouvernement, n'était peut être pas la personnalité politique à inviter. Mais là encore, le pragmatisme l'emporta. En la personne de Léonide Brejnev, Brandt rencontrait « l'homme qui était à la tête de l'autorité soviétique », commentait ainsi la *Frankfurter Allgemeine Zeitung* dans son édition du vendredi (18 mai). Il aurait été l'interlocuteur soviétique le plus compétent que l'on pouvait souhaiter à l'ouest, « et pas seulement depuis qu'il ratifiait sans façon des traités internationaux pour son Etat ».
Les signes étaient tous favorables. Le baromètre est au beau, titrait le journal moscovite *Novoje Vrenia*, traduisant ainsi l'espoir d'une paix durable que nourrissaient les gens de l'Est et de l'Ouest. 51% des Allemands qualifièrent en effet cette visite de « bonne et utile », ce qui pourrait bien avoir tenu essentiellement à la personne de Brejnev lui-même, lequel se montrait particulièrement affable, avait l'air bien plus décontracté et même plus occidental que ses prédécesseurs, de Beria à Khrouchtchev. On fit l'éloge du « costume gris très seyant » du chef du parti qui, avec une tête de moins et un visage pourtant large, donnait néanmoins l'im-

Barbara Klemm

Née en **1939** à Münster. Apprentissage dans un atelier pour la photographie de portraits. A partir de **1959** travaille pour la *Frankfurter Allgemeine Zeitung*. Depuis **1970** photographe à la rédaction du *FAZ*. Membre de l'Académie des Arts de Berlin-Brandebourg depuis **1992**. Nombreuses distinctions dont en **1989** le prix Dr-Erich-Salomon de la DGPh. Plusieurs expositions, dernièrement en **1999** grande rétrospective à Berlin. Vit à Francfort sur le Main

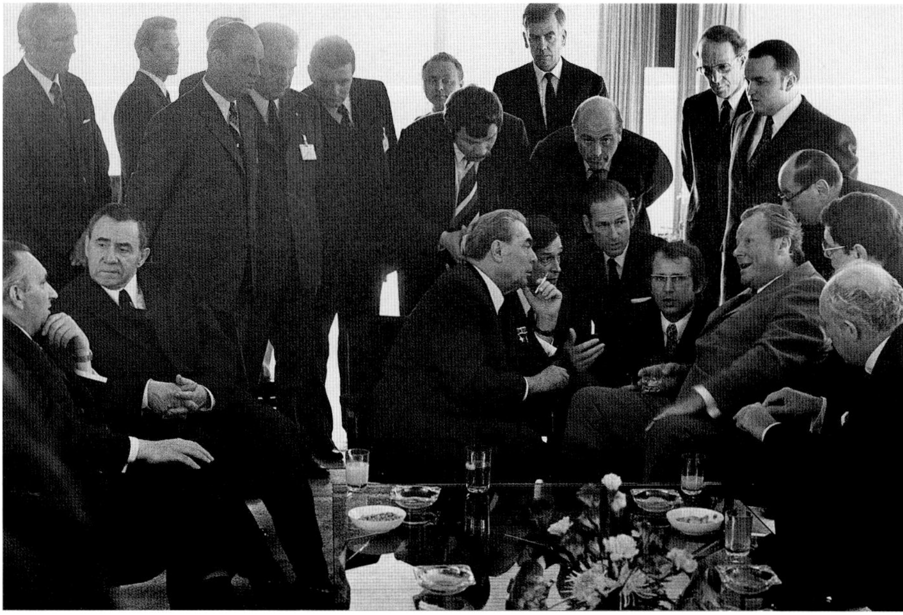

Barbara Klemm:
Brejnev et Brandt à Bonn, 1973

Une variante moins connue avec, à gauche, Egon Bahr et Andrei Gromyko

pression d'être plus mince que Willy Brandt dont on disait qu'il avait pris « un certain embonpoint, depuis qu'il ne fumait plus ».

Conscients de l'importance de la visite

Tous avaient conscience de l'importance particulière de cette visite. Avec Brejnev, écrivait la *Frankfurter Allgemeine*, c'était « l'homme le plus puissant du bloc de l'Est [qui se trouvait] sur le sol de la République Fédérale ». Les mesures de sécurité furent à la hauteur de l'événement. Il est question de quelque 20 000 agents en uniforme et en civil qui formèrent autour du chef du parti communiste un écran tel que « la grande majorité des journalistes eux-mêmes ne pouvaient pas apercevoir le blanc de ses yeux ». 900 journalistes se trouvaient à Bonn, parmi lesquels Barbara Klemm, née en 1939, fille du célèbre peintre Fritz Klemm et photographe à la *Frankfurter Allgemeine Zeitung* depuis 1970. C'est la première fois qu'on l'envoie en reportage dans la capitale fédérale. Elle est seule, avec trois collègues, à avoir accès à la pièce où se trouvent Brejnev, Brandt et Scheel. Les caméras de cinéma et de télévision sont interdites. Klemm fait en tout trois ou quatre pellicules. Il semblerait que le chef du parti communiste l'ait remarquée. On dit qu'il se serait étonné de voir qu'ici, une femme pouvait exercer « le dur métier de reporter photographe ». Toujours est-il qu'au moment de la prise de vue, Brandt et Brejnev sont entièrement préoccupés d'eux-mêmes. L'optimisme du début semble avoir fait place à la réserve et au scepticisme. Disparu ce rire sonore avec lequel Brejnev avait inauguré son voyage officiel. On notera toutefois que la *FAZ* ne publiera cette image clé que quelques années plus tard, plus exactement en 1976, en même temps qu'un article sur l'exposition de Barbara Klemm à Hambourg. Le supplément en impression hélio du week-end (26–27 mai 1973) donnait, lui, la préférence à quatre autres clichés, nettement moins parlants.

Une rencontre aux retombées politiques minces, mais dont le climat est capital

Les pourparlers entre Brejnev et Brandt, entre les Allemands et les Russes prirent effectivement une tournure plus délicate que prévu. Deux ans après la rencontre de Crimée, considérée comme une étape importante sur la voie de la normalisation, un an après la signature du traité de Moscou, c'était une fois de plus le statut de Berlin qui mettait un frein à l'émergence d'un dialogue constructif. Il n'aurait su être question de consensus. On négocia pendant des heures (pas moins de dix heures d'affilée rien que le dimanche) pour que cette visite soit tout de même une réussite sur le plan politique. La situation tendue qui ressort du cliché de Barbara Klemm avait toutefois des origines on ne peut plus profanes. On raconte en effet que le chef du parti communiste se mit à souffrir de maux de dents, de sorte que le protocole fit nécessairement l'objet d'aménagements. C'est ainsi qu'une photo de presse devint le miroir d'une rencontre dont les retombées politiques sont peut-être minces, mais dont le climat lui confère une importance à l'intérieur de l'Histoire récente qui n'a rien de surfait. La *FAZ* l'avait prévu : « La collaboration germano-soviétique au quotidien », ni plus ni moins, avait commencé.

Barbara Klemm:
Brejnev, Falin, Brandt

Ce portrait de groupe fit la une de la FAZ, 26/27 mai 1973. La véritable « icône » ne fut pas imprimée à l'époque.

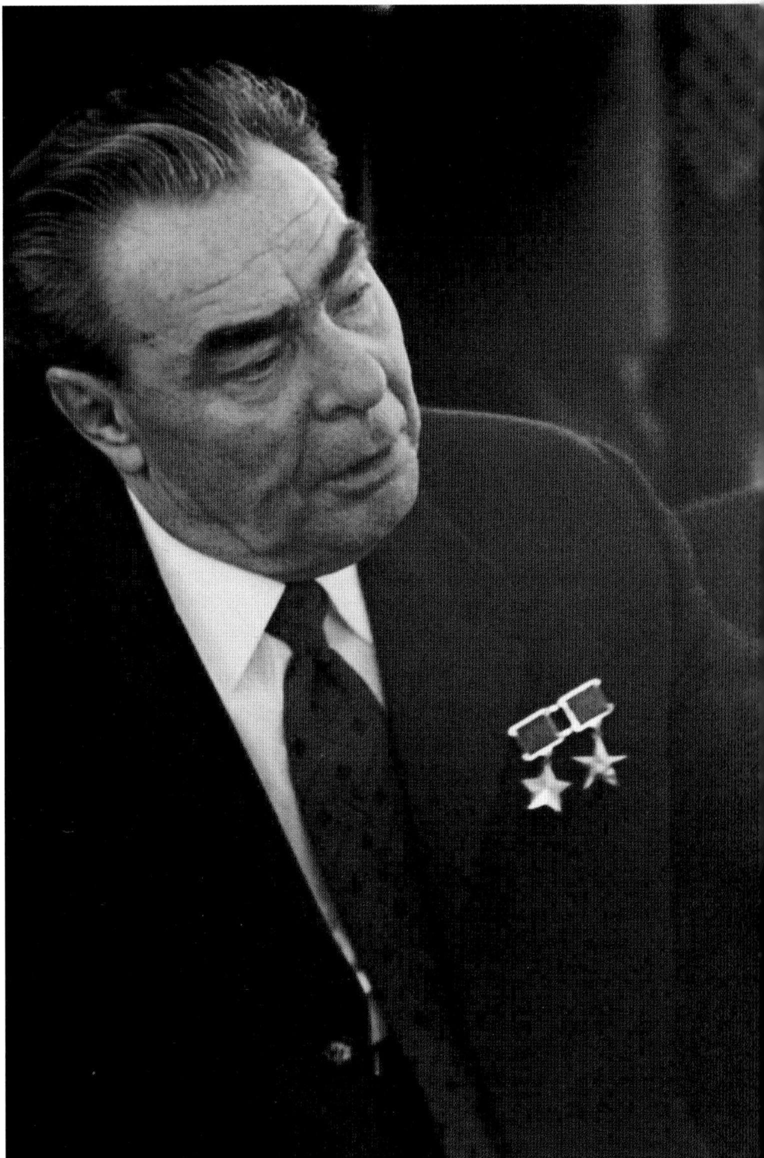

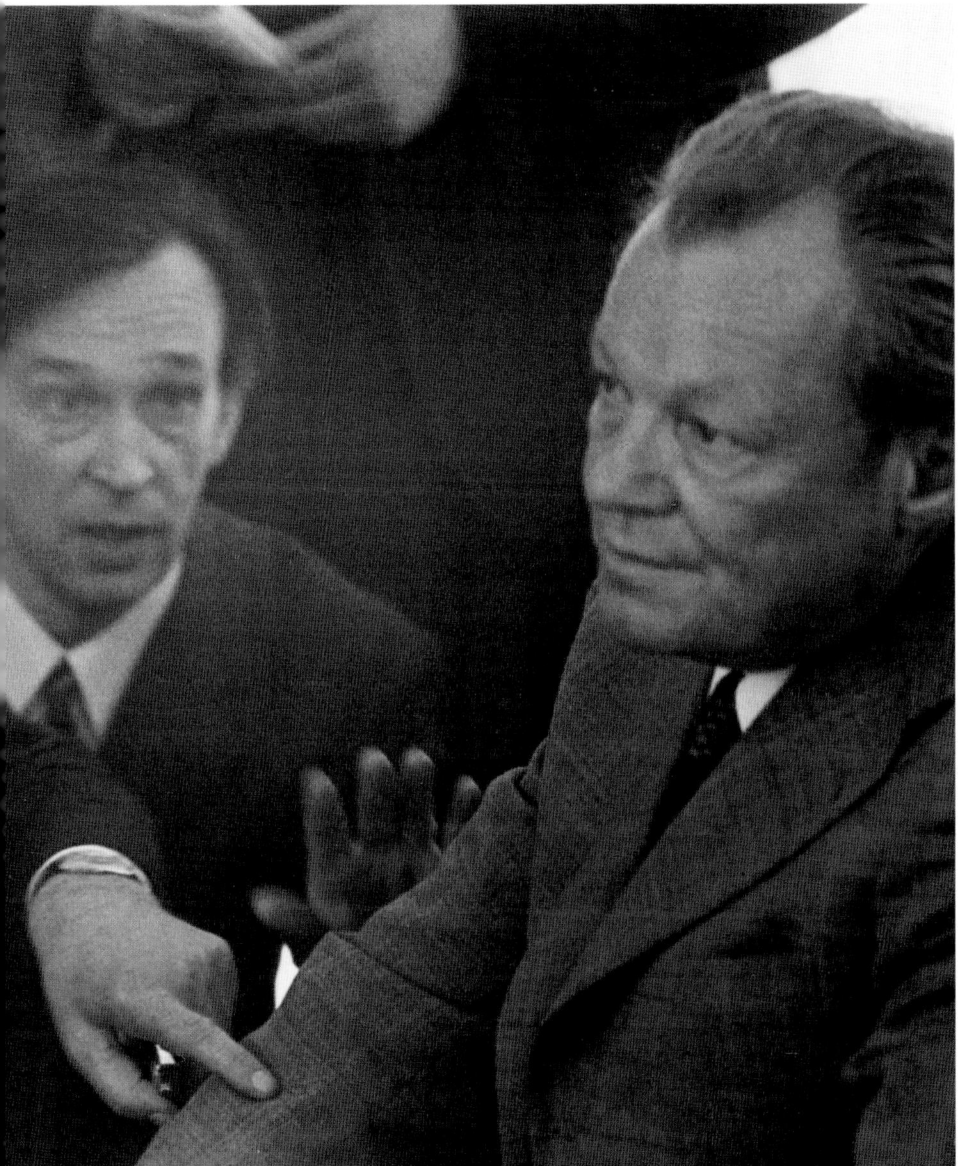

Léonide Brejnev, Willy Brandt, Bonn

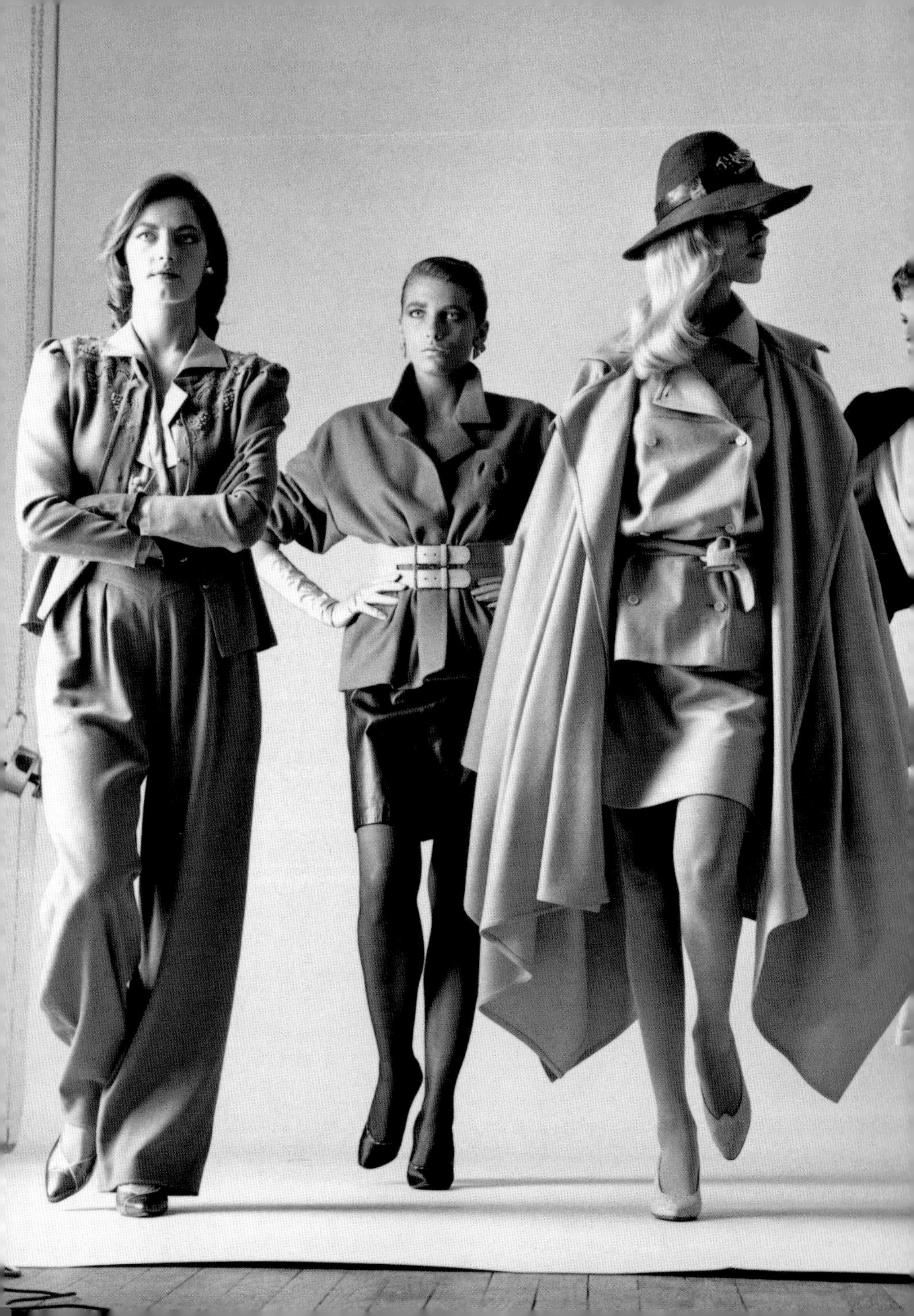

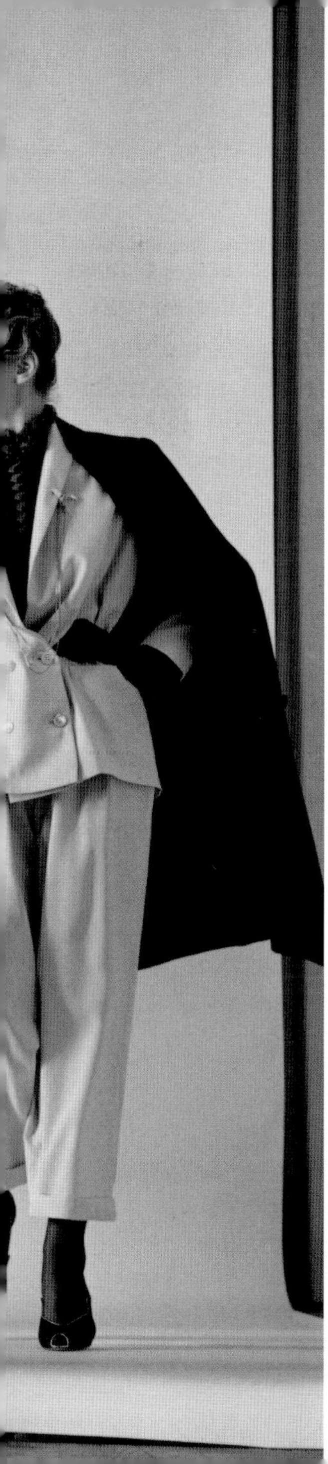

1981 Helmut Newton
Elles arrivent !

Des battantes sur papier glacé

Le diptyque marque une césure. Et il fut reçu – cela va sans dire – comme une provocation. Publiée en 1981 dans l'édition française de *Vogue*, la photographie d'Helmut Newton *Elles arrivent !* se voulait une métaphore empreinte de connotations érotiques d'une image des femmes alors en pleine évolution.

Cette fois, pas de jardins italiens ou de chambres d'hôtel fin de siècle, pas de plages sur la Côte d'Azur, de promenades, pas d'appartements new-yorkais avec vue ou d'intérieurs cossus du 16e arrondissement, mais la sobre moulure d'un studio professionnel. La chose est inhabituelle pour Helmut Newton, amateur de mises en scène, et de préférence là où la vie est chez elle (ou du moins l'a été). Ses photos, dont beaucoup se ressentent de l'influence du cinéma allemand de l'entre-deux-guerres, peuvent même avoir pour décors des ponts ou des passages souterrains, des gares ou des aéroports. Cela dépend de ce que lui propose son énorme carnet, irremplaçable réservoir d'idées puisées à la source même de la réalité. Newton est un réaliste. Tant du moins qu'on accepte que les rêves, les désirs et les fantasmes relèvent de l'inventaire de la réalité. A la seule différence peut-être – mais essentielle – par rapport au monde des choses qui nous entourent, qu'on n'a pas besoin de tiroirs pour les ranger. A toutes ces choses qui font tourner le monde, à savoir nos passions collectives, nos fantasmes, nos aspirations refoulées et nos désirs sublimés, Helmut Newton réussit à donner une forme iconique. Non pour rendre service à la nation, mais pour se rendre service à soi. S'il se souciait des goûts du public, dit-il, il ne réussirait jamais à faire une photo. « Non », affirme-t-il, « je ne fais que ce qui me plaît. »
Helmut Newton est un jardinier des délices, le botaniste assurément le plus connu et automatiquement le plus contesté des pulsions collectives ; un dernier élève de Freud dont le médium n'est pas le divan, mais

l'appareil photo : petit format ou 6 x 6, flash électronique ou lumière naturelle – mais les données techniques ne sont pas d'une très grande utilité pour cartographier le paysage idéel d'un Helmut Newton et sa prodigieuse inventivité ; un microcosme clos sur lui-même, avec des règles que, rétif à toute théorie, Newton n'a jamais essayé de formuler de façon programmatique mais qui, rétrospectivement, se laissent très bien distiller. Les « photos de films » de Newton, ses scènes glacées, clairement « artificielles » et en même temps parfaitement cohérentes par rapport à l'univers créé par l'artiste photographe, tournent autour du pouvoir et de l'assujettissement au sein du dialogue sexuel, de la puissance et de la passion, de la séduction, du désir et de l'amour physique. L'agencement de son royaume est éminemment vertical. Pas de coexistence de personnages, mais des hiérarchies très nettes dans lesquelles un rôle déterminant est assigné à la femme. Les bottes et les fouets, les selles et les éperons, les chiens de berger, les chaînes, les hauts talons sont les symboles récurrents d'un système complexe de signes dans lequel le spectateur attentif pourra également découvrir une profusion de miroirs et de longs corridors, d'escaliers et de balcons suspendus à des hauteurs vertigineuses, de piscines et de garde-fous. La fuite, la chute et la mort participent pour le moins de l'univers photographique de Newton.

La mode, un prétexte à autre chose

Helmut Newton aime la mise en scène, moyen pour lui d'avoir un contrôle absolu de l'image, ce que Michael Stoeber rattache à la biographie de l'artiste. Quand on a, comme Newton, été privé par les circonstances de conditions de vie normales, il est possible qu'on recherche « le contrôle absolu de sa propre existence ». On sait que ce fils d'un fabricant de boutons, né à Berlin en 1920, a dû quitter l'Allemagne à dix-huit ans. Ce fut une prudente décision, comme devait le prouver le sort d'Yva, auprès de qui il avait appris la photographie, disparue à Auschwitz. Même si le chemin qui le mena en Australie ne devait pas être facile, pas plus du reste que ses démarches pour être reconnu en tant que photographe professionnel. Toujours est-il qu'au début des années 60, Helmut Newton retourne en Europe où il trouve un tremplin quasiment génial dans l'édition française de *Vogue*, dont la rédactrice en chef était la courageuse Francine Crescent. Bien entendu, la morale est encore étroitement délimitée. Mais les signes de cette mutation qu'on pourrait – prudemment –

Helmut Newton

Né en **1920** à Berlin d'un père fabricant de boutons. **1936–38** apprentissage au studio de la photographe berlinoise Else Simon (Yva). **1938** s'enfuit d'Allemagne. A partir de **1940** réside en Australie. Naturalisé Australien depuis **1944**. Epouse l'actrice June Brown (alias Alice Springs). **1956** revient en Europe. Passe un an à Londres. **1957** s'installe à Paris. Travaille pour *Vogue*, *Elle*, *Marie Claire*, *Jardin des Modes*, *Nova*, *Queen*. Depuis **1971** de plus en plus de projets pour son propre compte. **1975** première exposition individuelle à la galerie Nikon, Paris. **1976** publication du livre *White Women*. **1987** grande rétrospective au Rheinisches Landesmuseum, Bonn. **1992** obtient la croix du mérite de la République fédérale allemande. **2000** rétrospective à la Neue Nationalgalerie, Berlin. Vit à Monte-Carlo

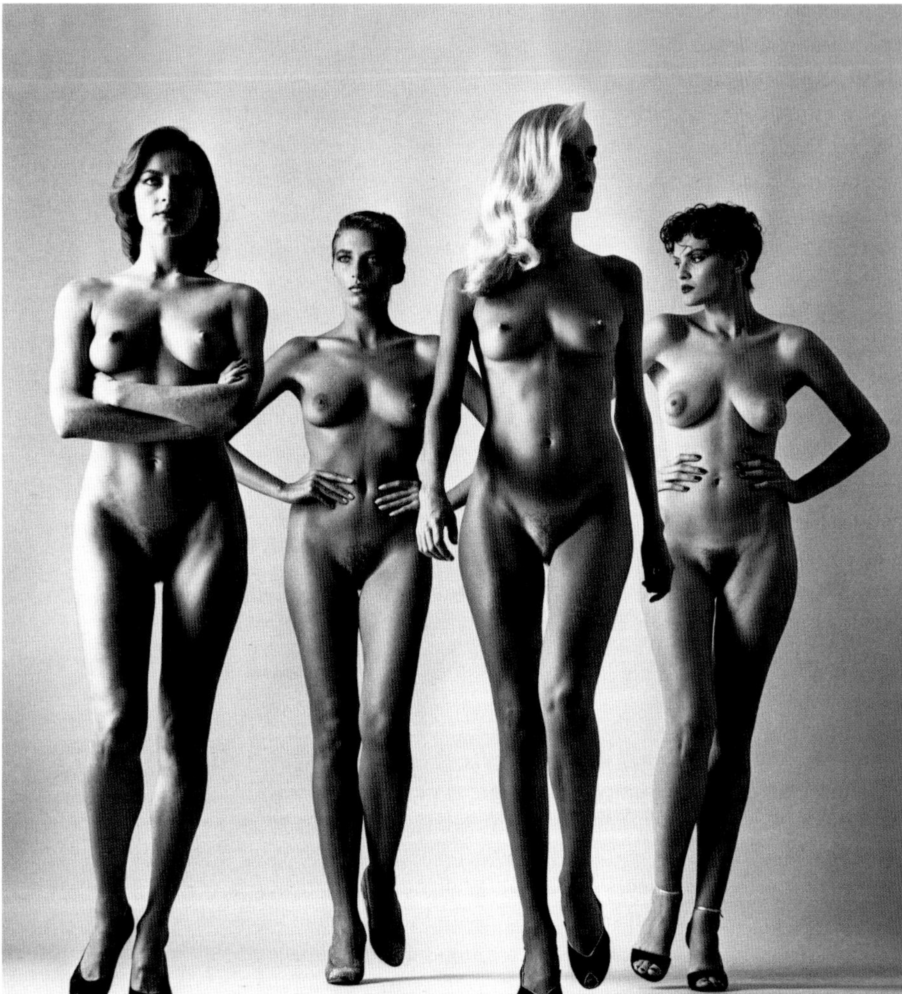

Helmut Newton: Elles arrivent! (nues), *1981. Le cliché fait partie sans conteste des photos les plus connues de Newton.*

faire commencer à l'album photo d'Ed van der Elsken, paru en 1956, *L'Amour à Saint-Germain des Prés*, et qui culmina comme chacun sait dans la fameuse « révolution sexuelle » de 1968, étaient patents. D'une certaine façon, Helmut Newton participa de et à ce mouvement. Ce qui veut dire que d'une part, lui et son univers photographique ont profité du processus de libéralisation des mœurs. Et que d'autre part, son explora-

tion permanente de ce qu'il était possible de faire a contribué à repousser les limites de la tolérance.
Helmut Newton est photographe de mode. Mais les coupes et les tissus ne l'intéressent toutefois que de façon marginale. La mode est pour lui un prétexte à autre chose et en ce sens – ce qui lui facilite le travail –, la distance qui le sépare de sa véritable obsession n'est pas très grande, surtout si l'on a en mémoire le fait que la mode, ce vieux jeu qui consiste à montrer et à cacher, constitue au fond le ressort de tout érotisme. Les choses que montre Newton peuvent être liées à des commandes. Mais elles sont nourries de ses propres obsessions, de ses désirs et de ses rêves, de ses envies et de ses angoisses. Et le succès de ses fantaisies photographiques en noir et blanc prouve qu'il touche des désirs collectifs. Newton met en images ce que beaucoup oseraient à peine penser.
Le souffleur de Newton est la réalité. C'est dans le potentiel – éminemment – érotique du quotidien qu'il recharge ses batteries de créateur. Il a toujours insisté sur le fait qu'il n'était guère autre chose qu'un voyeur, litote qui flirte avec la coquetterie mais qui néanmoins, est très explicite de la conception qu'il a de son art, lequel n'a d'autre école que la vie, surtout là où elle est pleine, vigoureuse et gonflée de désir, mais aussi là où elle est moins tapageuse. Doué d'une perception aussi vive que sélective, le « mauvais garçon de la photographie », comme il se désigne lui-même, capte alors ces signaux de lascivité qu'il transforme ensuite en des images qui sont ressenties comme provocatrices, même à une époque dont les tabous sont largement évacués. « Je suis un bon observateur des gens », dit Helmut Newton. On pourrait, pour être plus précis, parler de sismographe de ces messages que les femmes, et de préférence les « cool girls », émettent à travers leurs gestes, leurs regards, leur démarche ou leurs vêtements. Si la rue est son magasin d'accessoires, il en transcende la banalité par l'adjonction d'éléments empruntés à l'univers de la jet-society, et qui la transforment en un véritable décor de contes de fées.
« Les gens sur mes photos ‹ sont arrangés › comme dans une mise en scène », dit Helmut Newton qui ne cherche nullement à taire la genèse de ses créations. « Mais ce n'est pas pour autant que mes photos sont truquées ; elles réfléchissent ce que je vois de mes propres yeux dans la vie. » Newton aime à cet égard citer une photo intitulée *Tour Eiffel* (1974), que l'on vit pour la première fois dans *White Women*, son premier livre qui est en même temps son ouvrage majeur dans la mesure où il préludait à sa

réception par le monde de l'art. Il s'agit avec cette image d'une vue de l'arrière d'une limousine qui, une fin de soirée, est transformée en « chambre à coucher ». Une belle jeune femme blonde est alanguie sur la banquette de cuir. Abstraction faite d'une veste en cuir déjà repoussée, elle ne porte plus qu'un slip transparent sur lequel est brodée une tour Eiffel, signe de ce que Klaus Honnef appelle « le côté équivoque et ambigu » d'Helmut Newton. Au fond, un homme anonyme se met à l'entreprendre, tripote sa fermeture éclair et l'aide à retirer ses bottes à hauts talons. Selon Newton, « la scène se passe sans aucun doute après la fermeture des bureaux. Un homme d'affaires a donné rendez-vous à sa petite amie. Il conduit une DS noire. Sur le siège, à côté de la femme, est posé *Le Monde*, le journal de l'establishment. Et que fait-il avant de rentrer chez lui – il n'a pas encore atteint le stade d'aller à l'hôtel avec son amie – , il la déshabille dans la voiture. Des scènes comme celle-ci se déroulent tous les jours, en été, au Bois de Boulogne. Les voitures y sont alignées comme dans une ‹ Lover's Lane › américaine. »

La basse continue de son art photographique

Helmut Newton est obsédé par l'idée de la nudité féminine ou plus exactement, par l'idée que sous chaque « grande tenue » se dissimule un corps aux formes plus ou moins belles. La mode est le rideau de scène qu'il s'agit d'écarter. Mais peut-être pas. Car il est quasi certain que cet acte, cette cérémonie fonctionne en quelque sorte comme la basse continue de son art photographique. Dès le milieu des années 70, Newton a photographié des filles entièrement nues sous leur manteau de fourrure dans le métro parisien. Ce qui n'était pas sans danger, comme l'avoue le photographe. « Le règlement du métro étant très strict, elles peuvent pour cela atterrir en prison. » Mais Newton aime à sonder les limites du possible, que ce soit dans la vie de tous les jours ou dans l'art, ce qui pour lui revient à peu près au même. Il a contribué de façon non négligeable, avons-nous vu, à ce recul des limites qui s'est nettement amorcé dans les années 70. En ouvrant légèrement le rideau, il a transformé de façon radicale notre idée de ce qui est permis ou interdit. A la fin du processus, ses modèles sont nus, sans manteau ni fourrure. Mais portant toutefois ces talons aiguilles noirs. « Quand je vois une femme », dit Helmut Newton, « je jette d'abord un regard à ses chaussures. Les hauts talons rendent une femme sexy et lui donnent quelque chose de menaçant. »

De plus en plus obsessionnel

Helmut Newton est artiste. C'est apparemment sans difficulté que son œuvre a eu accès aux cimaises sacrées des musées des beaux-arts du monde entier. Ce qui est d'autant plus étonnant que pour la plupart, ses photographies sont loin de nier l'arrière-plan commercial des magazines et de la publicité qui constituent les racines du photographe. Newton a effacé pour nous la frontière entre « libre, personnel » et « appliqué ». Frontière qu'il n'a jamais prise au sérieux. « C'est dans le cadre de commandes », avoue-t-il, « que ce soit pour les magazines ou la publicité, que j'ai toujours trouvé mon inspiration. Pas toutes, mais presque toutes mes meilleures photographies sont issues de ces contraintes. » Les idées de Newton, a fait remarquer un jour le commissaire de Sotheby Philippe Garner, sont des idées coûteuses. Elles demandent la matière première la plus noble et le professionnalisme absolu de visagistes, de coiffeurs ou de stylistes. Newton a besoin, en d'autres termes, de l'arrière-plan des grands magazines et des éditeurs, de leur soutien tant logistique que financier. Aussi la commande était et reste-t-elle l'humus dont se nourrit son travail, même si, en tout cas au début, tout ne pouvait pas y pousser de ce qui troublait l'érotomane qu'est Helmut Newton – du moins officiellement. Le photographe se souvient d' « une commande de rêve » : « Je dois faire des photos pour la revue *Réalités* dans cet hôtel magnifique. J'ai deux modèles intéressants, mais aussi un problème. Mon premier livre, *White Women*, est presque terminé, il ne manque plus que quelques images ; il faut que ce soient des nus assez osés, alors que pour *Réalités*, j'ai besoin de photos élégantes qui aillent avec le caractère de la revue. Je me suis décidé à faire deux versions de la même photo, une nue et l'autre habillée. » Depuis lors, reconnaît Newton, son intérêt pour la dichotomie « nu / habillé » est devenu de plus en plus obsessionnel. Parue pour la première fois dans le numéro de l'automne 1981 de *Vogue* France, *Elles arrivent !* représentait incontestablement l'apogée ainsi que, d'une certaine manière, le couronnement d'une obsession qui, du point de vue formel, ne pouvait guère aller plus loin. La courageuse rédactrice en chef Francine Crescent avait consacré huit pages à la série de Newton, « risquant [ainsi une fois de plus] sa place pour lui », comme se souvient Karl Lagerfeld. Il est de fait que la nudité intégrale en talons aiguilles fait presque partie du vocabulaire de base de l'art photographique de Newton, que l'on songe simplement à *Rue Aubriot* (1975) ou à *Mannequins quai d'Orsay II*, photos extraites de son second livre *Nuits blanches*, où par deux fois (si l'on fait abstraction du thème récurrent de l'amour lesbien) l'opposition « nu / habillé » est esquissée. L'une de ces photos est née, si l'on veut, à la faveur de la nuit, l'autre dans le confinement d'un salon. Aussi émane-t-il d'elles une intimité qui, des *Big Nudes* à la séquence qui nous occupe, a totalement disparu de l'univers de Newton. Le titre *Elles arrivent !* souligne la détermination d'une nudité qui s'affiche désormais comme naturelle, mais aussi et surtout comme un signe de vulnérabilité. Vues ainsi, les femmes de Newton des années 80 sont bien des *Big Nudes*, grandes, fortes, résolues et prêtes à conquérir des domaines jusqu'ici réservés aux hommes.

L'horreur du trop lisse, du trop parfait

Newton avait déjà imaginé, à titre d'essai, de résorber dans des diptyques l'antagonisme « nu / habillé ». C'était pendant l'été 1981, à Brescia, dans une villa de style fasciste du bord de mer. « Les mêmes circonstances, la même femme », comme sait le raconter Karl Lagerfeld, « une fois habillée, une fois nue (mais en hauts talons, ce qui pour Newton est la véritable condition de la nudité de la femme). La reconstitution est parfaite, mais une seule chose a irrémédiablement disparu : la lumière. Le soleil a tourné, et les heures enfuies ne reviendront plus jamais. » Ces séances de photo dans le nord de l'Italie furent riches d'enseignement pour Helmut Newton, qui troqua l'ambiance pleine de charme d'une villa d'été contre l'atmosphère aseptisée d'un studio parisien. Le modèle solitaire a fait place à un groupe de quatre Grâces. Les flous dus au bougé, présents dans la séquence italienne, ont disparu au profit d'une entrée en scène véritablement « glacée ». Le spectateur attentif remarquera que le parallélisme des détails n'est pas scrupuleusement respecté. Il y a eu emmêlement au niveau des chaussures, et le modèle du fond à gauche a inversé jambe de soutien et jambe libre. La « projection »a eu un raté, dirait-on en langage de cinéma. Une erreur donc, ou bien une intention qui va dans le sens de l'horreur du trop lisse, du trop parfait ?

Newton fait de ses femmes des héroïnes. Il a toujours apprécié la féminité triomphante et dominatrice. Les hauts talons, la forte contre-plongée, la neutralité du fond clair sur lequel ils font ressortir, comme s'ils étaient travaillés au burin, les formes des corps, renforcent dans notre cas l'impression de menace, en particulier dans la version « déshabillée ».

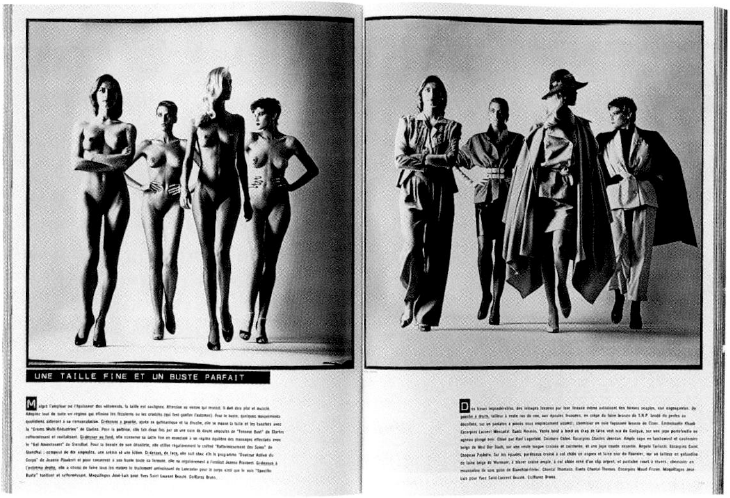

« Beauté – Silhouette 82 » : page double de Vogue *(France), novembre 1981, avec publiée pour la première fois la photo connue aujourd'hui sous le titre* Elles arrivent !

Dans les magazines, c'est en général la page droite qui est considérée comme la plus importante. Dans la première publication de *Vogue*, la variante « nue » est reproduite à gauche avec en regard la variante « vêtue », ce qui semble logique si l'on tient compte du sens de la lecture et si l'on part du fait que l'homme était d'abord nu avant d'être habillé. Dans son livre *Big Nudes*, qu'il a lui-même conçu, Newton a inversé l'ordre des images, ce qui montre peut-être lequel des motifs lui tient le plus à cœur. Même s'il faut souligner que l'intérêt de la composition réside dans son caractère de diptyque. C'est en effet l'exposé de la thèse, puis celui de l'antithèse qui fait tout le charme de cette idée. A l'époque, *Vogue* avait inséré cette séquence dans un dossier intitulé « Beauté – Silhouette 82 ». « Travaillez à votre corps », annonçait brièvement le titre de couverture, « pour qu'il porte avec grâce la mode de l'hiver prochain. » Il est intéressant de remarquer qu'à l'automne 1939, il y avait déjà eu un sujet similaire dans l'édition française de *Vogue*. La mode étant aux vêtements ajustés qui soulignent les lignes du corps, on avait alors redécouvert le corset et voulu le faire adopter par les femmes. On leur demande à présent de faire de la musculation. Il ne fait aucun doute qu'Helmut Newton est le témoin d'une évolution dramatique du rôle de la femme dans la société. Et qu'il est son iconographe majeur, même s'il n'est pas rare qu'il soit mal compris.

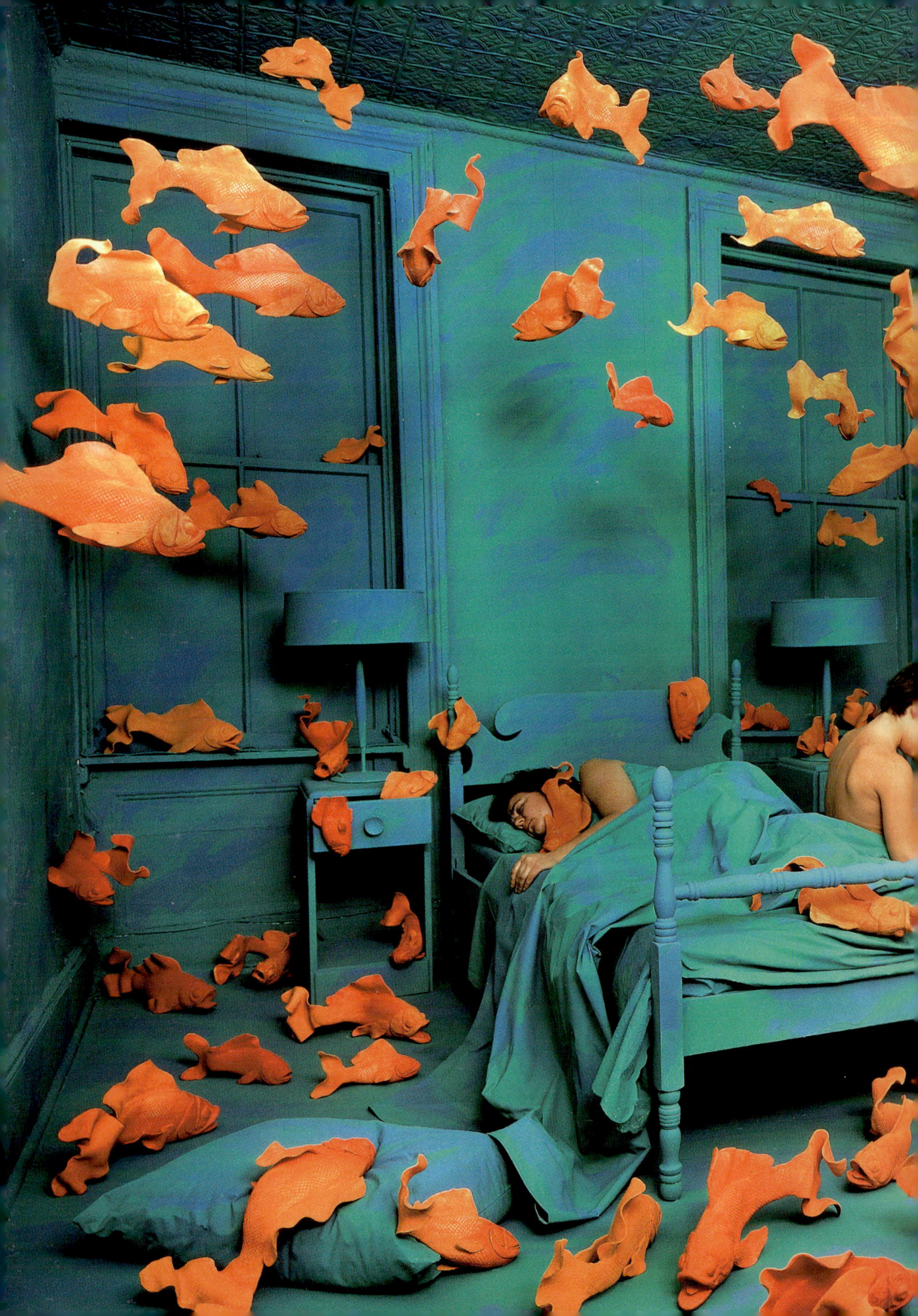

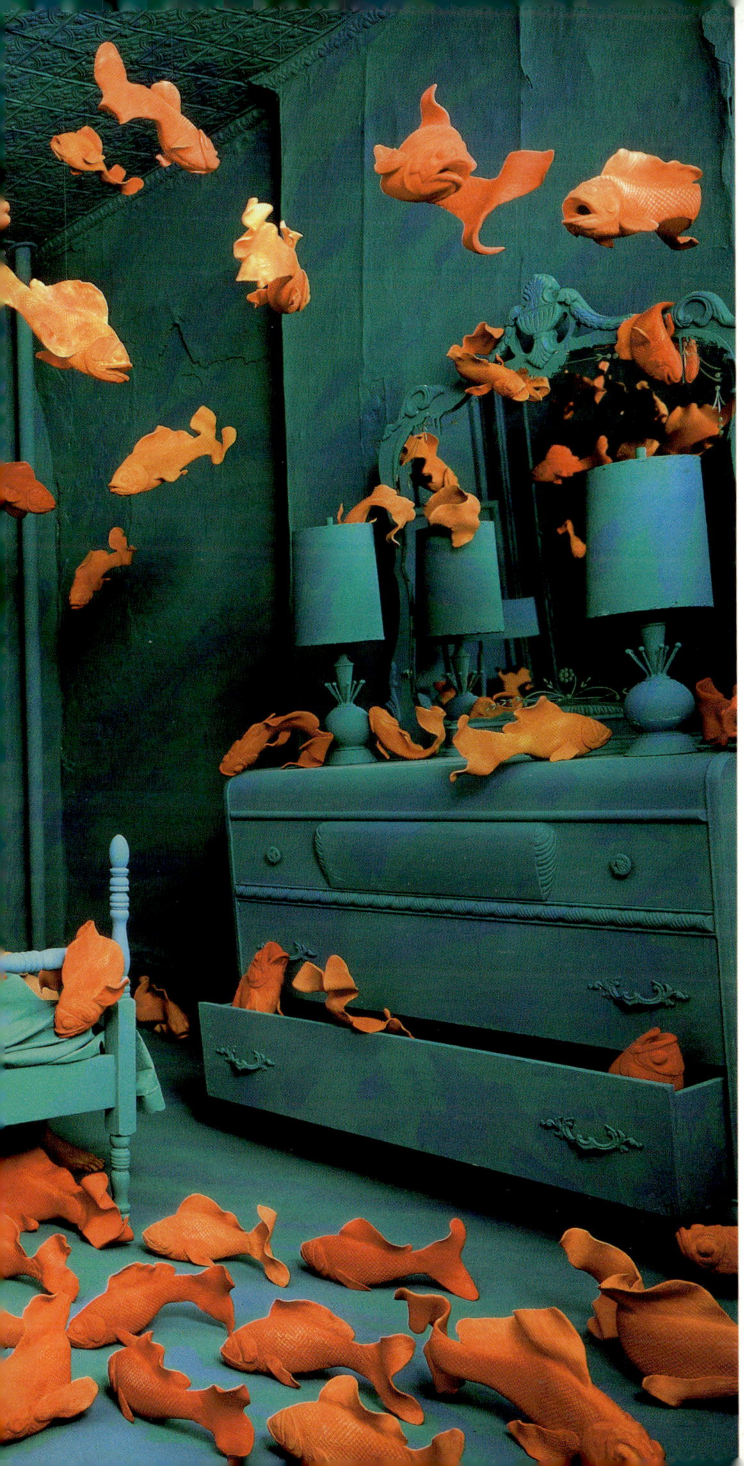

1981 Sandy Skoglund
Revenge of the Goldfish

Des cauchemars en toute sérénité

Il est de plus en plus fréquent depuis les années 80 que les artistes photographes assurent l'entière construction de leurs images, évoluant ainsi délibérément dans le sillage de la publicité. L'imagination et l'humour sont les moyens par lesquels ils s'émancipent des commandements des classiques modernes. Au lieu de trouver leurs motifs dans la réalité et de les « prendre » sans intervention ni manipulation, ils inventent de nouveaux univers par le biais de l'image. Il n'est pas rare, et c'est là leur façon de répondre aux défis de la postmodernité, que leurs manipulations servent des idées violentes. A côté de Cindy Sherman ou de David LaChapelle, Sandy Skoglund fait partie des éminents représentants de ce qu'on appelle « la photographie mise en scène ». Cette artiste résidant à New York construit à cet effet des « environnements » dont elle aimerait qu'ils soient eux aussi considérés comme de l'art.

Le paradoxe est évident. *Revenge of the Goldfish*, tel est le titre qu'a donné Sandy Skoglund à ce travail datant de 1981. On verra surgir dans des tableaux ultérieurs des renards ou des chiens. Le spectateur pourra être pris de nausée devant les germes de *Germs are Everywhere* (1984), ou se sentir mal à l'aise face aux chats vert fluo de *Radioactive Cats* (1980). Le grouillement des écureuils de *Gathering Paradise* (1991) est d'une certaine façon plus menaçant que les énormes poissons rouges que l'on voit ici envahir une chambre à coucher bourgeoise. Les deux protagonistes semblent effectivement ne pas s'être aperçus de l'apparition des poissons. Elle dort. Lui, assis au bord du lit, rêve, les yeux dans le vague. La scène oscille étrangement entre le réel et le surréel. La menace que laissait entendre le titre s'avère être dans l'image une atmosphère tout à fait paisible et détendue. Si ce n'est toutefois l'impression quelque peu inquiétante que produit l'accumulation des créatures de couleur ocre qui, de surcroît, se sont fourvoyées dans un environnement qui n'est pas le leur. L'aménagement de la pièce, lui, n'a rien d'insolite ; on y trouve en effet tout ce qui devrait constituer le mobilier d'une chambre à coucher traditionnelle, lit, commode, lampe, miroir, fenêtre à croisillons. Le tout baignant cependant dans un vert glauque, et donnant un peu l'impression d'un énorme aquarium. Se pourrait-il que le sujet de cette image soit le renversement d'un principe, que son propos soit de montrer l'homme dans un environnement qui lui est pour ainsi dire étranger, comme un prisonnier de la nature, de la même façon que dans l'aquarium domestique, c'est la nature qui est prisonnière de l'homme ?

Des sculptures de papier mâché, de plâtre ou de polyester

Quand on est confronté pour la première fois aux travaux photographiques de l'Américaine Sandy Skoglund, qu'on se remet de l'effet de trompe-l'œil dû à la construction minutieuse de ses installations et qu'on a identifié les poissons rouges, les écureuils, les chats, les chiens ou les bébés en les prenant pour ce qu'ils sont, c'est-à-dire des sculptures de papier mâché, de plâtre ou de polyester, quand on a donc reconnu dans le cadre un saisissant décor de théâtre à la jonction entre le vrai et le faux, le réel et l'artifice, on en vient nécessairement à s'interroger sur la façon de procéder, tant technique qu'artistique, de l'artiste américaine. Disons d'emblée que Sandy Skoglund est la maîtresse unique – dans le sens de la notion d'auteur inaugurée par la Nouvelle Vague – de toutes les phases de la création de l'œuvre. C'est elle qui élabore l'idée, construit l'atmosphère dans son gigantesque atelier de Soho, le quartier artiste de New York, fait des esquisses et des modelages des figures d'après des modèles photographiques empruntés à la littérature, avant d'installer sa grosse chambre 16 x 20 cm, de contrôler sur le dépoli la progression de la mise en scène, de construire l'éclairage et enfin, de déclencher.

Une profusion de sévices infligés à la photographie

Skoglund elle-même ne se considère pas davantage sculpteur que peintre ou photographe. Douglas Crimp a parlé à cet égard d'une « hybrida-

Sandy Skoglund

Née en **1946** à Quincy/Massachusetts. **1964** High School. **1964–68** Smith College, Northampton/Massachusetts. Pendant un an, étudie l'art à la Sorbonne. **1969–72** études (film et multimédia) à l'université de Iowa (M.F.A.). **1972** s'installe à New York. Peinture sur panneau de bois dans l'esprit du Minimal Art. **1979** se tourne vers la photographie. Est découverte en **1981** à la Whitney Biennal avec *Radioactive Cats* **1980** et *Revenge of the Goldfish* **1981**. Nombreuses expositions individuelles, entre autres en **1992** à Paris, en **1995** à Arolsen, en **1998** à Northampton et en **2000** à West Palm Beach. Vit et travaille à New York

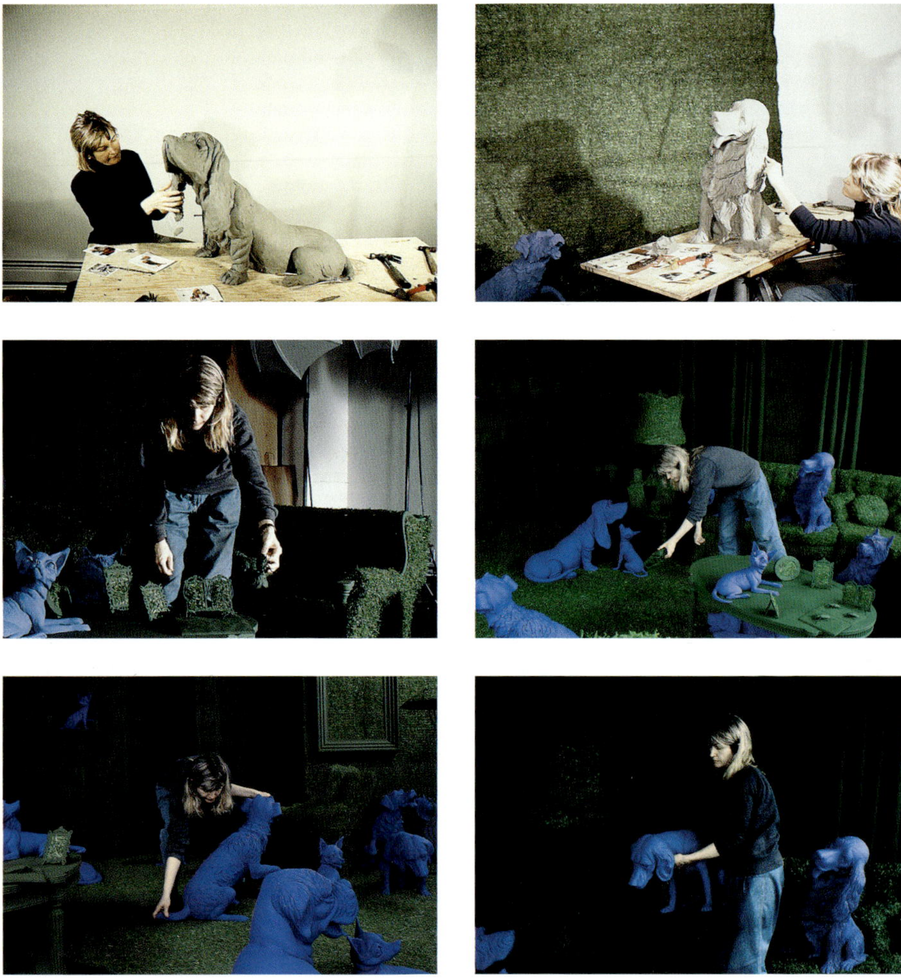

Sandy Skoglund : The Green House – *Travaux préliminaires de l'œuvre achevée en 1990. Ce n'est qu'à la fin des années 80 que l'artiste se mit à documenter le processus d'élaboration de ses installations.*
Plus ou moins seule à l'époque, Sandy Skoglund emploie aujourd'hui toute une équipe qui l'aide à concrétiser ses idées complexes.

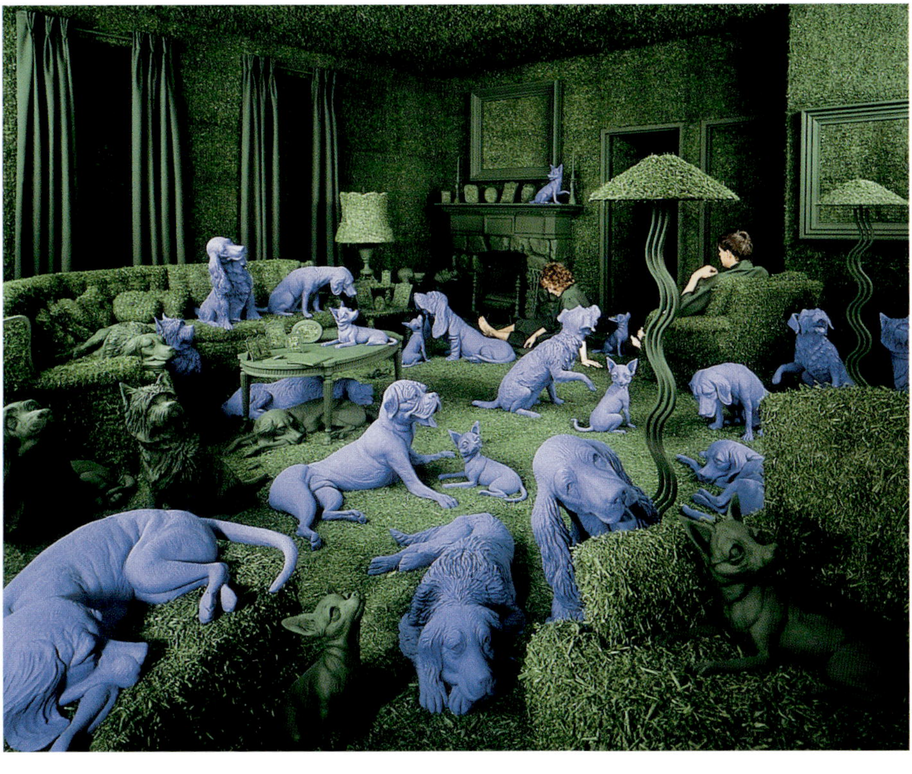

The Green House: *l'œuvre achevée. Les travaux de Skoglund existent aussi bien sous forme d'installations que sous forme de photographies.*

tion » des arts. Sandy Skoglund appartient à vrai dire à cette nouvelle génération d'artistes plasticiens qui mettent le savoir-faire académique qu'ils ont acquis dans le domaine de la sculpture ou de la peinture au service d'une stratégie créatrice que l'on connaît depuis le début des années 80 sous le nom de « staged photography », c'est-à-dire de « photographie mise en scène ». Le photographe peut trouver ou inventer. Le médium peut documenter ou réagir à une situation spécialement construite et fabriquée pour l'appareil. « Document et invention », c'est ainsi que Jörg Boström a désigné en 1989 ces deux voies fondamentales pour lesquelles Niépce, avec son *Point de vue pris de la fenêtre* (1827), et Daguerre, avec sa *Nature morte* (1837), avaient au fond déjà trouvé une formulation iconique, mais sur lesquelles ils n'avaient pas poussé la réflexion plus avant. Si les classiques modernes avaient défini « l'objectivité absolue et sans limites » comme la véritable mission de la photographie, même artistique, c'est le design qui, à l'ère postmoderne, fascine de plus en plus de gens, y compris les artistes photographes. « Nous vivons actuellement une profusion de ‹ sévices › infligés au médium photographique originel », note en ce sens Gottfried Jäger, « mises en scène, montages, décollages et extensions de tout acabit qui vont totalement à l'encontre des intentions primitives du processus photographique et qui, en même temps, le sapent et commencent à le disloquer. Ebranlée, radicalement remise en cause, la fidélité de la reproduction devient ainsi elle-même le propos de l'image. » Cindy Sherman, Jeff Koons ou Teun Hocks se mettent eux-mêmes en scène devant l'appareil. Les scènes miniatures sont la spécialité d'Arthur Tress ou de David Levinthal, les natures mortes celle de Calum Colvin ou de Victor Schrager. A la fin des années 80, Michael Köhler a interrogé ces différentes stratégies de photographie mise en scène, et les a synthétisées et documentées dans une publication très remarquée. Pour la première fois, des lecteurs germanophones ont trouvé notamment des travaux de Sandy Skoglund, dont les *Fox Games* ou les *Radioactive Cats* qui surprirent surtout par leur finesse dans les détails. Tout récemment, un critique américain formulait le jugement suivant : « Du point de vue de la précision véritablement possédée de l'exécution, son œuvre dépasse toutes les approches plasticiennes contemporaines. » « J'essaie d'investir la totalité de mon énergie », affirme Sandy Skoglund. « Au lieu de tout retirer comme l'a fait le minimalisme, j'ai pris le contre-pied et j'ai commencé à tout réintégrer. »

Des traces du film d'horreur américain

Duchamp et Magritte, Dada et le surréalisme s'étaient déjà efforcés de situer leur œuvre, qui elle-même oscillait entre le canular et l'absurde, le rêve et le cauchemar, dans la perspective de l'histoire de l'art. Mais ce sont à vrai dire des références de nature beaucoup plus prosaïque qui se manifestent dans l'œuvre de Sandy Skoglund. A côté de l'influence de Disneyland et de l'aspect très coloré de la photographie américaine de la côte ouest, on y trouve des traces du film d'horreur américain. Et puis bien sûr il y a les peurs de la middle-class américaine que l'artiste soumet à un traitement non dépourvu d'humour. L'ombre de la banlieue petite-bourgeoise, avec son côté sinistre, plane sur sa production de façon évidente. « Le banal, l'ordinaire m'intéresse tout particulièrement », reconnaît l'artiste. « Et de ce point de vue, la banlieue a été vraiment une expérience marquante. »

Fille d'immigrés suédois, Sandy Skoglund sait de quoi elle parle. Née à Quincy en 1946, élevée en Californie et scolarisée dans le Middle West, l'artiste connaît comme sa poche la « Middle America », la face petite-bourgeoise des Etats-Unis. Hitchcock avait lancé des nuées de mouettes et de corneilles sur une petite ville pour en déchirer l'atmosphère feutrée et consensuelle. Chez Skoglund, ce sont des chats, des renards, des écureuils ou des nouveaux-nés qui envahissent l'image et transforment les rêves de la petite bourgeoisie en cauchemars. A côté du cinéma américain, c'est le cinéma européen qui a fortement influencé Sandy Skoglund. « A 19 ans, alors que j'étais étudiante », raconte-t-elle, « j'ai passé un an à Paris. J'étudiais l'art, mais j'étais de plus en plus convaincue que c'était le cinéma la véritable forme artistique de notre époque. » Elle se familiarise avec la Nouvelle Vague, voit des films de Chabrol et de Godard. Elle caresse l'idée de faire du cinéma, mais la répartition des tâches inhérente à cette forme d'expression va foncièrement à l'encontre de sa nature perfectionniste. Sandy Skoglund a besoin d'exercer un contrôle absolu sur chacune des phases du travail, sur chaque détail. De retour aux Etats-Unis elle termine ses études, part s'installer à New York et s'essaie à la peinture minimaliste. Au bout de plusieurs années de recherche et d'expérimentation, elle finit par découvrir la photographie. « Ce qui à l'époque ne m'intéressait absolument pas, c'était la photo d'art à la Steichen, à la Stieglitz ou à la Weston. Je tenais cette tradition pour parfaitement ennuyeuse. En comparaison, la photographie publicitaire était beaucoup plus excitante. » Ce qu'elle apprécie dans le design photographique, ce sont l'échafaudage intellectuel et les manipulations que suppose le produit final, l'opposition entre l'être et le paraître, entre la réalité et l'artifice. « Je trouvais cela amusant et fascinant à la fois, dans la mesure où la simulation du naturel est quelque chose de tellement typique de notre civilisation. »

C'est avec une première série de natures mortes aux couleurs saturées qu'elle s'adresse à un galeriste. « Les images étaient agressives, excessives, excentriques », se souvient Marvin Heifermann, alors responsable de la photographie chez Castelli Graphics. « Un peu plus tard, elle est revenue avec de nouvelles photos, *Ferns* et *Radioactive Cats*. C'étaient les choses les plus drôles que j'eusse vues depuis longtemps. J'étais surpris de voir tout ce qu'elle y avait mis, des citations de Disney et des films d'horreur, la culture de masse la plus pure, le tout exécuté avec un souci incroyable du détail. » Avec *Ferns* et *Radioactive Cats*, Skoglund avait en fait découvert une stratégie artistique qui répondait à la fois à ses affinités avec les arts de l'image, le cinéma et la photographie, et lui permettait d'endosser successivement le rôle de scénariste, celui de décorateur, de peintre, de sculpteur, de metteur en scène et enfin de cameraman ou de photographe. Selon Michael Köhler, « cette orientation n'a d'autre ambition que de représenter, à l'aide de la photographie, des mondes imaginaires, que d'inventer des images. D'où cette ambiguïté intéressante, dans la mesure où tous les spectateurs partent du principe que ce qui est photographié est bien réel, et qu'en y regardant de plus près, ils s'aperçoivent qu'ils ont été floués. C'est sur cet effet d'inversion et de réversibilité que fonctionne bien entendu toute la démarche. »

Des environnements qui révèlent un souci prodigieux du détail

On l'a dit, Sandy Skoglund n'est nullement la seule représentante de cette « photographie mise en scène ». Mais elle est la seule à voir dans l'installation, indépendamment du cliché photographique, une œuvre d'art, à l'exposer et à la vendre comme telle. « Pour moi », dit-elle, « ils ont la même importance. Et ils peuvent l'un comme l'autre être montrés ensemble ou séparément. » Ce qui explique le soin méticuleux avec lequel elle procède. Sandy Skoglund ne crée pas de villages dignes du « Cuirassé Potemkine » qui seraient uniquement destinés à la caméra, mais des « environnements » qui révèlent un souci prodigieux du détail.

Une seule mise en scène lui demande un travail de six mois. « Le soin qui je lui apporte va largement au-delà de ce qui nécessaire pour qu'elle soit convaincante au niveau de la photo. »
Si aujourd'hui les images sophistiquées de Sandy Skoglund fascinent, choquent ou amusent, elles ont surtout commencé par plonger le monde de l'art dans l'embarras. Diane Vanderlip, conservatrice au Denver Museum of Art, se souvient d'une conversation qu'elle a eue au début des années 80 avec Lucas Samaras et Philip Tsiaras. « Comment trouvez-vous cela ? », leur demanda-t-elle en leur montrant des travaux de Sandy Skoglund. La réponse ne se fit pas attendre : « C'est extrêmement habile, terriblement intelligent, mais ... c'est un canular ? » Plus tard, reconnaissant son erreur, Diane Vanderlip a acheté les *Fox Games* pour le Denver Museum of Art. Coût de l'opération : 40 000 dollars.

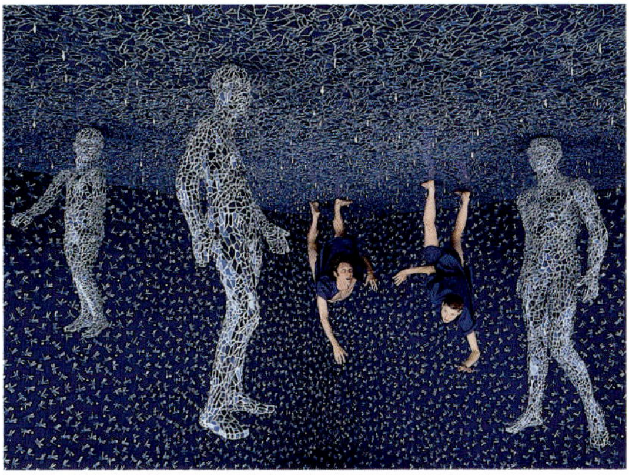

Sandy Skoglund: Breathing Glass, *2000*

Exemple de travail plus récent de Sandy Skoglund. Une fois de plus, des êtres humains font partie de la mise en scène surréelle.

Si la critique des médias et celle de notre civilisation sont le propos explicite des autoportraits de Cindy Sherman, ce type d'intention est totalement absent des images de Sandy Skoglund. « Aucun de mes travaux », dit-elle, « ne possède de signification a priori, de contenu clairement défini. » Certes, on a fait un rapprochement entre *Radioactive Cats* et le débat sur le nucléaire, on a interprété *The Green House* comme une contribution à l'effet de serre et vu dans *Maybe Babies* une allusion au débat sur l'avortement. Pourtant, les ressemblances avec des problèmes actuels sont, si l'on veut, de pures coïncidences. « Si les gens pensent qu'il s'agit d'avortement, cela me fait plaisir », avoue l'artiste. « Cela prouve que mon travail rencontre un écho chez le spectateur, qu'il fonctionne comme un écran pour ses propres projections. »
L'artiste compte sur l'intensité émotionnelle de ses œuvres : « A mon sens, l'art travaille sur cette région inaccessible à la pensée, cette région dont s'occupe aussi le cinéma. Les gens méprisent les films hollywoodiens parce qu'ils manipulent nos émotions de façon tellement habile. Je trouve ça formidable. »

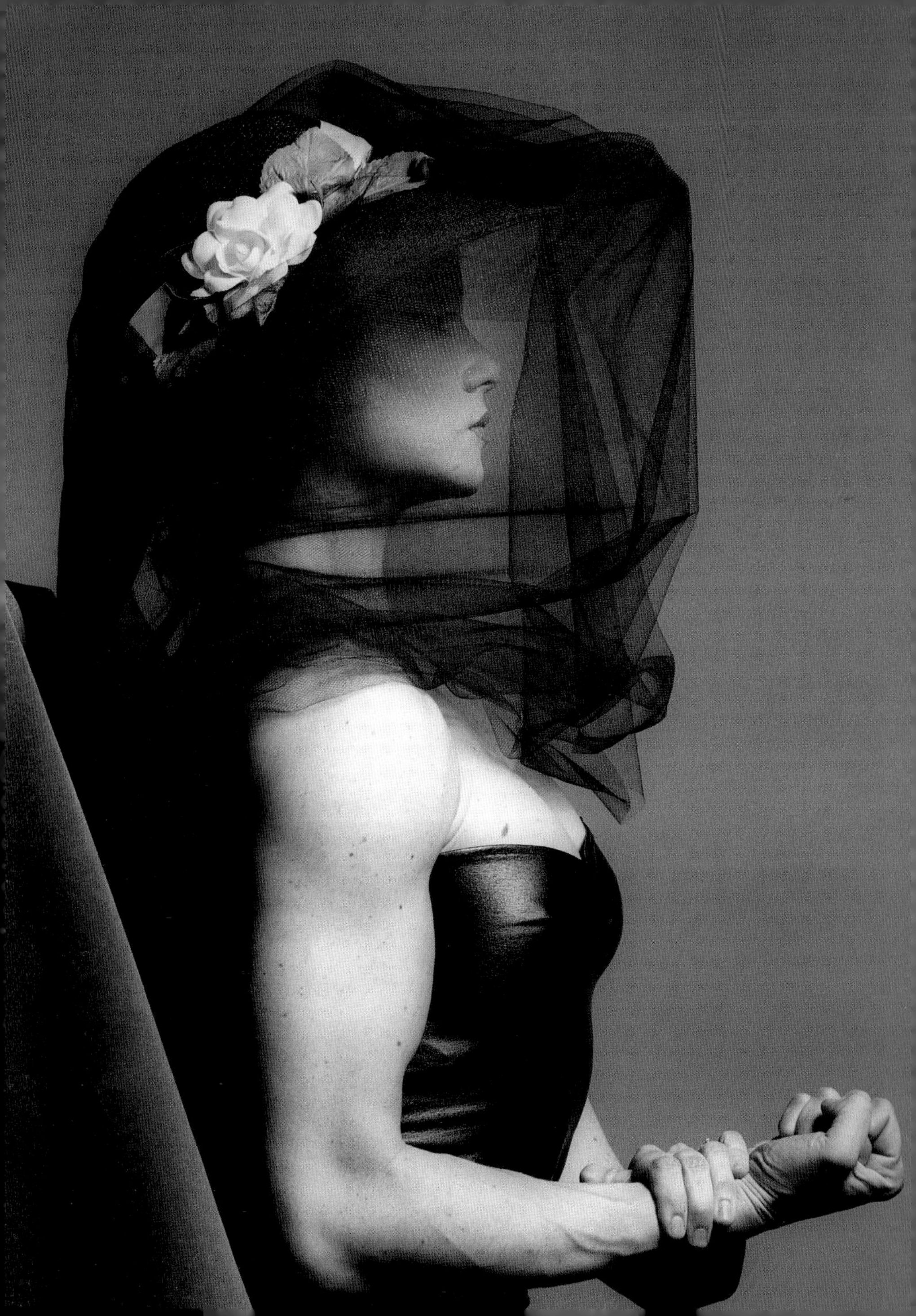

Robert Mapplethorpe
Lisa Lyon

1982

Il fut le photographe le plus controversé des années 80. A travers la facture classique de ses images, Robert Mapplethorpe savait exposer des sujets provocateurs dans un langage iconique clair. Après des clichés de la scène cuir new-yorkaise, des nus masculins ou des études de fleurs à forte connotation érotique, il réalisa un cycle sur la première championne du monde de culturisme. Ce cycle, le plus important de ses travaux, était en même temps un hommage à la femme nouvelle, forte et consciente de son corps.

Une image de femme

La personne que l'on voit représentée ici s'appelle Lyon. Lady Lisa Lyon. L'allitération n'est sans doute pas un hasard. C'est aussi comme l'élément d'une stratégie plus vaste qu'il faut certainement comprendre la référence, du moins phonétique, au roi des animaux. La jeune femme a un sens très marqué du geste, ce qui aura un impact publicitaire. Et l'animalité, la force physique naturelle, indomptée des bêtes sauvages, qui du reste n'est nullement l'apanage du sexe masculin, a de toute façon toujours été pour elle un modèle et surtout un argument dès lors qu'il s'agissait de défendre l'haltérophilie féminine, toujours suspecte aux yeux du grand public. « Pour parler franchement », avait-elle avoué dès 1981 dans son best-seller *Lisa Lyon's Body-Magic*, « je me sens comme un animal. » Et d'ajouter : « La force, la grâce ou la souplesse ne doivent pas nécessairement être liés au sexe. Cet amalgame n'existe que dans notre représentation limitée des choses. »

Quelqu'un de relativement inhibé

Reconnaissons que Lisa Lyon n'est pas la première femme à avoir apprécié un biceps saillant. Elle-même évoque dans son livre la Viennoise Caterina Baumann, très populaire dans les années vingt, « une des plus grandes athlètes du monde » qui était capable de soulever jusqu'à dix fois son propre poids. Mais Lisa Lyon a été celle qui a sorti la discipline du ghetto du cirque et l'a fait accepter comme un élément qui a tout à fait sa place dans l'existence de la dite « femme nouvelle ». L'époque était incontestablement favorable. Les utopies des années 60 faisaient déjà partie de l'Histoire, et les années 70 touchaient à leur fin. Aussi est-ce sans difficulté que l'idée d'une femme nouvelle, consciente de son corps, mais aussi et surtout physiquement forte s'intégra dans une mutation générale des valeurs. Vue sous cet angle, Lisa Lyon est manifestement une enfant des années Reagan, même si à première vue, l'arrivée d'une femme soulevant des haltères ne semble pas aller tout à fait de pair avec l'esprit ultra-conservateur de l'époque. Mais on se retrouvait toutefois dans la recherche de l'argent et de la réussite, dans l'exaltation du pouvoir et le fétichisme du bonheur matériel – ce n'est pas un hasard si *Dallas* ou *Dynastie* monopolisaient les chaînes de télévision. « Rompez toute relation avec les perdants », recommande Lisa Lyon dans son programme de culture physique. Cela paraît cynique, mais répond parfaitement à la situation et à l'atmosphère politiques de l'époque.

Lisa Lyon porte le deuil. Mais cela n'a en réalité aucune signification. Sinon que l'auteur de la photo, Robert Mapplethorpe, avait reçu une éducation catholique et avait toujours un faible pour tout ce qui était catholique. Il est par ailleurs obsédé par le sexe, ce qui est peut-être contradictoire mais explique le rapport étrange, empreint de refoulement et de dénégation, qu'il a longtemps entretenu avec sa propre homosexualité. Affirmer à partir de là que Robert Mapplethorpe, qui à la fin des années 70 a su comme personne faire de l'homosexualité l'objet de son art photographique, était quelqu'un de relativement inhibé, n'est pas entièrement faux. Lui qui avait des difficultés à reconnaître officiellement son homosexualité, a trouvé dans la photographie un instrument d'auto-analyse dont il s'est abondamment servi. L'aspect froid et lisse de ses photographies, la rigueur formelle acquise à l'école du design ont fait volontiers ignorer ce caractère expérimental de son œuvre. Ses images donnent à première vue une impression de « solidité », mais rien n'est moins vrai. On dirait que tout chez lui s'ordonne de façon à former un ensemble harmonieux. Et c'est vrai que bon nombre d'antinomies sont résorbées dans ses travaux par le biais de l'image. A cela s'ajoute assez

souvent une pointe personnelle d'ironie qui désigne clairement ses créations comme appartenant à la post-modernité.
Lisa Lyon, 1982. Que voit-on ? Une jeune femme d'une vingtaine d'années. On pourrait parler d'un portrait de profil ou, pour employer la terminologie du métier, en buste. Avec cette réserve toutefois que le profil ne fait pas vraiment partie des poncifs du portrait photographique. Un photographe traditionnel choisirait certainement le demi-profil le plus flatteur ou le trois quarts face et donnerait des indications précises sur la direction dans laquelle doit regarder le modèle (ne jamais fixer l'objectif). Debout ou assise, la jeune femme se tient remarquablement droite et regarde droit devant elle. On n'est pas loin de penser à cette photographie judiciaire systématisée vers 1890 par le Français Alphonse Bertillon, et où le profil « dur » était l'un des éléments d'une stratégie d'identification qui se résumait en tout et pour tout à deux clichés. Le voile noir, qui suggère le deuil, fait ironiquement allusion à cette pratique élaborée à des fins de récognition. Aussi tout ce que nous pourrions déduire se résume-t-il à peu de choses. Par exemple, que le modèle a soigneusement dessiné le contour de ses lèvres. Qu'elle laisse venir les choses sans trahir la moindre expression. Elle regarde devant elle, avions-nous dit. Mais est-ce si sûr ? Ne se pourrait-il pas qu'elle ait fermé les yeux ? Le voile assombrit son regard et de plus, il forme, en même temps que le chapeau élégant piqué de fleurs artificielles, un contraste évident avec la sollicitation érotique qu'induit le bustier noir brillant. On pourrait résumer en disant que l'image se décompose en deux parties, une moitié supérieure « sérieuse » et une moitié inférieure moins « sérieuse », et que c'est justement la combinaison des deux qui fait l'intérêt de la mise en scène. A cela s'ajoute ce que le spectateur remarquera très certainement en premier, à savoir le bras aux muscles durcis sur lequel on ne peut pas ne pas remarquer les nombreux grains de beauté, qui n'ont pas été retouchés. Détail qui contraste de façon flagrante avec l'idéal d'un corps auquel l'harmonie de ses proportions confère assurance et superbe. A moins que ces « impuretés » de la peau ne relèvent pas seulement de l'iconographie de l'image, mais d'un nouvel idéal de beauté.

Un être venu d'une autre planète

Robert Mapplethorpe et Lisa Lyon se sont rencontrés en 1979 ou, selon les sources, en 1980. C'est au cours d'une soirée à Soho que leurs che-

Robert Mapplethorpe

Né en **1946** à Queens, New York. **1963–69** étudie l'art au Pratt Institute, Brooklyn. A partir de **1970** s'intéresse à la photographie. Premières photographies polaroïd. **1973** première exposition à la Light Gallery de New York. **1976** passe au format moyen carré. **1977** participe à la « documenta VI » de Kassel. **1979** première exposition individuelle en Europe (Galerie Jurka, Amsterdam). **1980–83** cycle *Lisa Lyon*. Films, projets de livres, expositions. **1988** grande rétrospective au Whitney Museum of American Art de New York. La même année fondation de la Robert Mapplethorpe-Foundation qui soutient la recherche médicale contre le sida ainsi que les projets artistiques de photographie. **1989** meurt à Boston

mins se sont croisés pour la première fois. Le blouson de cuir et le pantalon de latex noir de Lyon ne pouvaient pas échapper à Mapplethorpe et à son goût d'un érotisme sophistiqué. « Mapplethorpe », rapporte sa biographe Patricia Morrisroe, « l'a tout de suite invitée à venir poser le lendemain après-midi à Bond Street. Lorsqu'elle sonna à sa porte, elle portait une minijupe, des cuissardes en cuir et un chapeau à plumes à larges bords. Il réagit à cette apparition tout à fait exotique pour l'époque (une femme tout en muscles), en la photographiant aussitôt avec son chapeau extravagant et ses biceps bandés. » Du propre aveu du photographe, celui-ci n'avait jamais vu une pareille femme auparavant. « J'avais l'impression de contempler un être venu d'une autre planète. »
A ce moment-là, Robert Mapplethorpe a dans les trente-cinq ans. Même s'il n'est pas encore une star, il est sur la bonne voie pour devenir l'artiste photographe le plus célèbre des années 80. Né en 1946 à Queens, New York, dans un milieu petit-bourgeois, il est passé par le biais de la photographie des marges de la culture underground new-yorkaise avant d'en devenir une personnalité éminente. Le soutien actif de son influent ami Sam Wagstaff ne saurait expliquer à lui seul la carrière tout à fait surprenante de Mapplethorpe. Il a su par l'élégance et la simplicité de ses interprétations de « l'indicible », formées à l'école des modèles classiques, toucher le point sensible de l'époque. Une époque où l'émancipation des homosexuels avait déjà fait de notables progrès, sans pour autant que cette évolution ait été suivie d'une esthétique correspondante. Et c'est là justement que se situe l'importance particulière de la production de Robert Mapplethorpe. Bien sûr, il y avait déjà eu auparavant des photographes qui s'étaient intéressés à l'homosexualité, que l'on songe simplement à Fred Holland Day, Thomas Eakins, George Platt Lynes ou même aux illustrations d'un Tom of Finland. Mais de ce qui n'existait ici que dans la clandestinité ou, dans le meilleur des cas, dans le contexte de la contre-culture, Robert Mapplethorpe a fait un produit de grande consommation et même un courant dominant de l'art. Toutefois la vaste reconnaissance de l'érotisme gay n'est pas la seule chose à avoir profité de son travail. D'une façon générale, la muséalisation de la photographie comme moyen technique de produire des images est fondamentalement due à la grande influence qui fut la sienne dans les années 80, à un immense retentissement international qui ne saurait se comparer qu'à celui d'Andy Warhol, le modèle de ses débuts.

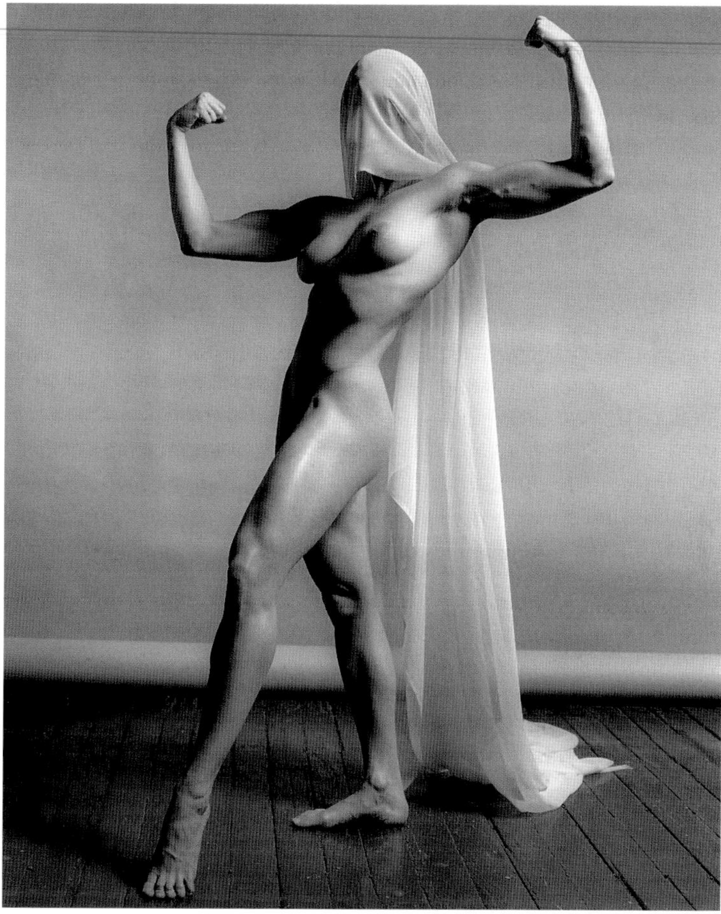

Robert Mapplethorpe: Lady Lisa Lyon prise en légère contre-plongée

L'artiste a choisi exprès cette stratégie afin de rendre plus impressionnante la sportive qui était relativement petite.

Des allures d'androgyne avec ses cheveux en bataille et sa chemise d'homme

Dans la mesure où Mapplethorpe redéfinissait l'image de l'homme, qui pouvait désormais être noir et viril, fort et beau, conscient de son corps et sexy et s'assumer comme tel, il était normal qu'il fût également concerné par le changement d'image de la femme contemporaine. On pourrait déjà citer à cet égard ses portraits en noir et blanc de la poétesse rock Patti Smith. Sa pâleur et son côté diaphane allaient à l'encontre de tous les types de beauté en vogue. Mapplethorpe l'a photographiée à de nom-

breuses reprises. Le cliché le plus célèbre qu'il fit d'elle est peut-être celui où ses cheveux en bataille, sa chemise blanche d'homme et sa cravate donnent à la chanteuse des allures d'androgyne. La maison de disques a longtemps refusé de prendre cette photo pour illustrer la pochette de *Horses*, le premier album de Patti Smith. Des années plus tard, le magazine musical *Rolling Stone* a dressé une liste des 100 meilleures pochettes de disques de tous les temps : *Horses* venait à la 26e place.
La liaison de Mapplethorpe avec Patti Smith était déjà terminée lorsqu'il fit la connaissance de Lisa Lyon vers 1979/80. Pour le photographe, il s'agissait là si l'on veut d'une fascination qui se prolongeait sous d'autres auspices. Si Patti Smith, tant par sa vie que par son art, avait encore nettement représenté les idéaux de la génération de 68, Lisa Lyon était un produit manifeste des années 80 : ambitieuse, déterminée, résolue à réussir et, ne l'oublions pas, douée d'une intelligence très pragmatique. Alors qu'elle était encore à l'université, cette jeune femme qui ne mesurait même pas 1,60 m avait découvert le kendo. Elle se plaît à pousser jusqu'à leur extrême limite les ressources de son corps et, tout en se heurtant, du moins au début, à la résistance de son entourage masculin, elle devient membre du « Gold's Gym » de Los Angeles, haut lieu du culturisme aux Etats-Unis. L'idée prévaut toujours que les femmes, pour des raisons hormonales, ne peuvent pas trop développer leurs muscles. On met par ailleurs en cause les capacités d'endurance de Lisa Lyon. Mais celle-ci, s'inspirant de sa grande référence Arnold Schwarzenegger et épaulée par de célèbres culturistes comme Franco Colombo ou Robbie Robinson, se plonge « avec une discipline rigoureuse dans la musculation et les lancers de jambe » (Morrisroe), s'entraîne encore la nuit chez elle et au lieu de stéroïdes, prend du LSD – pour « remodeler son corps ».
Elle remporte en 1979 les premiers championnats du monde féminins de body-building. Elle décide de ne pas se représenter l'année suivante. Vue sous cet angle, sa carrière aura été courte, mais performante. Avant même la naissance officielle de ce sport, écrivent Gaine et Butler dans leur « bible » du culturisme, Lisa Lyon n'était « pas seulement le principal porte-parole du body-building féminin, mais aussi sa seule véritable star médiatique. A la fin des années 70, elle fut dans tous les journaux, à la télévision et à la radio, où elle s'adressait aux femmes dans un langage châtié, leur parlant de muscles et d'elle-même. Elle était convaincue, comme elle l'a dit un jour, qu'‹ une jolie fille peut tout vendre ›. »

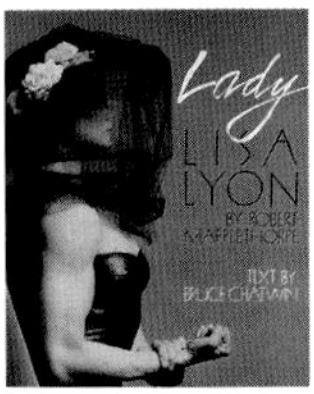

Couverture et pages doubles de Lady Lisa Lyon *: la version originale du livre parut en 1983 aux éditions new-yorkaises The Viking Press*

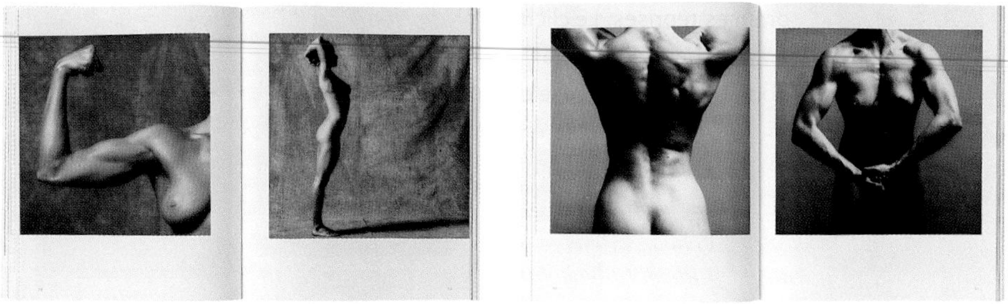

Un hommage au potentiel érotique du corps humain

Lisa Lyon, et ce n'était pas la moindre de ses qualités, permit à Robert Mapplethorpe de relativiser son image de photographe gay ou S.M. Les premiers clichés ont été faits dans son loft de 24, Bond Street, les autres dans un centre non spécifié de musculation ou en plein air, sous le soleil de Californie. Le cycle de Mapplethorpe sur Lisa Lyon est considéré à juste titre comme le plus important de ses travaux. On ne sait pas exactement combien de clichés ont été pris entre 1980 et 1982. 117 photos en noir et blanc, pour la plupart de format carré, ont en tout cas trouvé place dans son premier volume publié aux Etats-Unis, Lady Lisa Lyon (1983). Certaines se ressentent incontestablement de la photographie de mode d'un Horst P. Horst, d'autres du langage iconique art déco d'un Hoyningen-Huene. On reconnaît également des emprunts à Weston et à ses nus dans les dunes, ou encore aux débuts de la photographie naturiste. Mapplethorpe aime l'art de la citation. Inversement, son style a influencé le design photo, la publicité des années 80. Aujourd'hui, la critique d'art voit son travail d'un œil plutôt critique. Ulf Erdmann Ziegler parle de « pompe technoïde », A. D. Coleman de « pictorialisme réchauffé ». Quoi qu'il en soit, le travail de Mapplethorpe demeure une expression de son époque. Rétrospectivement, l'hommage qu'il rend au potentiel érotique du corps humain et en particulier masculin pourrait presque se lire comme une révolte impuissante contre ce fléau qui, plus tard, devait lui aussi l'emporter. Début 1989, Robert Mapplethorpe succombait au rétrovirus du sida. Lisa Lyon était retombée depuis longtemps dans l'anonymat. Leur relation fut brève, mais intense. Et elle n'a pas été sans avoir de conséquences sur notre façon de voir la femme moderne, tant dans sa réalité que dans son apparence.

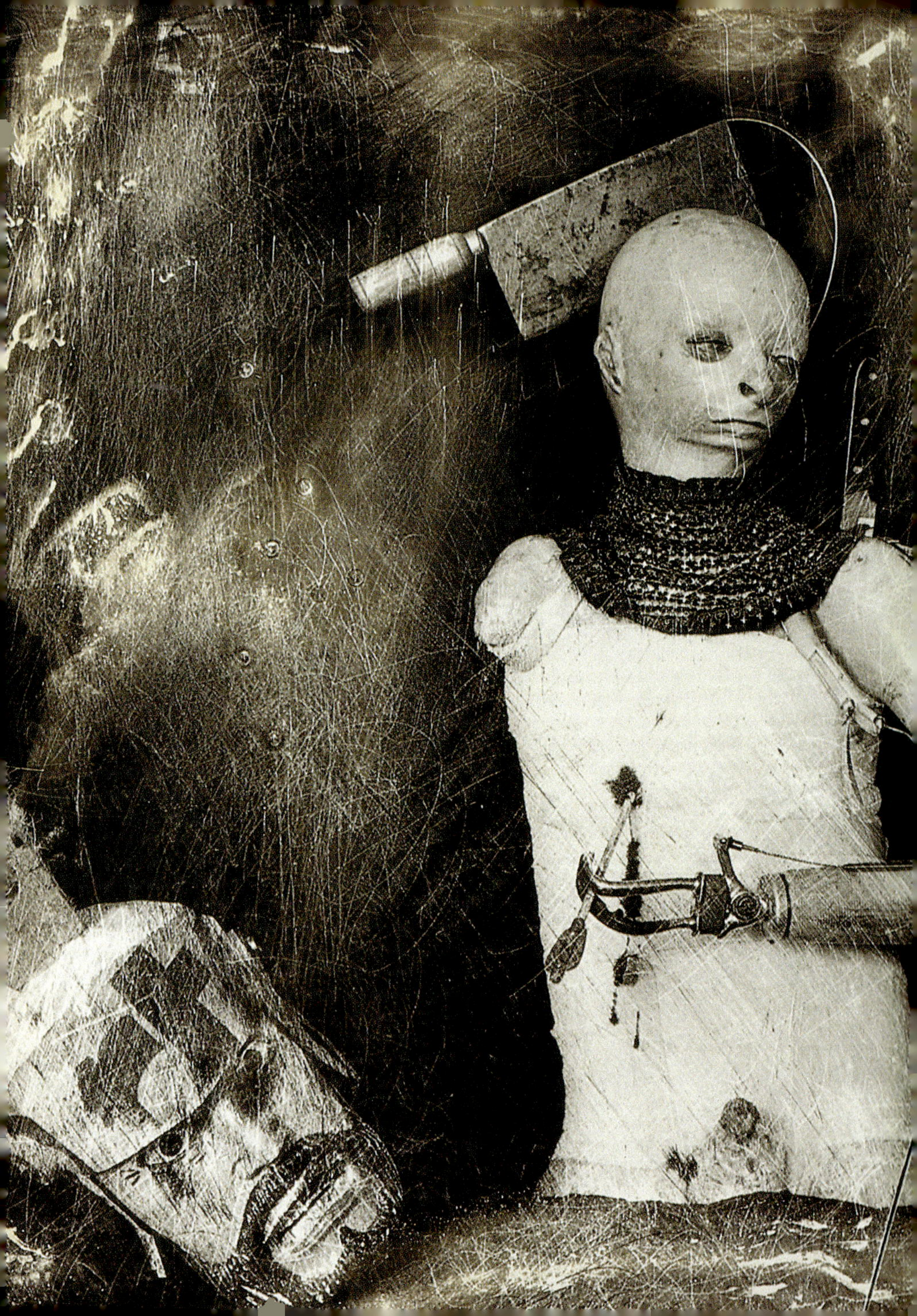

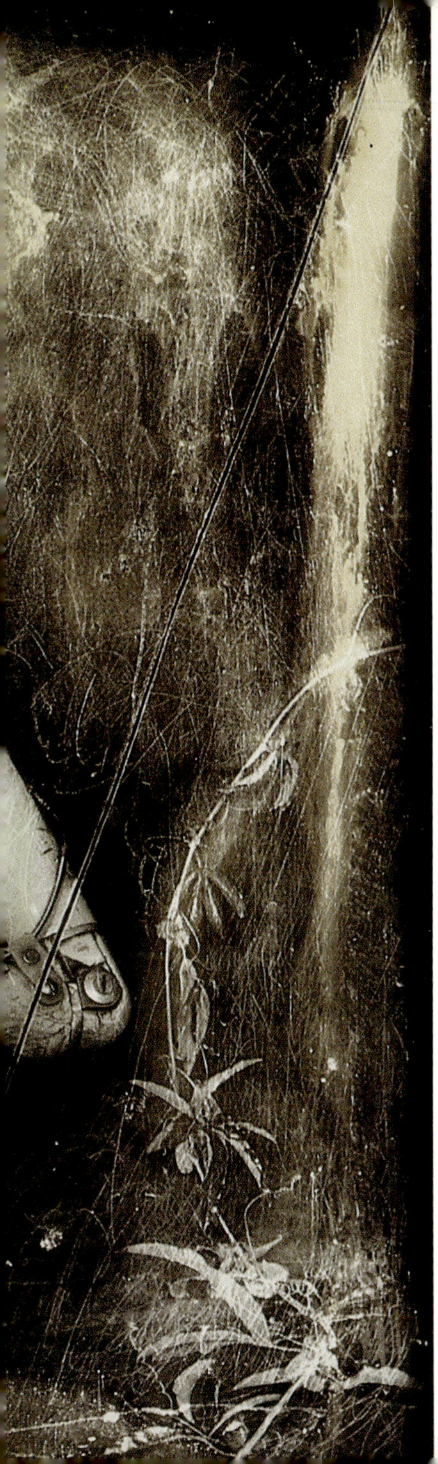

1987 Joel-Peter Witkin
Un Santo Oscuro

Un martyr de la vie

Les uns voient dans ses étranges allégories l'incarnation de la décadence occidentale et du déclin de la morale, les autres le comparent à Goya ou le qualifient de Jérôme Bosch de la photographie. L'Américain Joel-Peter Witkin focalise l'attention de la critique d'art et celle du public comme aucun autre artiste photographe de notre époque.

Non averti, le regard se trouve confronté à l'incroyable. Que voyons-nous ? Un homme ? Un être humain ou une simple mascarade ? Un cauchemar d'une époque lointaine ou au contraire une image qui serait une création de notre époque postmoderne ? On éprouve une certaine confusion à laquelle se mêlent la curiosité et un léger sentiment d'effroi. Nous sommes en général spontanément à même de rattacher avec quelque certitude une image photographique à une époque ou une période donnée, au 19e ou au début du 20e siècle. Mais cette image semble vouloir se soustraire d'une manière grotesque à toute classification temporelle. On a d'un côté l'impression qu'elle vient d'un monde inconnu et sinistre, et que le long chemin qu'elle a dû parcourir avant de nous parvenir a laissé des traces sous forme de taches, de rayures, de ces « lésions » dont on croit savoir qu'elles sont caractéristiques de l'époque des négatifs sur verre. De l'autre, la prothèse renvoie pour le moins à la fin du 20e siècle. Ainsi nous aurions donc affaire à une variante numérique angoissante de ce poncif de l'art chrétien qu'est devenu, depuis la Renaissance et l'âge baroque, saint Sébastien agonisant sous les morsures des flèches ?

Inouï même pour des contemporains tolérants

Disons-le tout de suite, l'Américain Joel-Peter Witkin ne travaille pas sur ordinateur, mais se sert de moyens techniques tout à fait traditionnels. Un Rolleiflex à deux objectifs, fabriqué en 1960, reste son outil de travail favori. Il utilise des pellicules classiques et en fait rarement plus de deux par motif. Il ignore le collage et le montage. C'est uniquement dans son intervention sur le négatif, dont on reparlera plus loin, qu'il s'éloigne ostensiblement de l'idée d'une photographie « pure, directe » censée reproduire le réel. Et bien sûr dans ses mises en scène, procédé qui ne se contente pas d'ordonner le monde dans le viseur mais crée, en fonction d'idées, de visions ou de fantasmes préalablement formulés, un monde propre, un cosmos foisonnant d'allusions, de renvois et de citations, et dont Witkin trouve les « habitants » dans des lieux auxquels les tenants des idéaux conventionnels de la beauté tournent d'habitude le dos. A quoi s'intéresse-t-il ? Witkin ne s'encombre pas de périphrases : aux « monstres de toute sorte, débiles, nains, géants, siamois, transsexuels avant opération [...] Tous ceux qui sont nés sans bras, sans jambes, yeux, seins, organes génitaux, oreilles, nez, lèvres. Tous ceux qui sont dotés d'organes génitaux de dimensions exceptionnelles. Dominas et esclaves ... » Auxquels il faut ajouter depuis peu des morceaux de cadavres que Witkin arrange sur le modèle des natures mortes flamandes du 17e siècle, ce qui doit apparaître inouï à des contemporains même tolérants, et n'a cessé de provoquer l'intervention, en particulier aux Etats-Unis, de procureurs ou de gens qui se sont eux-mêmes institués gardiens des mœurs. Joel-Peter Witkin est sans aucun doute l'un des artistes les plus controversés de notre époque. Tandis que des prédicateurs protestants s'emploient à le diaboliser devant plusieurs millions de téléspectateurs, le monde de l'art a reconnu en lui un des artistes contemporains les plus préoccupés par les questions de l'origine et des profondeurs, et ses tirages, qui ne comptent guère plus qu'une douzaine d'exemplaires, sont devenus ce que l'art photographique postmoderne a de plus cher à offrir.

L'extraordinaire comme aspect naturel du quotidien

Si l'on cherche un peu, on trouve dans la biographie de Witkin suffisamment d'indices permettant d'élucider ses obsessions, lesquelles ne sont morbides qu'en apparence et ne font en réalité rien d'autre que questionner notre existence terrestre, problématiser les catégories de la norme et de l'écart, franchir tout à fait délibérément des limites pour sonder par l'image ce que Witkin appelle volontiers « le sacré ». Enfant, il avait déjà essayé, équipé d'un Rolleicord d'occasion, de photographier Dieu. Il avait entendu parler d'un rabbin auquel Dieu se serait montré. Witkin va voir le

Joel-Peter Witkin

Né en **1939** à Brooklyn/New York. **1961–64** correspondant de guerre durant son service militaire. Etudie la sculpture à la Cooper Union School of Fine Art (B.F.A.). **1969** première exposition individuelle au Moore College of Art, Philadelphie. **1975** s'installe à Albuquerque. **1976** étudie la photographie à l'université de New Mexico. **1984** exposition individuelle très remarquée chez Pace/MacGill, New York. **1985** publication du livre *Joel-Peter Witkin*. Editeur de plusieurs ouvrages sur l'histoire de la photographie médicale : *Masterpieces of Medical Photography*, **1987**, et *Harms Way*, **1994**. Vit à Albuquerque/New Mexico

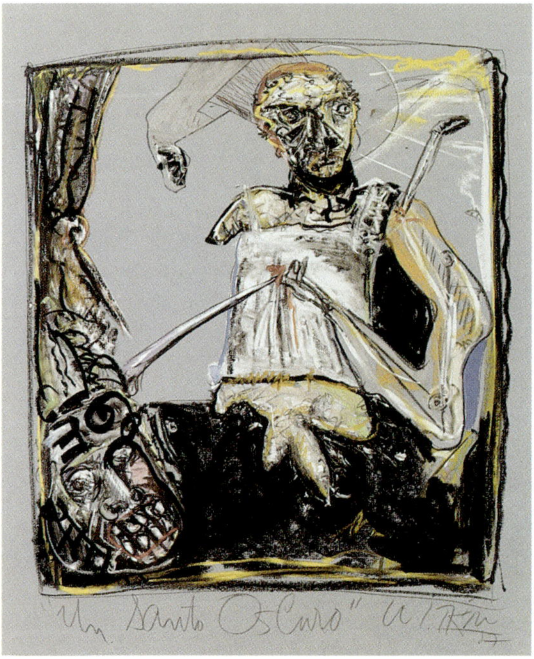

Joel-Peter Witkin : esquisse pour Un Santo Oscuro

rabbin, mais Dieu reste invisible. Où pourrait-il bien le trouver ? Dans les hommes eux-mêmes, comme l'enseigne la doctrine chrétienne de la foi ? Et si oui, dans quels hommes ? Ne se pourrait-il pas que Dieu se manifeste de manière particulière dans ces êtres qui se différencient ostensiblement, que ce soit dans leur corps ou leur esprit, de la moyenne ? Ce sont en fait des spéculations philosophico-religieuses comme celle-ci qui sont au cœur de l'œuvre de Joel-Peter Witkin. Fils d'immigrants pauvres, Witkin est né à Brooklyn en 1939. Son père était un juif orthodoxe russe, sa mère une Italienne dont l'attachement au catholicisme était très prononcé. Ses parents se brouillèrent très tôt, sans doute essentiellement à cause de divergences religieuses, de sorte que la mère et la grand-mère durent s'occuper de l'éducation de Joel-Peter et de son frère jumeau. Cette dernière, se souvient Witkin, n'avait qu'une jambe, « et quand je me réveillais le matin, je sentais son moignon gangrené. Quand d'autres enfants étaient réveillés par les effluves du café, moi, c'était l'odeur de la jambe pourrissante de grand-mère qui me montait aux narines. » Aussi l'inconnu lui devient-il de bonne heure familier, et l'extraordinaire n'est-il pour lui qu'un aspect naturel du quotidien. Il apprend à accepter la maladie et la souffrance comme faisant partie de la vie, de même que la mort qui, pour occultée qu'elle soit, n'en est pas moins inévitable. « Mon premier souvenir », raconte Witkin, « remonte à mes six ans. C'était un dimanche, ma mère nous accompagnait, mon frère jumeau et moi, en bas de l'escalier de l'immeuble où nous habitions ; nous allions à la messe. Tandis que nous traversions le hall du bâtiment, nous avons entendu un choc d'une violence inouïe. Il s'était passé un terrible accident, trois voitures étaient entrées en collision, toutes avec des familles dedans. Je ne sais plus très bien comment, mais toujours est-il que, dans cette confusion, je ne tenais plus la main de ma mère. De là où j'étais, au bord du trottoir, j'ai pu voir rouler quelque chose d'une des voitures renversées. La chose s'est arrêtée au bord du trottoir, là où je me trouvais. C'était la tête d'une petite fille. Je me suis baissé pour toucher le visage, pour le questionner. Mais avant que j'aie pu le faire, on m'a emmené. »

Un univers de fantasmes personnels

Dès l'âge de 16 ans, Joel-Peter Witkin commence à s'intéresser sérieusement à la photographie. Il se présente à Edward Steichen, au Museum of Modern Art, qui lui prend une image pour la collection permanente. « Cela m'a motivé et encouragé à continuer la photographie. » Witkin se rend à Coney Island où une exhibition de monstres l'intéresse tout particulièrement. « J'ai photographié l'homme à trois jambes, la ‹ Chicken Lady › et l'hermaphrodite avec qui j'ai eu ma première expérience sexuelle. Les monstres et leur spectacle étaient devenus mon chez-moi. Malheureusement, ils devaient poursuivre leur tournée dans le sud. J'ai voulu partir avec eux, mais ils n'avaient pas besoin de photographe, et je n'étais pas un monstre. Au lieu de cela je suis resté à New York et j'ai travaillé dans des studios photo commerciaux. J'ai commencé à me créer mon propre univers de fantasmes personnels pour les photographier. »
Appelé sous les drapeaux en 1961, Witkin est chargé de documenter les accidents qui surviennent au cours des manœuvres, y compris de photographier ceux qui y ont trouvé la mort. Il se porte volontaire pour partir au Viêt-nam, commet une tentative de suicide et est démobilisé. Il commence des études à la Cooper Union School de New York, puis plus tard à l'Université du Nouveau-Mexique qu'il quittera en 1981 avec un diplôme de Master of Fine Arts. Depuis au moins 1980, date de sa première exposition personnelle qu'avait encore organisée Sam Wagstaff, son œuvre fait tout autant l'objet de controverses que de discussions passionnées.

Le corps et l'éros dans la religion chrétienne

Pour Hal Fisher, les idées philosophiques de Witkin sont extraordinairement complexes. Il y voit « un enchevêtrement presque inextricable de pensées empruntées à la kabbale juive, à la foi catholique romaine, à la philosophie extrême-orientale et à la culture underground moderne ».

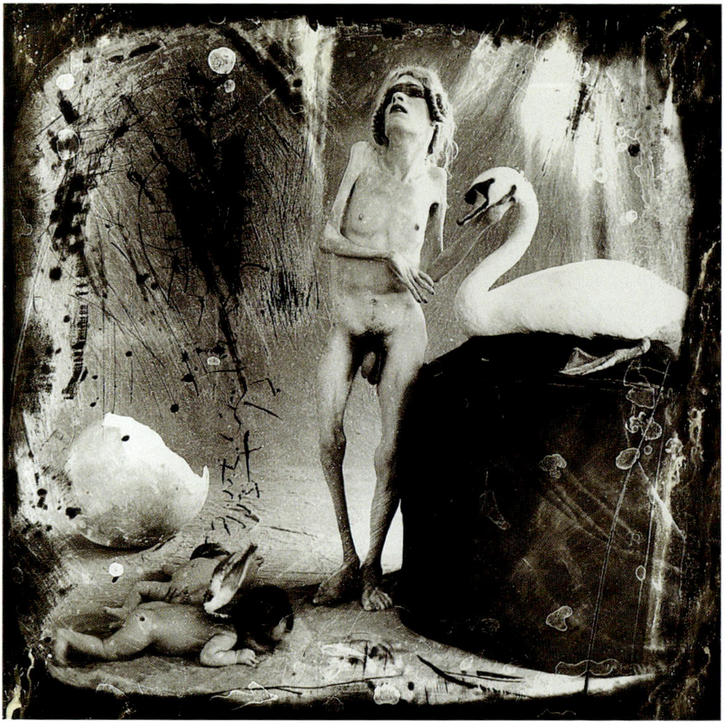

Joel-Peter Witkin: Leda, *Los Angeles, 1986*

C'est principalement comme une révolte contre la tradition de l'iconoclasme juif et contre le tabou que représentent le corps et l'éros dans la religion chrétienne qu'il faut lire son œuvre. Witkin se méfie des normes établies et n'hésite pas à les remettre en question. Il n'est pas jusqu'à son propre médium qu'il n'utilise « à contre-emploi ». Pour lui, le progrès de la connaissance ne saurait en effet résulter de la simple duplication de la réalité extérieure, mais uniquement de la création d'un univers artificiel au centre duquel les hermaphrodites, les nains, les culs-de-jatte, les siamois et les mutilés font pour ainsi dire fonction de catalyseurs d'un horizon spirituel élargi. L'argument que l'on oppose le plus souvent à l'art de Witkin consiste à dire qu'il profiterait des handicapés pour élaborer un spectacle macabre. Jackie Tellalian, agent de théâtre new-yorkaise elle-même clouée à un fauteuil roulant et actrice principale de la photo de Witkin *Woman in the Blue Hat* (1985), a réagi de façon très claire à ce re-

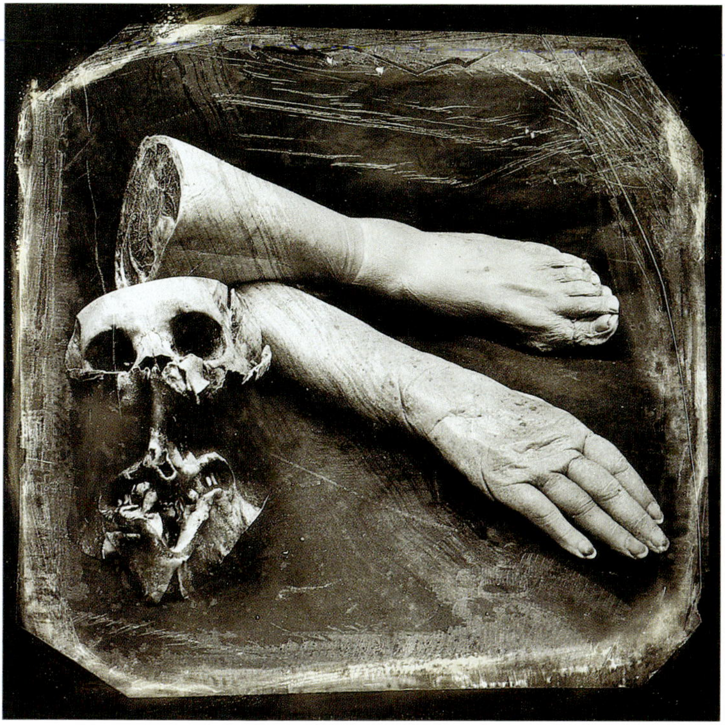

Joel-Peter Witkin: Le poète : objets issus d'une collection de reliques et d'ornements, *Berlin, 1986*

proche. « On m'a souvent demandé : ‹ Est-ce que tu ne te sens pas exploitée ? › Et j'ai toujours répondu non. Car il ne m'a jamais donné dans la photo le sentiment de tirer profit de mon handicap pour faire sensation. » Elle n'est pas la seule à réagir ainsi. D'autres parlent ouvertement du comportement très humain de Witkin à leur égard, de la dignité avec laquelle il faisait d'eux l'objet de son art et par là, rendait leur existence publique, tandis que la société les aurait cachés et relégués à l'écart. Dans les créations photographiques de Witkin, la déficience gagne en réalité une force métaphysique.
Un Santo Oscuro (1987) est à cet égard emblématique de la façon de procéder de Witkin. Là encore, comme c'est si souvent le cas chez lui, c'est un homme avec son infirmité physique qui donne à Witkin l'envie de créer une image (et non l'inverse). Des amis lui avaient parlé d'un homme en fauteuil roulant, sans visage et sans bras. Witkin se met aus-

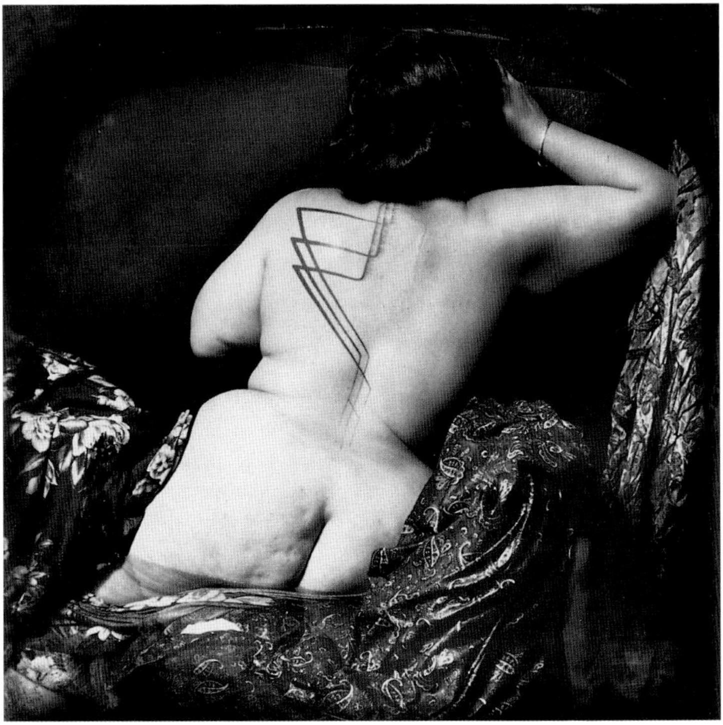

Joel-Peter Witkin:
Courbet dans le bain
de Rejlander, *1985*

sitôt à griffonner une première esquisse. Mais où, à Los Angeles, allait-il pouvoir trouver cet homme ? « Je me suis rendu avec mon ami dans ce quartier où je présumais qu'il était. Là, nous sommes tombés sur un hôtel en assez mauvais état. Nous sommes entrés. Et nous l'avons effectivement vu, car la porte de sa chambre était ouverte. Il dormait, et nous n'avons pas voulu le déranger. Enfin deux infirmiers sont arrivés. Nous sommes entrés et nous lui avons parlé. Il est ressorti de la conversation qu'il était une victime de la thalidomide. Il était canadien. Sa mère avait pris de la thalidomide. Et il était né sans bras et sans jambes, sans cheveux, sans cils et sans paupières. Il avait été depuis l'enfance la cible des moqueurs et des curieux. Je lui ai raconté comment j'envisageais de le photographier, c'est-à-dire en martyr, à la façon dont les hommes d'église, surtout dans l'Espagne du 17e et du 18e siècle, se faisaient souvent représenter. Pour moi, il était un martyr de la vie. »

Des poncifs de la commande religieuse

Les photographies de Joel-Peter Witkin sont le résultat de mises en scène extrêmement élaborées qui se font en studio, et dans lesquelles une image intérieure, une vision, accède à une forme concrète. Il n'est pas rare que des travaux de grands maîtres comme Vélasquez, Cimabue, Giotto, Rembrandt, Arcimboldo, Picasso, Goya ou Delacroix servent de points de départ à sa réflexion plastique. En eux-mêmes, les titres de travaux comme *La femme de Sander, Courbet dans le bain de Rejlander* ou *Von Gloeden en Asie* renvoient à ses sources d'inspiration parmi lesquelles, à côté du dessin et de la peinture, il faut inclure la photographie avec des noms comme Ernest James Bellocq, Eadweard J. Muybridge ou Charles Nègre. *Un Santo Oscuro* ne fait référence à aucun tableau en particulier, mais plutôt à un genre pictural qui, spécialement dans le baroque espagnol, relevait des poncifs de la commande religieuse. Les prêtres endossaient le rôle de saints auxquels on rendait un culte, ce qui leur permettait d'accroître leur pouvoir, leur prestige, leur aura cléricale. Mais ce qui, dans la peinture historique, demeure une simple parodie, puise chez Witkin aux sources d'une vraie torture terrestre : « Au lieu d'un masochisme librement consenti et ludique, c'est un véritable supplice qu'il convoque » (Chris Townsend).

La chambre noire : une sorte de sanctuaire

Si Witkin met en scène, il ne manipule pas. Le cliché ne doit rien à quelque truc technique, on peut dire en ce sens qu'il est « pur ». Pour chaque décor, tous les éléments font partie d'un ensemble dont l'arrangement demande de longues heures d'un travail souvent pénible. Ce n'est qu'après coup que le négatif est retravaillé, obtenant ainsi cette patine qui confère à ses images l'aura des choses qui ont traversé le temps. Sa chambre noire devient alors, ainsi qu'il l'écrit lui-même, « une sorte de sanctuaire. Pendant que je procède au tirage, ce qui inclut l'utilisation de gazes humides, le traitement au cyanure de potassium et de fer et le fixage, je me métamorphose en un prêtre de l'esthétique. » En altérant la texture de l'image, Witkin soustrait cette dernière à l'espace et au temps. L'art de Witkin nous confronte aux catégories fondamentales de l'existence humaine, à savoir l'amour et la souffrance, la joie et la peine, Eros et Thanatos. Il est celui des artistes photographes de notre temps qui fait œuvre de philosophe.

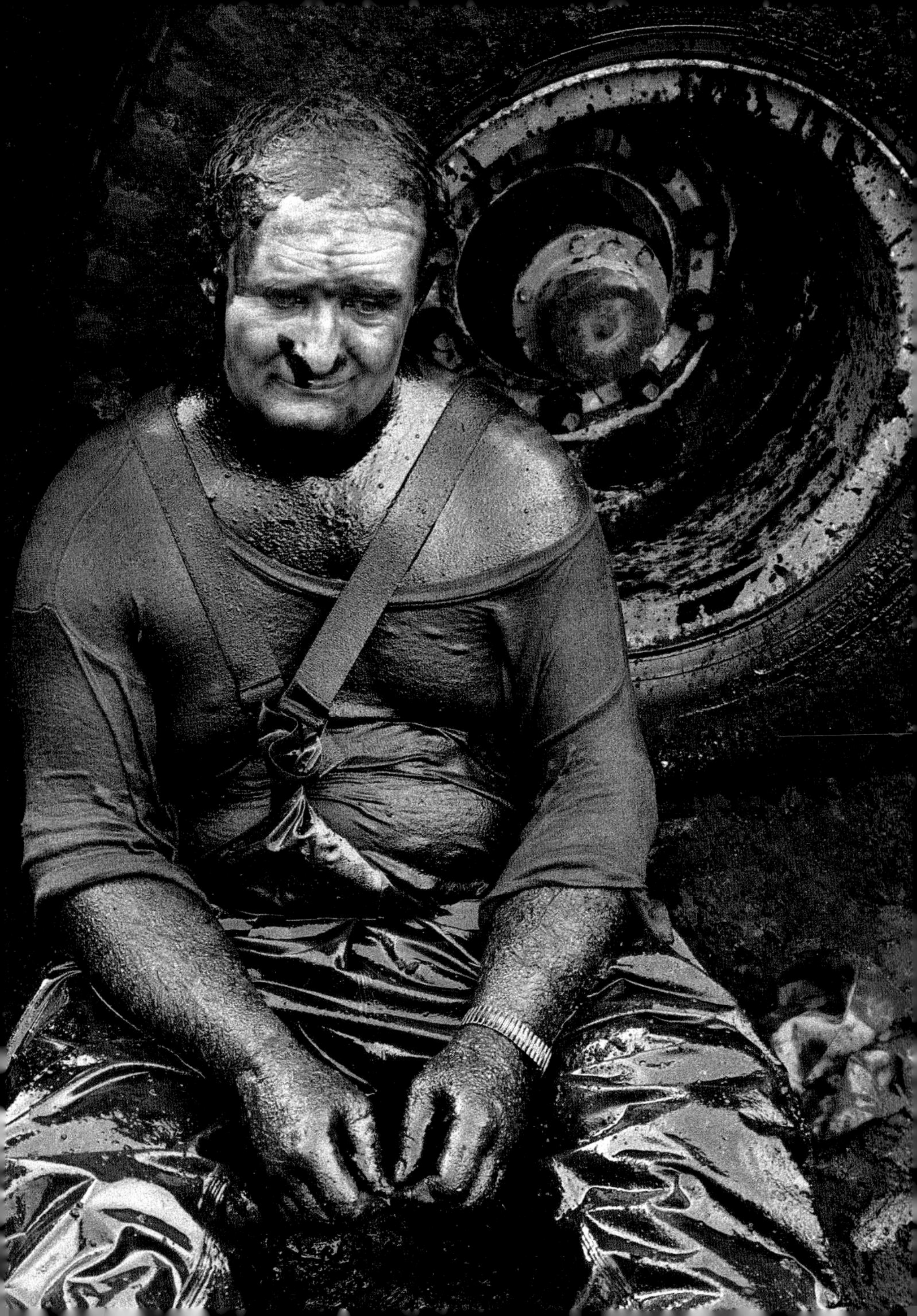

Sebastião Salgado
Koweït

1991

Les troupes de Saddam Hussein sont battues. Mais le Koweït est en flammes. On estime que les Irakiens ont mis le feu à 900 puits de pétrole. Des spécialistes venus du monde entier tentent à présent d'éteindre les incendies. Sebastião Salgado a observé ces hommes, héros du travail à l'ère de l'automation.

Le pétrole de l'apocalypse

Le drame a trois actes, comme toute pièce bien construite. Nous nous trouvons au début du troisième, en avril 1991. Et personne ne sait encore quand ni comment la pièce va finir. Celui qui l'a mise en scène a laissé la fin en suspens, avec en option la fin du monde. Il semble que les dictateurs aiment à lier leur final personnel à une apocalypse générale. Pourtant, Saddam Hussein est toujours au pouvoir. Il se terre quelque part à Bagdad, dans un de ces abris souterrains construits par des spécialistes allemands, anglais ou américains. Et ceci est loin d'être le seul aspect cynique d'une guerre qui dans les années 90, entrera dans les annales sous le nom de « Guerre du Golfe ». On estime entre cent et cent cinquante mille le nombre total des victimes. Le pays, l'Irak, est en grande partie détruit. Les dernières technologie en matière d'armement (Cluster Bombs, Smart Bombs, Cruise) ont ramené le berceau biblique de la civilisation du Proche-Orient à un état voisin du Moyen Age. Mis à part cela, cette guerre n'a presque rien changé, pour autant qu'on la fasse commencer avec l'attaque surprise du Koweït par Saddam du 2 août 1990. Elle n'a rien changé à la carte géographique, ni au talent des hommes chargés de trouver une solution pacifique au conflit, ni même aux structures du pouvoir en place. Saddam est affaibli. Mais il n'a pas dit son dernier mot, comme l'aimerait le Président américain George Bush, sans pour autant savoir exactement ce qu'il voudrait à sa place. Les émirs koweïtiens sont eux aussi retournés sur leurs trônes comme si rien ne s'était passé. Le bilan du côté allié fait du reste état de 138 morts et 66 disparus et enregistre une série d'expériences d'un nouveau type. Celle de la guerre psychologique par exemple. Ou de la manipulation des médias par les militaires. Ou encore de la question de savoir comment maîtriser presque 1 000 puits de pétrole en feu.

Le 28 février, au bout de 210 jours exactement, la guerre du Golfe est finie. Ou du moins la partie militaire de la mise en scène. Les troupes de Saddam se retirent du Koweït de façon plus ou moins précipitée. Mais non sans avoir auparavant concrétisé la menace qu'avait fait peser le dictateur irakien depuis le début, à savoir « mettre toute la région en flammes, y compris les puits de pétrole ». Avant la guerre, le Koweït avait le produit national brut le plus élevé du monde. Le pétrole jaillissait en abondance de ses réserves, les troisièmes de la planète, assurant aisance et prospérité à une population d'environ un million de Koweïtiens. A présent, l'or noir brûlait.

Ce fut un enfer comme on n'en connaissait pas qui accueillit la progression rapide des troupes alliées. Le magazine d'actualités *Der Spiegel* se vit dans l'obligation de citer la Bible pour traduire par des mots l'étendue du désastre. Sodome et Gomorrhe, semblait-il, avaient une date, mars–avril 1991. 900 au moins des naguère lucratifs puits de pétrole étaient en feu. Des pessimistes allèrent jusqu'à parler de 1 000 torches allumées dans le sable. Les flammes pouvaient atteindre 300 mètres de haut. Un nuage de suie et de poussière obscurcissait le ciel, provoquant une véritable chute de température dans le Golfe. Au Cachemire, situé pourtant à 2 700 kilomètres de là, on vit tomber de la neige noire et dans les déserts et les savanes de l'Afrique orientale, de la pluie boueuse. Il semblait que s'ébauchât une catastrophe naturelle d'une ampleur insoupçonnée. Les scientifiques pronostiquèrent des « dépressions atmosphériques anormales ». On avança l'hypothèse qu'il n'y aurait pas de mousson en Inde. Résultat : des centaines de milliers de gens morts de faim sur le sous-continent. On examina les risques pour la santé et les effets que pourrait avoir à long terme l'inhalation de particules de suie toxiques. Rien que jusqu'au milieu de l'année, on estimait que 40 millions de tonnes de pétrole brut allaient partir en fumée, ce qui voulait dire que 250 000 tonnes d'oxyde d'azote et 30 millions de tonnes de carbone allaient se répandre dans l'atmosphère. Quant à la catastrophe en soi, on n'en voyait pas la fin. « Conneries », tels sont les propos, cités par le *Stern* début 1991, du spécialiste américain Paul Neal Adair, dit « Red » (le roux flamboyant), selon qui il serait impossible d'éteindre en un an les incendies des puits de pétrole koweïtiens. Des estimations prudentes parlent de deux ou trois ans. Fin mars, Ali Qabudi, de la Kuwait Oil Company, se montre encore plus sceptique : « Dans le pire des cas, il faudra attendre dix ans avant que le dernier feu soit éteint. »

Une source de complications supplémentaires

Ce qui rend l'affaire aussi délicate, ce n'est pas seulement le nombre des incendies. Le terrain est miné, ce qui entrave considérablement la liberté d'action des équipes de colmatage. Par ailleurs, les puits koweïtiens sont soumis à une pression naturelle. Ce qui auparavant avait facilité l'extraction de la matière première s'avère, au moment des travaux de colmatage, source de complications supplémentaires. Il faut ajouter à cela la proximité entre eux des puits en flammes, que séparent parfois moins de mille mètres. Aussi les températures devenues infernales transforment-elles en verre le sable du désert. « Nous n'emportons pas de thermomètre », dit Red Adair, « car si nous le faisions, personne ne voudrait travailler ici. » Le Texan Red Adair est pour ainsi dire LA référence en matière de lutte contre l'incendie, « le sapeur-pompier spécialiste du pétrole le plus célèbre du monde » (*Stern*). Sa spécialité : éteindre les incendies des puits de pétrole par l'action d'une charge précisément dosée de dynamite. Mais avec le Koweït, il semble que Red Adair lui-même ait affaire à une trop grosse pointure. A la fin, d'autres équipes venues des Etats-Unis et du Canada, de Roumanie, d'Italie, de France, de Chine, de Hongrie, d'Iran et de Russie, attirées surtout par des primes substantielles, travaillent dans le Golfe. On essaie toutes les solutions, on expérimente toutes les recettes possibles et imaginables. Car le temps, c'est de l'argent. Trois millions de barils de pétrole, soit dix pour cent de la consommation quotidienne mondiale, partent chaque jour en fumée. Ce qui représenterait en deux ans une perte de 43 milliards de dollars pour l'industrie pétrolière koweïtienne. « Big job, big money », telle est la formule par laquelle Red Adair résume la situation. Ce qui veut dire en d'autres termes que le travail de ses gens ne sera jamais assez cher pour le pays. Les hommes savent qu'à la fin – et c'est là la seule raison pour laquelle ils acceptent de supporter provisoirement cet enfer – , chacun rentrera chez lui millionnaire. S'il rentre. Car, comme le fait remarquer le *Spiegel*, « c'est un travail dans lequel on risque sa vie. »

Sebastião Salgado

Sixième de huit enfants, est né en **1944** à Aimorés/Brésil. **1964–67** étudie l'économie à Vitoria/Brésil. **1968** travaille au ministère brésilien des Finances. **1969** part pour l'Europe. Etudes de perfectionnement à Paris. **1971–73** travaille à Londres pour International Coffee Organisation. S'intéresse à la photographie. **1973** reportage sur la sécheresse au Sahel, début de sa reconnaissance internationale. **1974** membre de la nouvelle agence Sygma. **1975** passe chez Gamma. **1979–94** membre de Magnum. Puis fonde sa propre agence (Amazonas Images). Nombreux prix, en **1985** et en **1992** prix Oskar-Barnack, **1988** prix Dr-Erich-Salomon, **1989** prix Hasselblad. Vit à Paris

Un enfer de pétrole et de boue, de chaleur accablante et de gaz

Un homme se repose. Peut-être attend-il des renforts. Car ici, comme on peut le voir dans les médias occidentaux, on manque pratiquement de tout. D'eau pour éteindre les incendies et d'eau de refroidissement, qu'il faut pomper dans la mer et acheminer par des kilomètres de pipelines. De matériel spécial et de machines. De soudeuses et de foreuses. Red Adair parle d'un boulot de Mickey. Déclaration qui ressemble à une plaisanterie d'un goût douteux, si ce n'est qu'elle ne se veut pas du tout drôle. Car l'enjeu n'est autre que la survie pure. Survie des hommes sur place. Du pays. De la région. Il n'y a pas de quoi rire. Et si on croit reconnaître quelque chose comme un sourire sur le visage de l'homme, c'est d'un épuisement total qu'il s'alimente plutôt que d'un divertissement quelconque. L'ouvrier est visiblement claqué. Au bout du rouleau. Il rêve, les yeux ouverts perdus dans le vide. Minutes de régénération en plein cœur d'un enfer de pétrole et de boue, de chaleur accablante et de gaz, de suie et de puanteur. L'homme est recouvert de part en part de pétrole visqueux. Tous ceux qui ont déjà bricolé une voiture se demanderont comment se sortir d'un tel état. A plus forte raison quand il faut recommencer tous les jours à travailler sous une véritable douche de pétrole. On pourrait être pris de dégoût en voyant ce film de graisse. C'est le contraire qui se passe. Ce que nous voyons, c'est un héros anonyme du travail. Pas un homme ordinaire, une icône. Pas un « travailleur », un monument. Coulé dans le bronze pour l'éternité.

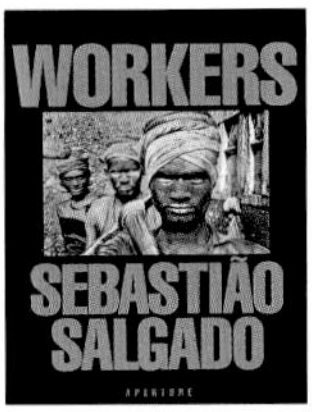

Sebastião Salgado : Workers. An Archaeology of the Industrial Age, *Aperture, New York, 1993*

Avec la passion d'un théologien de la délivrance

Sebastião Salgado est le spécialiste des icônes. Quelle que soit la chose qu'il photographie, il réussit toujours à trouver la formule visuelle pathétique. Ses photos, exclusivement en noir et blanc, sont bien composées, suggestives, explicites, convaincantes dans leur peinture de la misère du monde. Salgado est un maître de la transfiguration esthétique de l'horreur et à ce titre, l'un des photographes assurément les plus admirés dans le monde. Quant à son influence sur le photo journalisme actuel, à sa valeur d'exemple, on peut en toute justice voir en lui l'artiste photographe majeur de l'époque contemporaine. Une sorte de Cartier-Bresson de la fin du 20e siècle. A la différence que, là où ce dernier donne la priorité au calcul et à la précision du constructiviste, Salgado fait appel à l'émotion. Ses photos n'ont rien de spectaculaire, surtout si on prend comme

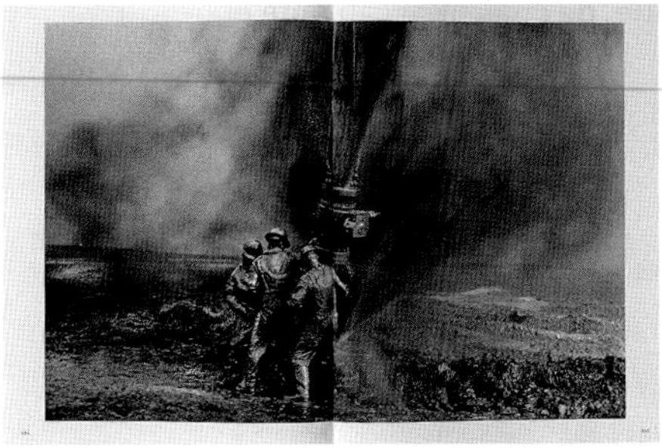
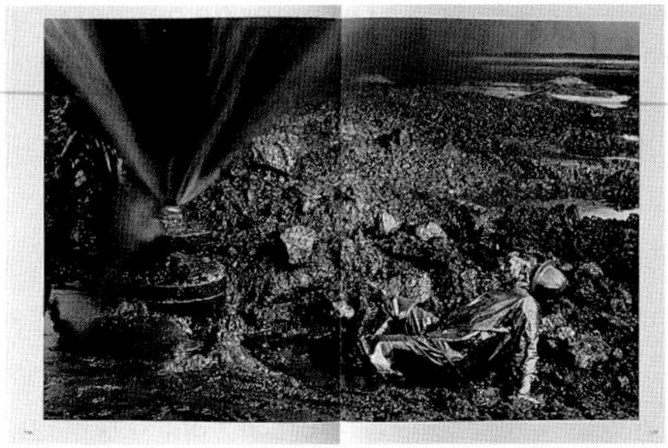
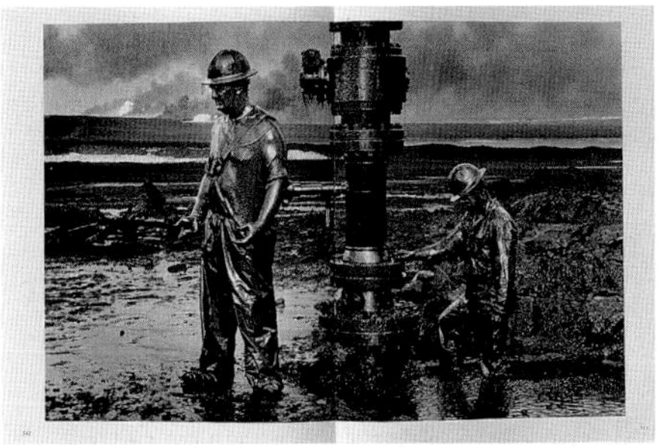
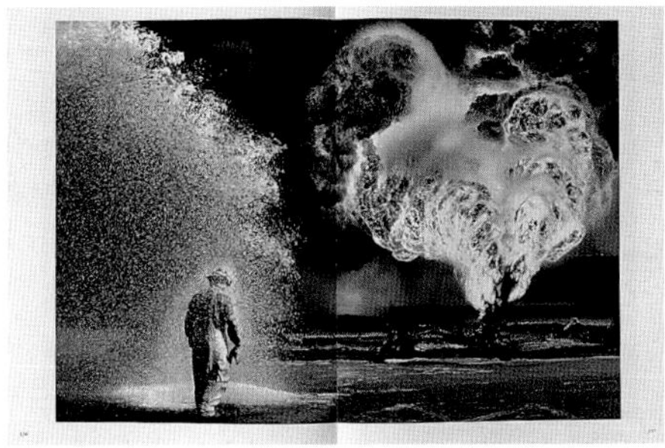
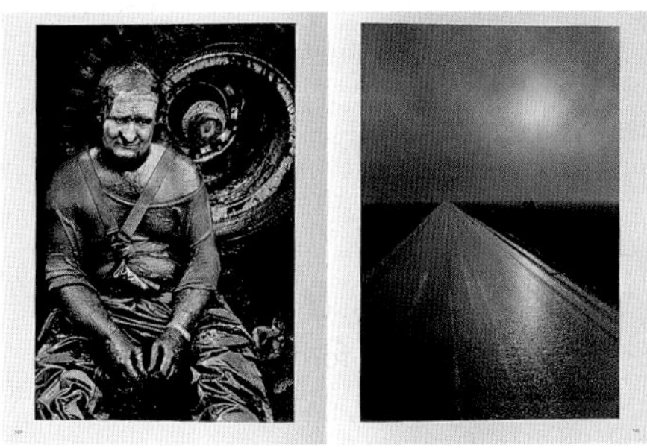
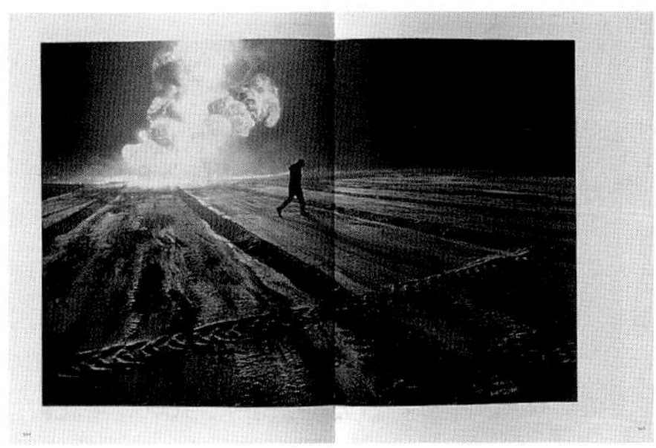

Pages doubles de Sebastião Salgado : Workers. An Archaeology of the Industrial Age, *Aperture, New York, 1993*

critère la presse à sensation. Mais dans la façon dont elles transcendent un événement, elles sont quelque chose de particulier. « Leur pathos », écrit Peter Sager dans le journal *Die Zeit*, « leur tonalité élégiaque viennent des sujets eux-mêmes, mais aussi de la façon dont ils sont représentés. Figures mère-enfant, scènes de passion, grands mouvements de foule, de telles images racontent des histoires bibliques, et Salgado les cite avec la passion d'un théologien marxiste de la délivrance. »
Salgado se considère comme un photographe documentariste. Partout dans le monde, il a les honneurs de la presse illustrée, mais aussi ceux des galeries et des musées, ce qui est assez unique dans la branche et ne lui a pas valu que de l'admiration. On a dit qu'il faisait des photos esthétisantes de la souffrance. Qu'il se servait de la misère des autres pour faire de l'art. Une chose est sûre, c'est que très peu ont approché la misère d'aussi près que lui, avec un œil aussi vif et aussi curieux. Pour l'écrivain Márcio Souza, Salgado a introduit dans la photographie un élément tout à fait nouveau, qui vient peut-être de son origine brésilienne, à savoir l'absence totale de mauvaise conscience face à la pauvreté, la souffrance et l'injustice sociale. Ce qui ne veut pas dire que Salgado n'est pas capable de compassion. Ce qui est différent chez lui, c'est son attitude envers les gens qu'il photographie. « Si on fait une photo de quelqu'un », explique l'ingénieur pétrolier Dave Wilson, « c'est en général un acte assez agressif. Chez Salgado, on dirait que tout cela s'évapore de soi-même. »
Né en 1944 dans le sud-ouest du Brésil, il est le seul garçon d'une famille de sept filles. Il fait des études à São Paulo et à Paris. Une carrière à la Banque mondiale se profile. Salgado en décide autrement. Impressionné par des photographes engagés comme Lewis Hine ou Dorothea Lange, Salgado se met quasiment du jour au lendemain à la photographie. Il part en Afrique, au Sahel, pour y documenter la sécheresse et la famine. Rétrospectivement, le fait que ce soit lui qui ait photographié l'attentat contre Reagan en 1981 apparaît presque comme une sorte d'écart. Le « global player » aux tendances marxisantes qu'est Salgado s'intéresse essentiellement au « tiers-monde ». Sont au cœur de son engagement les hommes d'Amérique latine, d'Asie et d'Afrique, l'internationale des gens qui travaillent de leurs mains et auxquels il consacre depuis 1980 un cycle de grande envergure. *Workers* (*La Main de l'Homme*), tel est le titre qu'il a donné à son « work in progress » sur la dignité du travail. Mais, comme le dit Salgado, cela n'implique pas nécessairement qu'il fasse la critique

d'une évolution. Ce qui compte pour lui, c'est uniquement de « photographier la disparition de la société du travail ». Ce n'est pas la première fois qu'il se trouve au Proche-Orient. Pendant la guerre Iran-Irak, il a accompagné à la fin des années 80 une troupe de théâtre aux armées du côté irakien. La guerre s'était déroulée en réalité « à huis clos », sans couverture des médias occidentaux. Mais cela a parfois ses avantages d'avoir un passeport brésilien.

En moyenne douze films par jour

Salgado n'est ensuite plus le seul à photographier les champs pétrolifères en train de brûler. Stéphane Compoint est là, qui recevra pour son reportage un des prix du World Press. Le photographe de Magnum Bruno Barbey est sur place, ainsi que Steve McCurry (*National Geographic*) et Peter Menzel (*Stern*). Ce qui les différencie pour le moment de Salgado, c'est que celui-ci travaille en noir et blanc. Equipé de trois Leicas et d'objectifs de 28, 35 et 60 mm, il fait en moyenne douze films par jour. Ce sont environ 7 000 clichés qu'il a pris au Koweït. Il en tire six par film comme épreuves de travail, et en présente en moyenne 50 à des magazines qui de leur côté, font ensuite une sélection. Le reportage de Salgado provisoirement intitulé « Oil Wells » parut pour la première fois dans le *New York Times Magazine* du 9 juin 1991 sous le titre « The Eye of the Photojournalist ». Le *Spiegel* en publia quelques photos dans son numéro 24 (10 juin 1991). Dans le cadre du concours-photo du World Press, Salgado put s'assurer le prix Leica Oskar Barnack. Il a également repris ce cycle dans son livre, considéré comme programmatique, *Workers* (1993), où notre photo figure en pleine page à la page 340.

Début novembre 1991, à l'encontre de tous les pronostics, le dernier incendie est éteint au Koweït. Red Adair et ses hommes, l'équipe de Boots & Coots, Wild Well Control ou Safety Boss sont rentrés dans leur foyers respectifs. Dans l'intervalle, la catastrophe est déjà devenue de l'histoire ancienne, et comme telle, elle est (presque) oubliée. Ce qui reste, ce sont les images de Sebastião Salgado, des icônes extra-temporelles, faites non pour la presse quotidienne, mais pour la mémoire collective. Les photographies de Salgado sont une transposition visuelle de la Bible. Ce qu'il y a de fondamentalement humain s'y trouve exhaussé avec une rare conviction. Et c'est la raison pour laquelle elles sont comprises dans le monde entier. Et appréciées.

Bibliographie

Ouvrages sur la photographie en général

Benteler, Petra: *Deutsche Fotografie nach 1945*. Kassel, 1979
Honnef, Klaus: *Pantheon der Photographie im XX. Jahrhundert*. Cat. Kunst- und Ausstellungshalle der Bundesrepublik Deutschland Bonn, Stuttgart, 1992
Kemp, Wolfgang: *Theorie der Fotografie I–III. 1945–1980*. Munich, 1983
Newhall, Beaumont: *Geschichte der Photographie*. Munich, 1983
Newhall, Beaumont (éd.): *Photography: Essays & Images*. New York, 1980
Tausk, Peter: *Geschichte der Fotografie*. Cologne, 1977

Ouvrages sur les photographes

Burri, René
Burri, René/François Maspero: *Che Guevara*. Paris, 1997
Burri, René: *One World*. Zurich, 1984
Che. Fotografisches Album. Berlin, 1991
« Look », 9 avril 1963
Los Cubanos. Metamorphosen einer Revolution. Aufnahmen von René Burri. Dans : « Du », n° 12/1993, p. 12–73
Loviny, Christophe: *Che. Die Fotobiografie*. Munich, 1997

Capa, Robert
Born, Katharina/Rita Grosvenor: *Dem die Stunde schlug*. Dans : « Stern », n° 41, 1996
Capa, Cornell (éd.): *The concerned photographer*. New York, 1968
Capa, Cornell/Richard Whelan: *Robert Capa. Photographien*. Cologne, 1985
Capa, Robert: *Death in the Making*. New York, 1938
Capa, Robert: *War Photographs*. Cat. Museum of Modern Art, New York, 1960
Fabian, Rainer/Hans Christian Adam: *Bilder vom Krieg. 130 Jahres Kriegsfotografie – eine Anklage*. Hambourg, 1983
Heart of Spain. Robert Capa's Photographs of the Spanish Civil War. New York, 1999
Squiers, Carol: *Capa is Cleared. A famed photo is proven authentic*. Dans : « American Photo », mai/juin, 1998

Cartier-Bresson, Henri
Burri, René: *Alter Meister*. Dans : « Süddeutsche Zeitung Magazin », n° 31, 1998
Cartier-Bresson, Henri: *Europäer*. Munich, 1997
Cartier-Bresson, Henri: *Images à la Sauvette*. Paris, 1952
Cartier-Bresson, Henri: *Die Photographien*. Munich, 1992
Eger, Christian: *Schnappschuss wurde eine Fotolegende*. Dans : « Mitteldeutsche Zeitung », 27. 7. 1995
Kirstein, Lincoln/Beaumont Newhall: *The photographs of Henri Cartier-Bresson*. Cat. Museum of Modern Art, New York, 1947
Montier, Jean-Pierre: *Henri Cartier-Bresson. Seine Kunst – Sein Leben*. Munich, 1997

Doisneau, Robert
Anon.: *Ein Klassiker unter den Küssen*. Dans : « Süddeutsche Zeitung », 24. 12. 1992
Anon.: *Der Kuss der Küsse*. Dans : « Süddeutsche Zeitung », 4. 6. 1993
Anon.: *Der schönste Kuß – nur ein Bluff*. Dans : « Abendzeitung München », 4. 6. 1993
Doisneau, Robert. Paris, 1983
Doisneau, Robert: *A l'imparfait de l'objectif. Souvenirs et portraits*. Paris, 1989
Doisneau, Robert: *Trois Secondes d'Éternité*. Paris, 1979
Gautrand, Jean-Claude: *Au revoir Monsieur Doisneau!* Dans : « Le Photographe », n° 1514, mai 1994, p. 8–11
Hamilton, Peter: *Retrospective Robert Doisneau*. Londres, 1992
Hamilton, Peter: *Robert Doisneau. Born Gentilly, 14 April 1912, died Paris, 1 April 1994*. Dans : « The British Journal of Photography », 13 avril 1994, p. 16–17
Koetzle, Michael (éd.): *Robert Doisneau – Renault. Die Dreißiger Jahre*. Berlin, 1990
Langer, Freddy: *Das Flüchtige des Glücks. Zum Tod des französischen Fotografen Robert Doisneau*. Dans : « Frankfurter Allgemeine Zeitung », n° 78, 5 avril 1994
Ollier, Brigitte: *Doisneau Paris*. Paris, 1996
Zollner, Manfred: *Der Foto-Poet*. Dans : « Foto-Magazin », n° 5, 1992, p. 34–41

Haas, Ernst
After the War was over ... Londres, 1985
Andies, Helmut/Ernst Haas: *Ende und Anfang*. Vienne/Hambourg/Düsseldorf, 1975
Campbell, Bryn: *Ernst Haas. The great photographers*. Londres, 1983
Capa, Cornell (éd.): *The Concerned Photographer 2*. New York, 1972
Eskildsen, Ute: *Fotografie in deutschen Zeitschriften 1946–1984*. Cat. Institut für Auslandsbeziehungen, Stuttgart, 1985
Gruber, L. Fritz/Renate Gruber: *Große Photographen unseres Jahrhunderts*. Darmstadt, 1964
Haas, Ernst: *In Black and White*. Boston/Toronto/Londres, 1992
« Heute », n° 90, 3 août 1949
d'Hooge, Robert: *Journalismus und Abstraktion: der*

Fotograf Ernst Haas. Dans : « Leica Fotografie », n° 1, 1956
Langer, Freddy : *Ernst Haas*. Hamburg, 1992
Mauracher, Michael : *Heimkehrer. Ein Gespräch mit Ernst Haas*. Dans : « Wiener Zeitung », 31. 7. 1987 (1ère partie) et 7. 8. 1987 (2e partie)

Horst, Horst P.

Brugger, Ingried (éd.) : *Modefotografie von 1900 bis heute*. Cat. Kunstforum Länderbank, Vienne, 1990
Devlin, Polly : *Vogue Book of Fashion Photography. The First Sixty Years*. New York, 1979
Ewing, William A./Nancy Hall-Duncan : *Horst P. Horst. Photographs 1931–1984*. Milan, 1985
Honnef, Klaus/Frank Weyers : *Und sie haben Deutschland verlassen ... müssen. Fotografen und ihre Bilder 1928–1997*. Cat. Rheinisches Landesmuseum, Bonn, 1997
Horst. Cat. Münchner Stadtmuseum entre autres, Milan, 1987
Horst P. Horst : Photographs of a Decade. New York, 1944
Horst P. Horst/George Hoyningen-Huene : *Salute to the Thirties*. New York, 1971
Lawford, Valentine : *Horst. His Work and His World*. New York, 1984
Tardiff, Richard J./Lothar Schirmer (éd.) : *Horst. Photographien aus sechs Jahrzehnten*. Munich, 1991
« Vogue » (France), n° 9 et n° 12, 1939

Kertész, André

Aperture Masters of Photography : André Kertész. New York, 1993
Borhan, Pierre : *André Kertész. La biographie d'une œuvre*. Kat. Pavillon des Arts, Paris, 1994
Kertész, André : *Day of Paris*. New York, 1945
Kertész, André : *A. K. in Paris. Photographien 1925–1936*. Munich, 1992
Kertész on Kertész. A Self-Portrait. Photos and Text by André Kertész. New York, 1983
Lemagny, Jean-Claude : *L'ombre et le temps*. Paris, 1992
Phillips, Sandra S. : *The Photographic Work of André Kertész in France 1925–1936*. A Critical Essay and Catalogue. The City University of New York, 1985
Phillips, Sandra S./David Travis/Weston J. Naef : *André Kertész. Of Paris and New York*. Cat. The Art Institute of Chicago, Chicago, 1985

Klemm, Barbara

« Frankfurter Allgemeine Zeitung », éditions du 18 au 22 mai 1973, 26 mai 1973 et 9 avril 1976
Hess, Hans-Eberhard : *Die Zeitungsfotografin*. Dans : « Photo Technik International », n° 6, 1995, p. 74–83
Klemm, Barbara : *Bilder*. Francfort-sur-le-Main, 1986
Klemm, Barbara : *Unsere Jahre. Bilder aus Deutschland 1968–1998*, Munich, 1999

Lange, Dorothea

Davis, Keith F. : *The Photographs of Dorothea Lange*. Kansas City, 1995
Dixon, Daniel : *Dorothea Lange: Eloquent Witness*. Chicago, 1989
Doherty, R. J. : *Sozialdokumentarische Photographie in den USA*. Lucerne, 1974
Elliott, George P. : *Dorothea Lange*. Cat. Museum of Modern Art, New York, 1966
Heyman, Therese Thau/Sandra S. Phillips/John Szarkowski : *Dorothea Lange: American Photographs*. San Francisco, 1994
Dorothea Lange. Cat. Caisse nationale des monuments historiques et des sites, Paris, 1998
Lange, Dorothea : *American Photographs*. San Francisco, 1994
« Lange, Dorothea: An Assignment I'll Never Forget ». Dans : **Liz Heron/Val Williams** (éd.) : *Illuminations. Women Writing on Photography from the 1850s to the Present*. Londres, 1996, p. 151–153
Lange, Dorothea/Paul Schuster Taylor : *An American Exodus. A Record of Human Erosion*. New York, 1939
Levin, Howard M./Katherine Northrup (éd.) : *Dorothea Lange: Farm Security Administration Photographs, 1935–1939*. Glencoe, 1980
Meltzer, Milton : *Dorothea Lange. A Photographer's Life*. New York, 1978
Partridge, Elizabeth : *Dorothea Lange: A Visual Life*, Washington/Londres, 1994
Steichen, Edward : *The Family of Man*. Cat. Museum of Modern Art, New York, 1955
Stryker, Roy Emerson/Nancy Wood : *In this Proud Land : America As Seen in the FSA Photographs*. Greenwich, 1973

Lebeck, Robert

Koetzle, Michael : *Zeitzeuge mit der Kamera*. Dans : « foto-scene », n° 6, 1991/92
Lebeck, Robert : *Afrika im Jahre Null. Eine Kristall-Reportage*. Hambourg, 1961
Lebeck, Robert : *Begegnungen mit Großen der Zeit*. Schaffhausen, 1987
Lebeck, Robert : *Rückblende*. Düsseldorf, 1999
Lebeck, Robert : *Vis-à-vis*. Göttingen, 1999
Steinorth, Karl/Meinrad Maria Grewenig (éd.) : *Robert Lebeck – Fotoreportagen*. Ostfildern, 1993
Tabel-Gerster, Margit : *Durchschnitt fotografiert sich (nicht) doch! Ein Gespräch mit Robert Lebeck*. Hambourg, 1988

Malanga, Gerard

Avedon, Richard : *Evidence. 1944–1994*. Cat. Witney Museum of American Art, New York, 1994
Avedon, Richard/Doon Arbus : *The Sixties*. Munich, 1999
Bockris, Victor/Gerard Malanga : *Up-tight. Die Velvet Underground Story*. Augsbourg, 1988
Malanga, Gerard : *Genesis of an Installation*. New York, 1988
Malanga, Gerard : *Screen Tests, Portraits, Nudes 1964–1996*. Göttingen, 2000
Malanga, Gerard : *Selbstportrait eines Dichters*. Francfort-sur-le-Main, 1970

McShine, Kynaston (éd.) : *Andy Warhol. Retrospektive.* Cat. Museum Ludwig Köln, Munich, 1989
Steinorth, Karl/Thomas Buchsteiner (éd.) : *Social Disease. Photographs '76–'79.* Cat. Kodak Kulturprogramm, Ostfildern, 1992
Andy Warhol : Photography. Cat. Hamburger Kunsthalle, Schaffhausen, 1999
Andy Warhol's Exposures. New York, 1979

Mapplethorpe, Robert
Coleman, A.D. : *Critical Focus*, Munich, 1995
Dunne, Dominick : *Robert Mapplethorpe's proud finale.* Dans : « Vanity Fair », février 1989, p. 124–132, 183–187
Gaines, Charles/Butler, George : *Pumping Iron II: The unpredecented Woman.* New York, 1984
Lyon, Lisa : *Lisa Lyon's Body Magic.* New York, 1981
Robert Mapplethorpe: 1970–1983. Cat. Institute of Contemporary Arts, Londres, 1983
Mapplethorpe, Robert : *The Black Book.* Munich, 1986
Mapplethorpe, Robert : *Ten by ten.* New York, 1988
Mapplethorpe, Robert. New York, 1992
Morrisroe, Patricia : *Robert Mapplethorpe. Eine Biographie.* Munich, 1996
Weiermair, Peter : *Homosexuelle Sehweisen in der Fotografie des 19. und 20. Jahrhunderts. Einige Anmerkungen unter besonderer Berücksichtigung des Werks von Robert Mapplethorpe.* Dans : « Fotogeschichte », n° 19, 1986, p. 23–28

Newton, Helmut
Haenlein, Carl (éd.) : *Anton Josef Trčka, Edward Weston, Helmut Newton. Die Künstlichkeit des Wirklichen.* Cat. Kestner Gesellschaft Hannover, Zurich, 1998
Honnef, Klaus : « Die Lust zu sehen. Mehr als ein Fotograf – Ein Meister der Bilder : Helmut Newton ». Dans : **Honnef, Klaus** : *Nichts als Kunst ....* Cologne, 1997, p. 447–457
Newton, Helmut : *Big Nudes.* New York, 1982
Newton, Helmut : *Pages from the Glossies. Facsimiles 1956–1998.* Zurich, 1998.
Helmut Newton. Aus dem Photographischen Werk. Cat. Deichtorhallen Hamburg, Munich, 1993
Newton, Helmut : *Sleepless Nights.* Munich, 1991
Newton, Helmut : *Welt ohne Männer.* Munich, 1984
Newton, Helmut : *White Women.* Munich, 1976
« Vogue » (Paris), n° 621 (novembre) 1981
« Vogue » (allemand), n° 11 (novembre) 1979

Peter père, Richard
Domröse, Ulrich (éd.) : *Nichts ist so einfach wie es scheint. Ostdeutsche Photographie 1945–1989.* Cat. Berlinische Galerie, Berlin, 1992
Frühe Bilder. Eine Ausstellung zur Geschichte der Fotografie in der DDR. Cat. Gesellschaft für Fotografie im Kulturbund der DDR, Leipzig, 1985
Honnef, Klaus/Ursula Breymayer (éd.) : *Ende und Anfang. Photographen in Deutschland um 1945.* Cat. Deutsches Historisches Museum, Berlin, 1995
Peter, Richard : *Dresden – eine Kamera klagt an.* Dresden 1949. 2e édition. Leipzig, 1982
Peter, Richard : *Dresdener Notturno.* Dresde, 1961
Peter, Richard : *Gute Fotos kosten Zeit und Mühe.* Dans : « fotografie », n° 4, 1960
Pommerin, Rainer/Walter Schmitz : *Die Zerstörung Dresdens am 13./14. Februar 1945. Antworten der Künste.* Dresde, 1995
Wurst, Werner (éd.) : *Richard Peter sen. Erinnerungen und Bilder eines Dresdener Fotografen.* Leipzig, 1987

Salgado, Sebastião
Salgado, Sebastião : *Serra pelada.* Paris, 1999
Salgado, Sebastião : *Workers. An Archaeology of the Industrial Age.* New York, 1993
« Der Spiegel », nos 10, 11, 17, 24, 26, 1991
« Stern », n° 46, 7. 11. 1991
Wald, Matthew L. : *The Eye of the Photojournalist.* Dans : « The New York Times Magazine », 9 juin 1991
World Press Photo 1992. Düsseldorf, 1992

Skoglund, Sandy
Hülsewig-Johnen, Jutta/Gottfried Jäger/J. A. Schmoll gen. Eisenwerth : *Das Foto als autonomes Bild. Experimentelle Gestaltung 1839–1989.* Cat. Kunsthalle Bielefeld, Stuttgart, 1989
50 Jahre Moderne Farbfotografie. Cat. photokina, Cologne, 1986
Köhler, Michael : *Das konstruierte Bild.* Schaffhausen, 1989
Lemagny, Jean-Claude/Alain Sayag : *L'Invention d'un Art. Simulacres et Fictions.* Cat. Centre Georges Pompidou, Paris, 1989
Picazo, Glòria/Patrick Roegiers : *Sandy Skoglund.* Cat. Paris Audiovisuel, Paris, 1992
Piguet, Philippe : *Sandy Skoglund.* Cat. Galerie Guy Bärtschi, Genève, 2000
Skoglund, Sandy: Reality Under Siege. A Retrospective. Cat. Smith College Museum of Art, New York, 1998

Stern, Bert
« Eros », n° 3, automne 1962
Greene, Milton H. : *Milton's Marilyn. Die Photographien von Milton H. Greene.* Munich, 1994
Marilyn Monroe und die Kamera. 152 Photographien aus den Jahren 1945–1962. Munich, 1989
Stern, Bert : *Marily Monroe – The Complete Last Sitting.* Munich, 1992

Stock, Dennis
James Dean. Photographien. Munich, 1989
Roth, Sanford und Beulah : *James Dean. Ein Porträt.* Munich, 1984
Schatt, Roy : *James Dean. Ein Porträt.* Munich, 1984
Stock, Dennis : *James Dean Revisited.* Munich, 1986
Stock, Dennis : *Made in USA. Photographs 1951–1971.* Ostfildern, 1994

Witkin, Joel-Peter
Celant, Germano : *Witkin.* Zurich, 1995

« Enfers », n° 1. Biarritz 1994
Fels, Ludwig: *Grimassen der Lust*. Dans : « Süddeutsche Zeitung Magazin », n° 40, 1995
Glanz und Elend des Körpers/Splendeurs et Misères du Corps. Cat. Musée d'art et d'histoire de Fribourg/Musée d'Art Moderne de la Ville de Paris, Fribourg/Paris, 1988
Thijsen, Mirelle: *Die Form Gottes. Interview mit Joel-Peter Witkin*. Dans : « European Photography », n° 42, 1990
Joel-Peter Witkin. Cat. Stedelijk Museum, Amsterdam, 1983
Joel-Peter Witkin: Fourty Photographs. Cat. San Francisco Museum of Modern Art, San Francisco, 1985
Witkin, Joel-Peter (éd.) : *Masterpieces of Medical Photography. Selections from the Burns Archive*. Edité par Joel-Peter Witkin. Pasadena, 1987
Witkin, Joel-Peter. Cat. Forum Böttcherstraße. Brême, 1989
Witkin, Joel-Peter. Cat. Centre National de la Photographie, Paris, 1989
Witkin, Joel-Peter. Paris, 1991
Witkin, Joel-Peter. Cat. Galerie Baudoin Lebon, Paris, 1991
Witkin, Joel-Peter: *Gods of Earth and Heaven*. Altadena, 1991
Witkin, Joel-Peter (éd.) : *Harms Way. Lust & Madness. Murder & Mayhem*. Santa Fe, 1994

Crédits photographiques

Malgré des recherches intensives le copyright des œuvres reproduites n'a pas pu être toujours vérifié. Dans le cas d'omission, les propriétaires des droits ou leurs mandataires sont priés d'en informer la maison d'édition.

Bayerische Staatsbibliothek, Munich : 68 à gauche, 68 à droite, 69 à gauche, 69 à droite
Collection/Archives Peter Hamilton, Londres : 77
Collection/Archives Hans-Michael Koetzle, Munich ; reproduction photos : Hans Döring, Munich : 16 à gauche, 16 à droite, 17 à gauche, 17 à droite, 24, 25, 40, 52, 53, 60 en haut, 60 en bas, 61 en haut, 61 en bas, 62, 88 à gauche, 88–89, 89 à droite, 104 à gauche, 104 à droite, 106 en haut, 106 en bas, 107 en haut, 107 en bas, 108, 109, 110, 151, 168, 169 à gauche, 169 à droite, 184, 185 en haut à gauche, 185 en haut à doite, 185 au milieu à gauche, 185 au milieu à droite, 185 en bas à gauche , 185 en bas à droite
Collection Robert Lebeck, Port de Richard © Robert Lebeck : 90–91, 93, 94 en haut à gauche, 94 en haut à droite, 94 au milieu à gauche, 94 au milieu à droite, 94 en bas à gauche, 94 en bas à droite, 95 en haut à gauche, 95 en haut à droite, 95 en bas à gauche, 95 en bas à droite, 96 à gauche, 96 à droite, 98 à gauche, 98 à droite, 99 à gauche, 99 à droite
The Estate of Robert Mapplethorpe :
Lisa Lyon, 1981 © 1981 The Estate of Robert Mapplethorpe : 167 ; Lisa Lyon, 1982 © 1982 The Estate of Robert Mapplethorpe : 162
Focus, Hambourg : 180
© Horst P. Horst/courtesy Hamiltons Gallery, London: 38
George Hoyningen-Huene : 49
© Barbara Klemm, Francfort-sur-le-Main : 134–135, 138, 140–141
Hans P. Kraus, Jr. Inc., New York : 38
Library of Congress, Washington D.C. :
p. 28 : LC-USZ62-95653 © Library of Congress, Washington D.C.
p. 32 : LC-USZ62-58355 © Library of Congress, Washington D.C.
p. 34 : LC-USF34-9097-C © Library of Congress, Washington D.C.
p. 35 : LC-USF34-9093-C © Library of Congress, Washington D.C.
© Gerard Malanga, New York : 122–123, 126, 130, 133
Magnum Photos
© René Burri/Magnum Photos : 112–113, 116 à gauche, 116 au milieu, 116 à droite, 117 à gauche, 117 au milieu, 117 à droite, 118 en haut, 118 en bas, 119 en haut, 119 en bas, 120, 121 à gauche, 121 à droite
© Capa Robert/Magnum Photos : 18–19, 23
© Cartier-Bresson H./Magnum Photos : 46–47, 50, 51
© Dennis Stock/Magnum Photos : 80, 84, 87
Mission du Patrimoine Photographique, © Ministère de la Culture (AFDPP) Paris, France : 9, 12, 13
Museum Ludwig Köln, Collection Gruber: 44
© 2002 Helmut Newton, Monte Carlo : 142, 146
Les Publications Condé Nast Paris S. A., Courtesy Vogue Paris : 42, 43
Rapho, Agence photographique, Paris © Robert Doisneau/rapho : 72
Richard Rowan : 67
© Sächsische Landesbibliothek – Staats- und Universitätsbibliothek Dresden, Deutsche Fotothek, Richard Peter père : 56
Sandy Skoglund, New York :
© Sandy Skoglund, New York : 156, 157 ; © 1981 Sandy Skoglund, New York : 152–153 ; © 2000 Sandy Skoglund : 161
Sotheby's, New York : 30
© Bert Stern/courtesy Staley-Wise Gallery, New York : couverture, 100–101
Tony Stone Bilderwelten © Hulton Getty Collection : 65
Joel-Peter Witkin courtesy Pace/MacGill Gallery, New York : 170

★
ICONS